OEDFAON
FFYDD

MYFYRDODAU
A GWEDDÏAU

CASGLWYD GAN
ALED DAVIES

CYHOEDDIADAU'R
GAIR

ⓗ Cyhoeddiadau'r Gair 2009

Casglwyd gan: Aled Davies

Dymuna'r cyhoeddwyr ddiolch a chydnabod cyfraniad nifer helaeth o bobl, yn weinidogion ac arweinwyr lleyg, a ysgrifennodd ddeunydd er mwyn paratoi y casgliad hwn.

Mae'r cyhoeddwr yn cydnabod cymorth ariannol Cyngor Llyfrau Cymru.

ISBN 1 85994 515 5
Argraffwyd ym Mhrydain.

Cedwir pob hawl.
Ni chaniateir copïo unrhyw ran o'r deunydd hwn
mewn unrhyw ffordd oni cheir caniatâd y cyhoeddwyr.

**Cyhoeddwyd gan
Cyhoeddiadau'r Gair, Cyngor Ysgolion Sul Cymru,
Ael y Bryn, Chwilog, Pwllheli, Gwynedd LL53 6SH.**
www.ysgolsul.com

CYNNWYS

Mawl a Diolch i Dduw	7
Cymdeithas yr Addolwyr	13
Dydd yr Arglwydd	18
Duw'r Creawdwr a'r Cynhaliwr	24
Gras Duw	28
Trugaredd Duw	37
Ffyddlondeb Duw	40
Daioni Duw	43
Maddeuant Duw	46
Tangnefedd Duw	50
Duw'r Barnwr	55
Gair Duw	58
Teyrnas Dduw	62
Yr Adfent a'r Ymgnawdoliad	70
Geni'r Iesu	74
Bywyd ac Esiampl Iesu	81
Sul y Blodau	84
Dioddefaint a Chroes Crist	91
Atgyfodiad ac Esgyniad Crist	94
Sul y Pasg	98
Brenhiniaeth Crist ✓	~~106~~ 108
Crist y Ceidwad	~~109~~ 111
Bywyd ac Esiampl Iesu	~~113~~ 115
Crist yr Eiriolwr	117

Iesu Goleuni'r Byd	121
Iesu'r Athro Da	124
Iesu'r Meddyg Da	128
Iesu'r Cyfaill Da	132
Ymbil am yr Ysbryd Glân	136
Y Pentecost a'r Sulgwyn	146
Gwaith yr Ysbryd Glân	152
Doniau'r Ysbryd	158
Mawl i'r Ysbryd Glân	163
Y Drindod	169
Lledaeniad yr Efengyl	178
Yr Iawn	180
Iachawdwriaeth	183
Ymbil ar ran dy Eglwys	187
Adnewyddiad yr Eglwys	191
Undod yr Eglwys	194
Pobl i Dduw	197
Cenhadaeth yr Eglwys	200
Plant	203
Bedydd a Chyflwyno Plant	206
Cymundeb	209
Derbyn Aelodau	212
Dechrau Blwyddyn	216
Diwedd Blwyddyn	221
Dechrau a Diwedd Blwyddyn	225
Gweddi	228

Caru Duw	232
Bendithion	236
Adnabod Duw yng Nghrist	240
Cymdeithas Duw yng Nghrist	243
Ymddiried yn Nuw	250
Taith Bywyd	259
Dilyn Iesu	263
Ymgysegriad	272
Tyfu'n Ysbrydol	275
Ffyddlondeb	278
Goleuni	287
Llawenydd	294
Ffydd	298
Gobaith	302
Cariad	307

Oedfaon Ffydd

Oedfaon Ffydd

MAWL A DIOLCH I DDUW

Galwad i Addoli:
Rhowch wrogaeth i Dduw, yr holl ddaear,
canwch i ogoniant ei enw;
rhowch iddo foliant gogoneddus.
Bendithiwch ein Duw, O bobloedd,
a seiniwch ei fawl yn glywadwy.

Darllen: Salm 107: 1–31
Ioan 4: 1–26

Gweddi:
Deuwn â mawl a diolch, Arglwydd, i'th addoli,
gan wybod mai mawr wyt ti, a chanmoladwy iawn.
Bendigwn di am dy gariad anfeidrol tuag atom,
ac am bob gofal a ffyddlondeb a gawsom gennyt.
Bendigwn di am anfon dy Fab, ein Harglwydd Iesu Grist, i'n byd,
ac am y cyfan a ddysgodd ef inni amdanat.

Yr Arglwydd fendithiwn, cydganwn ei glod,
ei enw fawrygwn tra byddwn yn bod:
cyhoeddwn ei haeddiant a'i foliant di-fai;
ei ras a'i ogoniant sy'n foroedd di-drai.

Ym mhopeth a wnawn, cymorth ni i ogoneddu dy enw.
Yn ein haddoliad, dysg ni ym mha fodd i fod ar ein gorau yn dy foli.
Derbyn ein haddoliad yn gymeradwy gennyt,
Fel mai i'th enw di, yn Iesu Grist, y bo pob gogoniant.

I Dduw bo'r gogoniant, fe wnaeth bethau mawr,
Rhoi'i Fab o'i fawr gariad dros holl deulu'r llawr,
Rhoi'i einioes yn Iawn dros ein pechod a wnâi,
Gan agor drws bywyd i bawb er eu bai.

Clod i Dduw! Clod i Dduw! Clywed daear ei lef!
Clod i Dduw! Clod i Dduw! Llawenhaed tyrfa gref!
O dewch at yr Iesu, ein Harglwydd a'n Duw,
rhowch iddo'r gogoniant, drwy'r Iesu cawn fyw. AMEN.

Molwn di, O Arglwydd, ein creawdwr.
Molwn di am odidowgrwydd gwaith dy ddwylo;
am ryfeddod a harddwch y cread mawr o'n cwmpas;
am brydferthwch y wlad y cawn fyw ynddi;
am godiad a machlud yr haul bob dydd;
am y mynyddoedd uchel a'u copaon gwyn;
am yr ynysoedd heirdd a'u palmwydd tal;
am draethau melyn a moroedd cwrel.

Molwn di am i ti garu'r byd mor fawr, a dod yn dy Fab i fyw i'n plith.
Molwn di am mai yn Iesu Grist y cawsom dy weld yn dy holl ogoniant,
ac am iddo farw drosom.
Molwn di am iddo, wrth atgyfodi, goncro angau a'r bedd,
a chynnig bywyd newydd i bawb a gred ynddo.

Molwn di, O Arglwydd, Iôr hollalluog,
dengys bryniau oesol in dy gadernid mawr;
yn dy ddawn i faddau, tyner a thrugarog,
codi o'r dyfnder wnei drueiniaid llawr.

Ynot, Arglwydd, gorfoleddwn,
yn dy gariad llawenhawn,
cariad erys fyth heb ballu
a'i ffynhonnau fyth yn llawn:
Frenin nef a daear lawr,
molwn byth dy enw mawr.
AMEN.

Neges:

'Bendigedig fyddo enw'r Arglwydd o hyn allan a hyd byth,' medd Salm 113, gan ychwanegu, 'O godiad haul hyd ei fachlud bydded enw'r Arglwydd yn foliannus.' Dylai ein geiriau cyntaf bob bore, a'n geiriau olaf bob nos, fod yn eiriau o fawl i Dduw. Dylai ein mawl iddo fod yn gyson, nid yn achlysurol. Dylai ein mawl fod yn weithred aberthol, nid yn rhywbeth a wnawn pan gwyd yr awydd. Dylai ein mawl fod yn glywadwy, nid yn ddistaw. Cofiwn am eiriau olaf y Salm olaf un, 'Bydded i bopeth byw foliannu'r Arglwydd.'

Ceir hanes am hen ŵr un tro a fyddai'n codi ei lais i foli Duw ym mhob gwasanaeth y byddai ynddo, ac nid oedd modd gwybod ar ba adeg yn yr oedfa y byddai'n gwneud hynny. Pan gynhaliwyd gwasanaeth arbennig i gysegru eglwys newydd yn yr ardal, dywedodd y gweinidog wrth yr hen ŵr, "Os byddwch yn dawel yn y gwasanaeth heddiw, fe brynaf bâr newydd o esgidiau i chwi." Roedd yr hen ŵr wrth ei fodd, ac addawodd y byddai'n ceisio'i orau glas i gadw'n dawel. Cadwodd at ei addewid drwy gydol yr emynau, y darllen a'r weddi, ond hanner ffordd drwy'r bregeth ni allai gadw'n dawel mwyach. Neidiodd ar ei draed a gweiddi'n uchel, "Esgidiau newydd neu beidio, rwy'n mynd i foli'r Arglwydd!"

Mor bwysig yw ein bod yn cydnabod ein diolch i eraill ac i Dduw, ac mae mwy nag un ffordd o ddiolch.

Flynyddoedd yn ôl yn Fflorens, roedd bachgen bach yn llunio cerflun cywrain o fwd; cerflun o farchog ar geffyl ydoedd. Ac yntau newydd orffen, clywodd ei fam yn galw'n gas a chroch arno. "Ai eich plentyn chi yw hwn?" gofynnodd llais tyner iddi. Trodd hithau gan foesymgrymu'n gwrtais, gan ei bod hi'n adnabod y gŵr hwn yn un o arlunwyr mawr ei dinas. Dechreuodd y gŵr ganmol gwaith y bachgen gan awgrymu y dylai ddod i'w stiwdio ef i astudio crefft yr arlunydd. Ac felly y dechreuodd Michelangelo Buonarroti ar ei yrfa anhygoel. Astudiodd y bachgen mor ddiwyd a ffyddlon dan gyfarwyddyd ei athro, nes i'w athro ddweud wrtho un dydd nad oedd rhagor y gallai ei ddysgu iddo, a rhoed iddo bapur a phensel. Tynnodd y Michelangelo ifanc lun hardd o ddwylo ei hen feistr. Roedd Lorenzo de 'Medici, noddwr ei feistr, yn hoffi'r llun yn fawr a chynigiodd le parhaol i Michelangelo yn ei ysgol. Pan ddaeth ei amser yno i ben, cafodd ei hun yng nghwmni arlunydd enwog arall yn Milan y tro hwn. Gofynnodd hwnnw iddo'n ddirmygus, "Be' all bachgen fel ti ei wneud?" Eto, gwnaeth Michelangelo ddarlun cywrain o ddwylo ei gyn-athro gartref yn Fflorens i'w ddangos iddo. Rhoes hynny gyfle pellach iddo. Dros y blynyddoedd, daeth Michelangelo'n fwyfwy enwog. Un dydd, ymwelodd â'i gyn-athro. Er mwyn diolch iddo, rhoes iddo anrheg, darlun o ddwylo ei gyn-athro. Yn y modd hwnnw y diolchodd i'r hen ŵr am y cyfle a roes iddo pan oedd yn chwarae yn y mwd yn blentyn bach.

Mae modd diolch weithiau trwy weithredoedd.

Gras:

I'r Brenin tragwyddol, anfarwol, anweledig, i'r Duw unig doeth,
y byddo anrhydedd a gogoniant yn oes oesoedd.
A gras ein Harglwydd Iesu Grist, a chariad Duw,
a chymdeithas yr Ysbryd Glân a fyddo gyda chwi oll. AMEN.

MAWL A DIOLCH I DDUW

Galwad i Addoli: Salm 100:1–5

Darllen: Eseia 43:16–21

Neges:
Dywedwyd wrth blant oedd yn chwerthin mewn capel un tro mai lle i grio oedd capel, nid lle i chwerthin!

Mae'n rhyfedd sut y mae Cristnogaeth ac addoldai wedi eu cysylltu â phrudd-der a thristwch. Hyd yn oed yn yr Hen Destament mae Duw yn annog ei bobl i arddangos bywyd o fawl. Roedd moliant pobl Dduw yn yr Hen Destament yn llafar ac uchel.

Ar ddydd y Pentecost cyhuddwyd dilynwyr Crist o fod yn feddw. Ni ddaw aelodau'r Eglwys o dan y fath amheuaeth heddiw!

Roedd addoliad y mynachod Ffransisgaidd cyntaf mor danbaid â hapusrwydd nes eu bod yn cael eu ceryddu am chwerthin yn y gwasanaethau.

Dywedodd y cadfridog Booth wrth aelodau Byddin yr Iachawdwriaeth y gallent, pe teimlent yr Ysbryd yn eu symud yn ystod gweddi neu emyn, neidio mewn ymateb i'r Ysbryd hwnnw. A neidio a wnaethant!

Bydd y sawl sydd â'r Crist yn byw o'i fewn eisiau ei foliannu yn rhydd, yn llon ac yn fywiog 'mewn ysbryd a gwirionedd!'

Gan ein bod yn defnyddio mwy o gyhyrau'r wyneb wrth wgu nag wrth wenu, byddwn yn ein blino ein hunain fwy wrth wgu. –Yn ogystal â chanu ein mawl i Dduw, gwenwn ein mawl iddo!

Gweddi:
Beth gwell a wnawn ni na throi atat ti, ein Gwaredwr!
Cydnabyddwn mai ti sydd Dduw, a bod ein dibyniaeth arnat.
Diolchwn dy fod yn cyfanheddu ym moliant dy bobl. Am brofiad gwefreiddiol inni!

Ein hewyllys yw dibynnu ar yr hyn yr wyt yn ei ddweud yn dy Air yn hytrach na dibynnu ar ein teimladau.
Maddau inni ein diflastod yn ein haddoliad i ti.

> Oer ein serch, a gwan ein ffydd,
> ein Hosanna'n ddistaw sydd ...

Dyna'r gwir amdani. Maddau inni. Canwn ein bod yn:

> Sôn am dy gariad fore glas,
> a'r nos am wirioneddau gras ...

Maddau ein hanonestrwydd. Sôn am eraill a wnawn yn bennaf, gydag atgasedd ac anwiredd, ac yn uchel ein cloch yn aml. Cartha ohonom ein balchder a'n hunanoldeb.

Boed iti gael ein cyrff yn demlau i'r Ysbryd Glân, fel pan ddown at ein gilydd, ni fyddwn yn gorfod ein perswadio ein hunain i'th addoli, ond yn hytrach, llifo yn yr Ysbryd, ac mewn undod. Rydym am fod ymhlith y rheiny yr wyt ti wedi eu llunio i ti dy hun, i fynegi dy foliant. Yn Iesu Grist, AMEN.

Gras:
'Teilwng yw'r Oen a laddwyd i dderbyn gallu, cyfoeth, doethineb a nerth, anrhydedd, gogoniant a mawl.'
'I'r hwn sydd yn eistedd ar yr orsedd ac i'r Oen y bo'r mawl a'r anrhydedd a'r gogoniant a'r nerth byth bythoedd!' AMEN.

CYMDEITHAS YR ADDOLWYR

Galwad i Addoli:
Rhowch wrogaeth i Dduw, yr holl ddaear:
canwch i ogoniant ei enw:
rhowch iddo foliant gogoneddus.
Bendithiwch ein Duw, O bobloedd,
a seiniwch ei fawl yn glywadwy. (Salm 66:1–2,8)

Darllen: Actau 2:42–47

Neges:
Yn y fendith apostolaidd, cysylltir y gair 'cymdeithas' â'r Ysbryd Glân, 'cymdeithas yr Ysbryd Glân', ac yn llyfr yr Actau, cawn hanes yr Ysbryd Glân yn llenwi dilynwyr Iesu Grist â nerth newydd, a dywedir iddynt 'ddyfalbarhau yn nysgeidiaeth yr apostolion ac yn y gymdeithas'. Neu, yn ôl cyfieithiad Saesneg Moffatt, 'They devoted themselves to fellowship'.

Tueddwn weithiau i gysylltu'r Ysbryd Glân â chynyrfiadau ysbrydol yn unig, megis 'siarad â thafodau' neu 'wynt nerthol a thân yn disgyn o'r nef', ond y mae cyswllt agos iawn hefyd rhwng yr Ysbryd Glân a Christnogion wrth iddynt gyfarfod â'i gilydd yn enw Iesu Grist i addoli Duw. Dechreuodd yr ymdeimlad hwn o gymdeithas wrth iddynt gasglu o gwmpas yr apostolion, ond yn fuan iawn, daethant hefyd i deimlo'u bod yn perthyn i'w gilydd trwy eu Harglwydd Iesu Grist. Adleisir hyn gan un o'r Piwritaniaid, "Y mae Cristnogion yn eu cael eu hunain yng Nghrist, ac yn cael Crist yn ei gilydd." A ydym ninnau heddiw yn ein heglwysi yn adlewyrchu hyn yn ein perthynas â'n gilydd fel Cristnogion? A ydym yn gymdeithas lle mae Iesu Grist yn Arglwydd a'r Ysbryd Glân yn ein clymu ynghyd? A yw ein rhaniadau eglwysig yn arwydd nad ydym eto yn un yng Nghrist, ac nad ydym chwaith yn gadael i'r Ysbryd Glân wneud ei waith yn ein plith? Holed pob un ohonom ei hun.

Gweddi:

Yn ein gweddïau, ein Tad, diolchwn i ti am dy eglwys, yr hon a adeiledaist ar sail yr apostolion a'r proffwydi, ac Iesu Grist ei hun yn bcn-conglfaen.
    Diolchwn i ti am dy Eglwys ledled ein daear, draw ym mhellafoedd byd ac yma yng Nghymru ein gwlad. Diolchwn am dy Eglwys yn y dref hon ac am aelodau pob cangen ohoni sy'n dyrchafu enw Iesu, ac yn adlewyrchu ei gariad yn eu haddoliad a'u gwasanaeth iddo. A diolchwn am gymdeithas dy Eglwys yn y tŷ hwn, lle y cawn gyfle i adnewyddu ein cyfeillgarwch â'n gilydd, a chyda'n gilydd down yn ymwybodol mai dy blant di ydym, a brodyr a chwiorydd i'n gilydd yn Iesu Grist.
    Gofynnwn hefyd am dy fendith ar waith dy bobl yn ein heglwys, sy'n pregethu dy Air ac yn bugeilio dy braidd; yn hyfforddi'r plant a'r bobl ifanc; yn gwasanaethu wrth yr organ; yn paratoi bwrdd yr Arglwydd; yn gofalu am bregethwyr; yn croesawu yn y cyntedd; yn stiwardio trysorfa dy Eglwys; yn cadw'r adeiladau'n lân a chlyd; a phawb arall sy'n gwneud eu rhan o'u bodd ac yn siriol eu hysbryd. O Dad, derbyn ein diolch am ein cydweithwyr, a defnyddia bawb ohonom i estyn dy gariad i'n gilydd ac i weithredu dy ewyllys bob dydd o'n hoes, er mwyn Iesu Grist, AMEN.

Darllen: Salm 138

Neges:

Yn anad dim, cymdeithas o addolwyr yw Eglwys yr Arglwydd Iesu Grist, ac mae'r Eglwys Gristnogol wedi rhoi pwys mawr ar hyn erioed. Mewn nifer o eglwysi yn yr Alban, er enghraifft, mae'n arferiad dechrau pob gwasanaeth gyda'r geiriau 'Addolwn Dduw', ac mewn nifer o enwadau yng Nghymru mae'n arferiad canu'r intrada gyfarwydd ar ddechrau gwasanaeth: 'Dyfod y mae'r awr, ac yn awr y mae hi, pan addolo'r gwir addolwyr y Tad mewn ysbryd a gwirionedd.'
    Yn ei haddoliad, yn fwy na dim, y mae'r eglwys Gristnogol yn wahanol i bob cymdeithas arall. Er enghraifft, pan awn i'r Eisteddfod neu i gyngerdd neu glwb, byddwn yn cyfarfod â phobl sydd â diddordebau cyffelyb, ond yng nghymdeithas yr Eglwys, byddwn yn cyfarfod nid yn unig â'n cyd-Gristnogion ond â Duw, ac yn ei addoli yn enw Iesu Grist. Mae sawl diffiniad o addoliad, ond yr un mwyaf poblogaidd, o bosib,

yw'r un a geir yng nghyffes Westminster a wnaed yn 1648, sef: 'Prif ddiben dyn yw gogoneddu Duw, a'i fwynhau ef yn dragywydd.'

Mae gogoneddu Duw yn golygu ein bod yn ein rhoi ein hunain iddo heb ddisgwyl dim yn ôl, ac wrth wneud hynny fe dry Duw ein haddoliad iddo yn fwynhad ac yn fendith.

Gweddi:

O Dduw ein Tad, atat ti y deuwn unwaith yn rhagor i gynnig offrwm ein gwefusau ac aberth ein hysbrydoedd. Ac wrth dy addoli, 'bydded ymadroddion ein genau a myfyrdod ein calon yn gymeradwy ger dy fron, O Arglwydd ein craig a'n Prynwr.' Diolchwn i ti, ein Tad, am dy Eglwys, am y fraint o fod yn aelodau ohoni, ac am y bendithion dirifedi a dderbyniasom drwyddi.

Diolchwn i ti am fendithion cymdeithas dy Eglwys ym mlynyddoedd cynnar ein bywyd, pan ddaethom i'th dŷ yng nghwmni ein rhieni, ac am addysg dy Air o Sul i Sul. Yn wir, Dad, diolchwn am bawb a phopeth a fu'n ddylanwad da a dyrchafol arnom, ond yn fwy na dim, diolchwn am fendithion dy gariad a'th ras. O Dad, cynorthwya ni i sylweddoli mai ein hangen dyfnaf eto yw dy drugaredd a'th faddeuant, a'th gariad achubol yn Iesu Grist.

Diolchwn i ti, ein Tad, am bawb sy'n cyflawni gweinidogaeth dy gariad yn enw dy fab:
pawb sy'n cysuro'r hen ac amddifad;
pawb sy'n cynorthwyo plant a phobl ifanc;
pawb sy'n gweini ar y tlawd a'r newynog; a
phawb sy'n estyn gwin ac olew Calfarî i'r drylliedig o galon.
O Dad, dyro dy fendith ar eu gwaith, ac ar ein haddoliad i ti. Er mwyn ein Gwaredwr Iesu Grist. AMEN.

Y Fendith:

Bydded i dangnefedd Duw, yr hwn sydd goruwch pob deall, warchod dros ein calonnau a'n meddyliau yng Nghrist Iesu. AMEN.

Oedfaon Ffydd

CYMDEITHAS YR ADDOLWYR

Galwad i Addoli: Salm 133:1–3

Darllen: Actau 2:41–47

Neges:
'Yr oeddent yn dyfalbarhau': felly y bu i Gymdeithas yr Addolwyr weithredu yn yr Eglwys Fore.

Roedd eu defosiwn i ddysgeidiaeth yr apostolion, i gyfeillach, i dorri bara, i weddi, ac i gwrdd ag anghenion ei gilydd. Defosiwn i eraill oedd nod pob addolwr. Mor wahanol i heddiw!

Os na chawn ni'r hyn a ddymunwn, dyna fo. 'Ta-ta, welwch chi mohona' i eto' yw hi. Efallai y byddai ein hanghenion ein hunain yn cael eu hateb yn well pe baem yn canolbwyntio ar anghenion pobl eraill yn gyntaf. Yn ogystal â bod yn ysbrydol, roedd eu ffydd yn ymarferol hefyd. Os byddai rhai mewn angen, rhannent eu bendithion â'i gilydd. Gofalent am y naill a'r llall. Datganiad y byd amdanynt oedd: 'Gwelwch sut y maent yn caru ei gilydd!' A all y byd ddweud hynny amdanom heddiw? 'Sylwch sut fath o gariad y mae'r Tad wedi ei ddangos tuag atom: cawsom ein galw yn blant i Dduw, a dyna sut ydym!' 1 Ioan 3:1. Gwell inni ymddwyn fel 'plant Duw' felly. 'Gadewch inni ymddwyn yn unol â'r safon yr ydym wedi ei chyrraedd' (Philipiaid).

Gweddi:
Mae'n amlwg, O Dad, yn dy Air, dy fod ti yn ceisio addolwyr cyn gweithwyr.

Boed i'n cymdeithas â'n gilydd a'n gwasanaeth ddeillio o'r awyrgylch addolgar yr wyt ti'n ei ewyllysio, yn ein gweddi lle'r ydym wedi bod yn dy bresenoldeb a thithau wedi cael llywio. Rwyt ti'n dweud yn glir yn dy Air, lle'r wyt ti'n gorchymyn dy fendith, fod brodyr yn byw yn gytûn.

Edifarhawn fod yr hunan yn mynnu gwthio eraill i ffwrdd, ond yn bennaf, edifarhawn ein bod yn dy wthio di oddi wrthym. Maddau i ni. Rydym am i hon fod yn weddi bersonol gennym heddiw:

> Dal fy nhraed a dal fy llygaid
> ar y ffordd aeth Iesu ei hun:
> caru'r saint er maint eu beiau,
> dilyn heddwch â phob dyn.

A phâr nid yn unig inni ddweud y geiriau canlynol, ond inni eu gweithredu cyn ymwahanu heddiw:

> Maddeuwn bawb i'n gilydd,
> fel y maddeuodd Crist i ni.

Yn ei Enw. AMEN.

Gras:
'Tangnefedd i'r brodyr, a chariad ynghyd â ffydd oddi wrth Dduw Dad a'r Arglwydd Iesu Grist.' AMEN.

Oedfaon Ffydd

DYDD YR ARGLWYDD

Galwad i addoli:
Hwn yw y dedwydd ddydd,
daeth Crist o'i fedd yn fyw;
O codwn oll i fywyd gwell
i ryddid meibion Duw.

Rhyddha i'n plith, y gwir a'r bywiol Dduw, y pŵer Hwnnw a atgyfododd Iesu o farw'n fyw! Rydym yn ysu am bresenoldeb dy Ysbryd Glân yma'n awr i'n rhyddhau a'n codi. Yn enw Iesu, AMEN.

Darllen: Marc 2:23–28

Neges:
Sul cul? Ai'r Sul cul yw'r dydd y bydd dilynwyr Crist yn cydgyfarfod i ddathlu ei atgyfodiad ef ac iachawdwriaeth y sawl a gredo ynddo?
Ai un dydd allan o saith i orffwyso yw'r Sul cul?
Ai'r Sul cul yw'r dydd i gyfarfod â theulu a ffrindiau?
Ai'r Sul cul yw'r dydd i fynd yn ddyfnach yn ein perthynas â Duw a chyda'n gilydd?
Ai'r Sul cul yw'r dydd, y cofiwn am y difreintiedig ac y gwnawn rywbeth am eu sefyllfa?
Ai'r Sul cul yw'r dydd i ni gael ymbaratoi ar gyfer yr wythnos sydd o'n blaenau, wedi inni gael ein codi yn ysbrydol, yn feddyliol, yn emosiynol ac yn gorfforol a'n cryfhau yn foesol?
Na, nid Sul cul mohono, ond cyfle i'n holl fod gael ei ymestyn, ac i'n profiadau ehangu!
     Presgripsiwn y Meddyg Da, Iesu, yw 'Dydd yr Arglwydd'. 'Y Saboth a wnaethpwyd er mwyn dyn, ac nid dyn er mwyn y Saboth,' meddai (Marc 2:27), boed hynny yn Saboth yr Iddew neu'n Sul y Cristion.

Gweddi:

Gweddïwn am gael bod 'yn yr Ysbryd' ar dy ddydd, Arglwydd, fel Ioan gynt ar Ynys Patmos. Clywodd a gwelodd bethau newydd – pethau yr amlygaist ti iddo, nid pethau oedd wedi eu dysgu a'u derbyn ar hyd y blynyddoedd. Ac i'r fan honno yr ydym ninnau am ddod! Pa le bynnag y mae dy Ysbryd Glân, mae bywyd, rhyddid a thangnefedd. Maddau mor sefydliadol, defodol, unffurf ac undonog yr ydym.

Diolch bod hwn yn ddydd o ddathlu. Dathlu'r ffaith fod Iesu wedi codi o farw'n fyw. Ond cynifer ohonom sy'n anfodlon codi o'r gwely neu ddod allan i ddathlu! Maddau ein bod wedi mynd mor ddi-ffrwt ac ysbeidiol ar dy ddydd, Arglwydd, a'n bod wedi bodloni ar y da heb sylweddoli bod gennyt ti well na'r da inni. Diolch ein bod yn gallu codi i fywyd gwell na'r da, hyd yn oed heddiw. Mentrwn ymlaen at dy bethau newydd di ar ein cyfer!

Dymunwn iti amlygu nid yn unig bwrpas dy addoli, ond hefyd y pŵer sy'n cyd-fynd â'r pwrpas hwnnw wrth i ti ein cael yn gyfan gwbl yn yr addoliad. Arwain ni ymlaen felly er mwyn dy Deyrnas a'th ogoniant. Yn Enw Iesu. AMEN.

Gras:

'Bydded i Dduw'r tangnefedd ei hun eich sancteiddio chwi yn gyfan gwbl, a chadw eich ysbryd a'ch enaid a'ch corff yn gwbl iach a di-fai hyd ddyfodiad ein Harglwydd Iesu Grist.' AMEN.

Oedfaon Ffydd

DYDD YR ARGLWYDD

Galwad i Addoli:
Addolwch yr Arglwydd mewn llawenydd,
dewch o'i flaen â chân.
Dewch i mewn i'w byrth â diolch,
ac i'w gynteddau â mawl.
Diolchwch iddo, bendithiwch ei enw.
oherwydd da yw'r Arglwydd;
y mae ei gariad hyd byth,
a'i ffyddlondeb hyd genhedlaeth a chenhedlaeth.
Salm 100:2,4–5

Darllen: Salm 106:1–12
Marc 2:23–2;3:1–5

Gweddi:
Bendigwn di, am mai ti a roddodd inni Ddydd yr Arglwydd:
cymorth ni i'w barchu a'i sancteiddio.
Bendigwn di, am y cyfamod a seliaist â'th bobl gynt.
Cymorth ni i barchu'r cyfamod sydd rhyngot a ninnau.
Bendigwn di, am y dydd hwn i orffwys corff ac enaid:
cymorth ni ynddo yng nghanol berw bywyd i orffwys er ein lles.
Bendigwn di, goruwch popeth, am mai hwn yw'r dydd i dystio am fuddugoliaeth fawr Iesu Grist ar angau a'r bedd er ein hiachawdwriaeth.
Diolchwn am i ti, ar Ddydd yr Arglwydd, beri i'r cloff lamu.
Cymorth ninnau yn dy nerth i alluogi rhywrai i lamu mewn llawenydd.
Diolchwn am i ti, ar Ddydd yr Arglwydd, wella un yr oedd ei law wedi'i chlwyfo:
cymorth ninnau yn dy nerth i ddwyn iechyd a gwellhad i rywrai.
Diolchwn am i ti iacháu, ar Ddydd yr Arglwydd, wraig oedd yn wargrwm, ac wedi bod felly ers deunaw mlynedd.
Cymorth ni i wneud ein rhan, yn dy nerth, dros ddioddefwyr ym mhob man. Cofiwn ger dy fron am y rhai hynny heddiw sy'n cyhoeddi'r Gair

yn Iesu Grist, a gweddïwn am i Gymru eto dderbyn rhagor o broffwydi ac athrawon ac arwyr y Ffydd. Gwna ni'n fwy ffyddlon i bethau gorau bywyd ein cenedl, a thywys ni yn llwybrau dy ewyllys di yn Iesu Grist. AMEN.

Hwn yw y sanctaidd ddydd,
gorffwysodd Duw o'i waith;
a ninnau nawr dan wenau Duw,
gorffwyswn ar ein taith.

Diolchwn i ti, Arglwydd,
am gyfle'r dydd hwn i orffwys;
am gyfle'r oedfa hon i ymdawelu ynot.
Cymorth ni, yn nhangnefedd yr oedfa,
i glywed dy eiriau di;
i feddwl dy feddyliau di;
i gerdded dy lwybrau di.

Hwn yw'r moliannus ddydd,
cydganodd sêr y wawr;
mae heddiw lawnach testun cân,
molianned pawb yn awr.

Bendigwn dy enw am i sêr y wawr ganu,
ac am orfoledd dy blant ym mhobman,
O anfon dy fawredd di.
Dysg ni yn yr oedfa hon i foliannu dy enw.

Hwn yw y dedwydd ddydd,
daeth Crist o'i fedd yn fyw;
O codwn oll i fywyd gwell,
i ryddid meibion Duw.

Gorfoleddwn am neges dydd cyntaf yr wythnos:
am y neges sy'n cyhoeddi fod Iesu Grist yn fyw;
am iddo drechu angau a dod o farw'n fyw.

Gorfoleddwn am y rhyddid a ddaeth i ni drwy ei aberth ef:
am ein rhyddhau o hualau pechod,
ac am ein gwneud yn feibion a merched i Dduw.

Hwn yw'r brenhinol ddydd,
mae Crist i gael ei le;
O Dduw, rho heddiw weled drws
yn agor yn y ne'.

Arglwydd, agor ein calonnau ni i'th dderbyn i'n bywyd;
agor galonnau pob un o'th blant i ymddiried fwyfwy ynot.
Agor ddrysau'r nefoedd,
fel y gwelwn di yn dy arddderchowgrwydd,
ac y cyflwynwn i ti ein bywyd yn gyfan. AMEN.

Neges:

Mae rhai ymadroddion yr ydym yn gyfarwydd iawn â hwy; ymadroddion megis 'Gair yr Arglwydd', 'Tŷ yr Arglwydd', 'Swper yr Arglwydd', 'Bwrdd yr Arglwydd', 'Cwpan yr Arglwydd', 'Gwaith yr Arglwydd' a 'Dydd yr Arglwydd'. Yn yr holl ymadroddion hyn a'u tebyg, cydnabod a wnawn fod gan yr Arglwydd Iesu hawl arbennig ar bethau. Wrth sôn am 'Ddydd yr Arglwydd', meddwl a wnawn am ddydd cyntaf yr wythnos – dydd cofio atgyfodiad y Gwaredwr. Gan gyhoeddi i'r byd fod eu Harglwydd yn fyw, hawliodd y Cristnogion cynnar y diwrnod hwnnw yn ŵyl, a dangoswyd bod y ffydd Gristnogol yn wahanol i'r ffydd Iddewig, a gadwai'r Saboth yn sanctaidd, sef dydd olaf yr wythnos. Os mai dydd o orffwyso, a dydd o ymatal rhag gwneud rhai pethau oedd y Saboth Iddewig, nid felly Ddydd yr Arglwydd i'r Cristnogion. Ceir sôn am Ddydd yr Arglwydd yn y Testament Newydd, ond ni sonnir bod yr hualau a'r orfodaeth a oedd yn gysylltiedig â'r Saboth Iddewig wedi eu trosglwyddo i'r ŵyl Gristnogol. Dywedodd Iesu Grist fod 'Mab y Dyn yn Arglwydd hefyd ar y Saboth'. Tystiodd rhywun fod y Saboth, fel Dydd yr Arglwydd, i'w lywodraethu gan ysbryd yr Arglwydd. Nid dydd i beidio â gwneud rhai pethau mohono, ond dydd i gyflawni amcanion y Gwaredwr. Dydd i iacháu, dydd i achub, dydd i gyflawni gorchwylion aruchel. Dywedodd rhywun 'nad oes dim byd o'i le ar ôl hanner nos, oedd yn ei le cyn hynny'. Onid ein dyletswydd ni yw newid Saboth yr Hen Destament a'i gysegru'n llwyr i ddibenion yr Arglwydd Iesu?

Neges:
Trwy lygaid Iesu Grist y dylai Cristnogion ystyried a dehongli'r pedwerydd o'r Deg Gorchymyn: 'Cofia'r dydd Saboth i'w gadw'n gysegredig. Chwe diwrnod yr wyt i weithio a gwneud dy holl waith, ond y mae'r seithfed dydd yn Saboth yr Arglwydd dy Dduw; na wna ddim gwaith y dydd hwnnw, ti na'th fab, na'th ferch, na'th was, na'th forwyn, na'th anifail, na'r estron sydd o fewn dy byrth; oherwydd mewn chwe diwrnod y gwnaeth yr Arglwydd y nefoedd a'r ddaear, y môr a'r cyfan sydd ynddo; ac ar y seithfed dydd fe orffwysodd; am hynny, bendithiodd yr Arglwydd y dydd Saboth a'i gysegru.' Exodus 20:8.

Gair mawr yr Arglwydd Iesu ynglŷn â'r Saboth oedd: 'Y Saboth a wnaethpwyd er mwyn dyn ac nid dyn er mwyn y Saboth.' Yn y Testament Newydd, un o anghenion y ddynoliaeth ydyw. Yn gynnar yn hanes yr Eglwys, daeth Saboth yr Iddew i ben pan welodd Duw y Tad yn dda i sefydlu'r Sul yn ddydd gŵyl arbennig i'r Cristnogion, ac nid dydd i beidio â gwneud rhai pethau ydoedd, ond dydd i wneud rhai pethau. Nid dydd i orffwys rhag Duw mohono, ond dydd i orffwys yn Nuw. Pa mor gyfarwydd ydym ni â mynd i oedfa ar y Sul i orffwys yn Nuw?

> Hwn yw y dedwydd ddydd,
> daeth Crist o'i fedd yn fyw;
> O codwn oll i fywyd gwell;
> i ryddid meibion Duw.

Gras:
Cynyddwch mewn gras ac mewn gwybodaeth o'n Harglwydd a'n Gwaredwr, Iesu Grist. Iddo ef y bo'r gogoniant yn awr ac yn oes oesoedd. AMEN.

Oedfaon Ffydd

DUW'R CREAWDWR A'R CYNHALIWR

Galwad i Addoli:
Deuwn, addolwn ac ymgrymwn,
plygwn ein gliniau gerbron yr Arglwydd a'n gwnaeth.
Oherwydd ef yw ein Duw,
a ninnau'n bobl iddo a defaid ei borfa;
heddiw cewch wybod ei rym, os gwrandewch ar ei lais.

Darllen: **Salm 121**
 Colosiaid 3:8–17

Gweddi:
Ti, Greawdwr mawr y nefoedd,
mor ardderchog dy weithredoedd;
ti yw Brenin creadigaeth,
ti yw awdur iachawdwriaeth.

Plygwn ger dy fron i'th addoli,
a gwnawn hynny mewn rhyfeddod:
rhyfeddod y gall rhai di-nod fel ni blygu gerbron Creawdwr a Chynhaliwr pob peth.

Addolwn di wrth feddwl am ryfeddod dy greadigaeth;
ac addolwn di o gofio mai ti yw cynhaliwr popeth sy'n bod.
Wedi'r creu, ti sy'n cynnal yr hyn a grewyd gennyt,
a diolchwn am bob cynhaliaeth a fu yn ein bywydau ni,
ac ym mywydau pawb o'n cydnabod.

Ti, O Dduw, sy'n pwyso'r bryniau
a'r mynyddoedd mewn cloriannau;
ti sy'n pwyso'r wan ochenaid
ac yn mesur ingoedd enaid.

Gwyddost am bob angen sydd gan dy blant,
ac eiddot ti yw'r digon hwnnw a all gyflenwi pob eisiau,
Dymunwn gofio ger dy fron am bawb sydd mewn ing a thrallod,
y gofidus, yr hiraethus, y newynog a'r tlawd, y claf a'r diobaith.

Ti sy'n gwisgo d'orsedd olau
mewn tywyllwch a chymylau;
yn dy gariad ti sy'n anfon
dy faddeuant llwyr i'n calon.

Diolchwn fod maddeuant yn bosibl drwy Iesu Grist,
a'n gweddi yw i ti symud ymaith ein pechodau,
a'n puro a'n glanhau yn haeddiannau dy Fab,
ein Harglwydd a'n Gwaredwr, Iesu Grist, AMEN.

Gweddi:
Ysbrydola ni, O Arglwydd, fel y bydded inni ganfod prydferthwch dy greadigaeth:
rho inni weledigaeth o brydferthwch sancteiddrwydd;
dyro inni lygaid a chlust i werthfawrogi harddwch môr a mynydd, daear ac awyr a sêr,
i glywed cân aderyn, i ganfod lliw y blodau, a mân symud yr anifeiliaid.
Yn fwy na dim, caniatâ i ni ddirnad gogoniant dy feddwl di fel y'i hamlygwyd yn yr efengyl dragwyddol,
ac ym mywyd y rhai a waredwyd drwy dy ras.
Arglwydd, creawdwr goleuni,
ti sy'n adnewyddu goleuni yn ein bywyd bob bore,
llewyrcha oleuni dy drugaredd arnom;
goleua ein deall â'th wirionedd,
a phâr i'n calonnau lewyrchu gan dy gariad.
Dangos inni, Arglwydd, brydferthwch bywyd
y rhai a adnewyddwyd gan gariad Iesu Grist,
a galluoga ni i gyfleu'r cariad hwnnw i eraill.
I ganol holl ogoniant a rhyfeddod dy greadigaeth di
dygwyd hagrwch a drygioni.
Maddau i ni am lygru dy greadigaeth,

a chymorth ni y dydd hwn drwy waith a gweddi i'th addoli
ym mhrydferthwch dy sancteiddrwydd.

> Creawdwr nerthoedd byd,
> efe, Gynhaliwr bod,
> yw'r un a rydd i ninnau nerth
> i ganu cân ei glod.

> Mae cenedlaethau'r nef,
> pob cenedl a phob gwlad,
> a'r cread oll yn chwyddo'r gerdd
> o fawl i'r Duw sy'n Dad.
>   AMEN.

Neges:

Un tro roedd gweinidog a chanddo ddiddordeb mawr mewn organau, ac atgyweirio organau, yn byw mewn tref yn yr Almaen. Pan ymwelai â thref ddieithr, hoffai fwrw golwg ar ei horgan orau. Pan oedd organ enwog yn cael ei hadeiladu mewn eglwys yn Lausanne, aeth yno i'w gweld gan aros rai dyddiau i edrych arni'n cael ei hadeiladu, a chafodd ganiatâd i'w chwarae hefyd cyn ymadael. Trosglwyddodd y gweinidog hwnnw ei gariad at organau i'w ŵyr, a âi gydag ef yn aml. Byddai'r bychan yn treulio oriau yn gwrando ar ei daid yn chwarae'r organ, ac yn breuddwydio y byddai yntau ryw ddydd yn organydd enwog. Ac fe ddaeth y freuddwyd honno'n wir. Lawer blwyddyn yn ddiweddarach, yr oedd athro diwinyddol enwog ym Mhrifysgol Strasbourg yn cynnig ei wasanaeth i fynd fel cenhadwr i Affrica. Ond nid oedd yr un gymdeithas genhadol yn fodlon ei dderbyn. Yn wyneb hynny, aeth o gwmpas rhai o ddinasoedd mawr Ewrop i gynnal cyngherddau yn chwarae'r organ. Roedd ei ddatganiadau mor feistrolgar nes bod tyrfaoedd yn dod i wrando arno, yn fonedd a gwrêng. Yn fuan, casglodd yr arian yr oedd ei angen arno i hyfforddi'n feddyg, a llwyddodd mewn dim o dro. Aeth ar daith chwarae'r organ drachefn i godi arian i'w alluogi i sefydlu cenhadaeth o'i eiddo'i hun yn Affrica. Ac aeth i wasanaethu mewn ysbyty yn un o ardaloedd mwyaf enbyd a chaled y cyfandir hwnnw. Pan fyddai angen rhagor o arian yno, âi ar deithiau pellach yn chwarae'r organ, a byddai prif organau'r byd ar gael iddo. Enw'r gŵr enwog oedd Dr Albert Schweitzer.

Neges:
Ceir hanes am ddafad ryw dro yn codi ei hwyneb i gyfeiriad Duw ac yn achwyn wrtho am y drygioni a'r creulondeb a dderbyniai hi a'i thebyg gan fwystfilod gwyllt ac weithiau dan ddwylo pobl. Gwrandawodd Duw arni â chydymdeimlad mawr gan mai ef yw creawdwr a chynhaliwr popeth. Dywedodd Duw wrth y ddafad, yn ôl yr hanes, "Popeth yn iawn. Rhoddaf i ti ddannedd miniog y blaidd fel y gelli di frathu. Na, na," meddai'r ddafad, "ni fynnaf fod yn debyg i'r blaidd a'i ddannedd miniog." "Felly," meddai Duw, "mi roddaf i ti ewinedd y llew, fel y bydd pob creadur yn dy ofni." "Os gwelwch yn dda," meddai'r ddafad, "nid wyf am gael hynny chwaith. Pe digwyddai hynny, byddwn yn colli llawer o'r creaduriaid sy'n fy hoffi." "Felly," meddai Duw, "beth am dafod y neidr?" "Na," meddai'r ddafad, "yn bendant, na. Allwn i ddim goddef taflu gwenwyn ar fywyd rhywun arall. Byddai dod yn neidr yn torri fy nghalon." Ac meddai Duw wrthi: "Ond fy nghreadur annwyl, os na fynni di frifo eraill, fe gei di dy frifo." "O Arglwydd," atebodd y ddafad, "maddau yr hyn a ddywedais, a phaid â gwrando ar fy nghwyn. Rydw i bellach yn gweld ei bod yn rhagorach i ddioddef na gwneud i eraill ddioddef, ac mae cael fy ngharu'n rhagorach na chael fy ofni." "Boed felly," meddai Duw, gan ychwanegu, "Caf innau hefyd fy ngalw'n Oen."

Gras:
Teilwng yw'r Oen a laddwyd i dderbyn
gallu, cyfoeth, doethineb a nerth,
anrhydedd, gogoniant a mawl.
I'r hwn sy'n eistedd ar yr orsedd ac i'r Oen
y bo'r mawl a'r anrhydedd a'r gogonaint a'r nerth
byth bythoedd. AMEN.

Oedfaon Ffydd

GRAS DUW

Gweddi Agoriadol:
Bendithiwn di, O Dduw ein Tad nefol, a chanwn ogoniant i'th enw. Nesawn ynghyd yn awr yn llawn hyder a ffydd at orseddfainc dy ras er mwyn derbyn trugaredd a chael gras yn gymorth i fyw. Boed ein geiriau oll a'n myfyrdodau yn gymeradwy ger dy fron, O Arglwydd, ein Craig a'n Prynwr.

Darllen: Effesiaid 1:1–14

Gweddi:
O Arglwydd, ein Iôr, mor ardderchog yw dy enw ar yr holl ddaear. Graslon a thrugarog ydwyt, ac yng ngoleuni'r cynnal a'r cadw fu arnom, ni allwn lai na theimlo a gweled hynny. Bob bore, derbyniwn o'th fendithion o'r newydd; mawr yw dy ffyddlondeb! Tydi wyt Dduw mawr a chadarn, yn geidwad cyfamod a thrugaredd i'r rhai a'th garant ac a gadwant dy orchmynion. Cynorthwya ni i gofio mai Duw mawr ydwyt, a Brenin mawr goruwch yr holl dduwiau. Gad i ni yn awr deimlo mai tydi yw ein gobaith, a bod dy fawredd a'th gadernid a'th ffyddlondeb yn cynhyrchu ynom hyder wrth droi tuag atat. Er dy fod yn uchel a'th ogoniant goruwch y nefoedd, y mae'n gysur gennym feddwl nad wyt yn dirmygu llef yr isel, a'th fod yn ddigon mawr i gymryd sylw o'th rai bychain, yn ddigon cadarn i beidio â diystyru neb, yn ddigon cyfoethog i wahodd y tlotaf i ddynesu atat, ac yn ddigon grasol i gymryd trugaredd ar y gwaethaf.

Cymer drugaredd arnom, a chymorth ni i'th addoli. Tydi yw ein Duw ni, a ninnau yn bobl dy borfa a defaid dy law. Cyffeswn ger dy fron ein beiau niferus yn awr. Maddau i ni am beidio â rhoi mwy o le i ti yn ein myfyrdodau a'n serchiadau, ac am beidio â chadw ein golwg arnat yn fwy cyson, a'th ddilyn yn ffyddlonach. O Dduw, ein Tad trugarog, bwrw allan o'n bywydau bopeth sy'n peri inni ymbellhau oddi wrthyt. Cymorth ni i fod yn fwyfwy ymwybodol mai un o'n rhagorfreintiau pennaf yw cael galw arnat a'th geisio. Pâr i ni gofio hefyd fod ein Harglwydd Iesu wedi'n dysgu i geisio yn gyntaf dy deyrnas a'th gyfiawnder, a'th fod yn barod i gyfrannu dy ras yn helaeth i ni fel y gwnelom bopeth er gogoniant i'th enw glân. Tydi, O Dduw, yw Tad holl deulu'r llawr, ac ymbiliwn yn awr dros y rheiny mewn sawl rhan o'r byd sy'n dioddef o ganlyniad i drais, gormes a rhyfel. Duw heddwch ydwyt ti. Prysura'r dydd pan droir y cleddyfau'n sychau a'r gwaywffyn yn bladuriau. Yn dy ras, bendithia'r tangnefeddwyr ym mhob rhan o'r byd, fel bod eu cariad hwy'n tystio i rymuster dy gariad di. Clyw ni, yn dy drugaredd, O Arglwydd, wrth i ni fynegi ein pryder am gyflwr ein heglwysi. Yn dy ras, côd genhedlaeth newydd a fydd yn caru ein Harglwydd Iesu Grist â'u holl galonnau ac a fydd yn mynegi argyhoeddiadau eu ffydd ym mhob rhan o'u bywydau. Deisyfwn y pethau hyn oll yn enw'r Un a seliodd y cyfamod newydd â'i waed, yr Arglwydd Iesu Grist. AMEN.

Neges:

"Canys nid archoffeiriad heb allu cyd-ddioddef â'n gwendidau sydd gennym, ond un sydd wedi ei brofi ym mhob peth, yn yr un modd â ni, ac eto heb bechod. Felly, gadewch inni nesáu mewn hyder at orsedd gras, er mwyn derbyn trugaredd a chael gras yn gymorth yn ei bryd" (Hebreaid 4:15–16).

Duw dyrchafedig yw ein Duw ni, Duw y duwiau, a Brenin y brenhinoedd, yr Un sydd yn teyrnasu yn oes oesoedd, ond er hynny, mae'n Dduw hawdd mynd ato, a pheidied neb ohonom â thybio ein bod wedi ein cau allan o'i orffwysfa ef. Mae'r llinellau cyswllt ar agor bob amser gan wybod ei fod ef yno – yn barod i wrando ar ein cri. Nid yw'n dibynnu ar deilyngdod ychwaith. Cyhoeddi y mae llais cyfiawnder, 'Cadw draw hyd oni fyddi'n deilwng i ddynesu at orsedd y Brenin Mawr', ond dyma gyhoeddiad gras, 'Dilladaf di â gwisg cyfiawnder a ddarparwyd gan Grist ar dy gyfer'. Felly cawn nesáu yn hyderus 'er mwyn derbyn trugaredd a chael gras yn gymorth yn ei bryd'.

Ceir darlun hyfryd yn Llyfr Esther (5:1–14). Yn nyddiau teyrnasiad y Brenin Persiaidd, Ahasferus, nid oedd gan neb, dim hyd yn oed y frenhines, hawl i ddynesu at ei orsedd heb ganiatâd, ond pan ddaeth Esther i wybod am gynlluniau Haman i ddifa ei phobl mentrodd ato i erfyn am eu hymwared, er gwybod mai un gwyllt ei dymer ac un creulon oedd ei gŵr ac mai ond un ddedfryd oedd yn aros a fentrai ato heb wahoddiad, sef marwolaeth. Ond pan welodd y brenin hi yn sefyll yn wylaidd yn y cyntedd, yr oedd yn falch o'i gweld, ac estynnodd ati ci deyrnwialen aur, ac yr oedd hynny yn arwydd fod iddi groeso i ddyfod ato. Darllenwn y geiriau hyn yn Hebreaid 1:8: 'Y mae dy orsedd di, O Dduw, yn dragwyddol, a gwialen dy deyrnas di yw gwialen uniondeb.' A neges yr Efengyl yw ei fod ef yn estyn inni ei deyrnwialen i'n galluogi i nesáu ato yn hyderus. A chofiwn ei bod hi'n fraint ac yn gyfrifoldeb arnom ninnau i fentro at orseddfainc ein Duw i erfyn am adferiad ein cenedl. Diolchwn am y sicrwydd y cawn gyffwrdd â theyrnwialen estynedig ei burdeb ef wedi ein gwisgo'n hardd â chyfiawnder y Gwaredwr, a gwybod y cawn groeso ganddo a derbyn o gyflawnder ei ras. AMEN.

Oedfaon Ffydd

GRAS DUW

Galwad:
Fy enaid, bendithia'r Arglwydd,
a'r cyfan sydd ynof, ei enw sanctaidd.
Trugarog a graslon yw'r Arglwydd,
araf i ddigio a llawn ffyddlondeb.
Fel y mae'r nefoedd uwchben y ddaear,
y mae ei gariad tuag at y rhai sy'n ei ofni;
cyn belled ag y mae'r dwyrain o'r gorllewin
y pellhaodd ein pechodau oddi wrthym.
Bendithiwch yr Arglwydd, ei holl weithredoedd
ym mhob man o dan ei lywodraeth.
Fy enaid, bendithia'r Arglwydd.
Salm 103:1,8,11–12,22

Darllen: Luc 18:9–14
Effesiaid 2:1–8

Neges:
Ambell dro pan fydd rhywun yn derbyn anrhydedd, y wisg wen efallai, neu Fedal Gee, dywed pawb, "Roedd yn ei haeddu'n fwy na neb." Un felly oedd y Pharisead yma. Roedd yn ddyn gwirioneddol dda. Nid dangos ei hun yr oedd, ond rhestru'n gydwybodol bopeth yr oedd yn cofio iddo ei wneud y dylai fod wedi ei wneud. Os oedd rhywun yn haeddu ffafr Duw, roedd hwn yn fwy na neb, hynny yw o safbwynt dyn. Ond, o safbwynt Duw, roedd pethau'n bur wahanol. Os oedd Duw yn eistedd milltir uwchben y deml, roedd y Pharisead â'i holl ddaioni yn cyrraedd rhyw ddwy fodfedd oddi wrtho, a'r casglwr trethi ryw hanner modfedd neu lai. O edrych arni fel yna, mae'r Pharisead fel plentyn yn mynnu y gall gyrraedd i wneud rhywbeth heb help ei fam, a'r casglwr trethi fel plentyn sy'n gwybod na all gyrraedd, ac yn gofyn, "Dad, wnei di fy nghodi i?"

Dyna mae Duw yn ei ofyn gennym: i ni gydnabod na allwn ei gyrraedd, ac yna fe ddaw i lawr i afael ynom a'n codi ato ef. Dyma helaethrwydd gras Duw a'i rodd raslon o'r un dyn Iesu Grist.

Neges:

Pan oeddwn yn blentyn un o'm hoff storïau oedd *Ameliaranne and the Green Umbrella*! Ameliaranne oedd yr hynaf o deulu tlawd. Un diwrnod cawsant eu gwahodd i de parti mewn tŷ crand. Pan ddaeth y dydd roedd y plant iau i gyd yn sâl, ac felly aeth Ameliaranne ar ei phen ei hun, gan gario ei hymbarél fawr werdd. Ni welid Ameliaranne byth heb honno.

Pan welodd y bwrdd yn gwegian dan lwythi o fwyd blasus, cofiodd am weddill y teulu. Yn lle bwyta'r holl frechdanau a'r cacennau, fe'u gollyngodd yn ddirgel i mewn i'r ymbarél. Wrth iddi ffarwelio â'r gweithwyr, disgynnodd yr holl ddanteithion ar stepen y drws. Ni wyddai Ameliaranne beth i'w ddweud na'i wneud. Ond ni ddaeth gair o gerydd, fe aeth y wraig yn ôl i'r tŷ a llenwi basged anferth â chacennau a brechdanau o bob math. Mae'r Beibl yn sôn am deyrnas Dduw fel gwledd, a ninnau'n ei chael heb haeddu dim, ond bod Duw yn ei haelioni yn rasol wrthym.

Gweddi:

Arglwydd Dduw,
Creawdwr a Chynhaliwr popeth sydd,
deuwn o'th flaen yn ymwybodol o'n hannheilyngdod.
Yr wyt ti mor fawr
a ninnau mor fach:
ni allwn gyrraedd atat,
ac eto, yr ydym yn dod
am ein bod yn clywed dy wahoddiad.

Dywedaist na fyddet yn gwrthod neb sydd yn dod atat.
Dywedaist dy fod yn maddau pechodau.
Dywedaist dy fod yn ein caru.
Ac felly deuwn mewn ymateb i'r cariad hwnnw.
Deuwn i ddiolch iti am y maddeuant hwnnw.
Deuwn yn sicr o'n derbyniad trwy ras.

Cynorthwya ni, O Dad,
i ymateb i'th gariad â chariad at eraill;
i ymateb i'th faddeuant
trwy faddau i eraill;
i dderbyn o'th ras
trwy fod yn raslon ein hymddygiad.

Gofynnwn i ti gyffwrdd yn dy drugaredd
â'r rhai sydd yn brin o gariad,
fel y byddant yn ymwybodol o'th freichiau di o'u cwmpas.
Cyffwrdd â'r rhai sy'n byw yng nghanol trais a dial,
i leddfu poen brad a chreulondeb.
Cyffwrdd â'r rhai sy'n gweld angen eraill,
iddynt gael estyn llaw â charedigrwydd.
Derbyn ein gweddi,
a derbyn ninnau yn awr,
i ni gael y fraint o gael bod
yn rhan o'th ateb mawr di i'r weddi hon.
AMEN.

Gweddi:

O Dduw, ein Tad Nefol, deuwn o'th flaen yn awr gyda diolch yn ein calonnau. Diolchwn i ti mai Duw cariad ydwyt. Diolchwn i ti ein bod yn cael dod atat eto fel hyn, nid yn ein haeddiant ein hunain, nid oes haeddiant ynom. Deuwn yn hytrach yn haeddiant ein Harglwydd Iesu Grist, gan bwyso ar dy ras.

Cyflwynwn i ti ein bywydau, gan ofyn i ti ein glanhau o bopeth na ddylai fod ynom. Adeilada ynom gymeriadau da a chywir. Cadw ni beunydd yn ymwybodol mai dy gariad di sydd yn ein cynnal, ac mai ar dy faddeuant di yr ydym yn byw. Gweithia ynom, er mwyn i ni dyfu i fod yn rhai a fydd yn caru estyn llaw i helpu. Rho ynom yr awydd i gofleidio a charu eraill yn dy enw di.

Cadw ni rhag dod i arfer â hanesion am angen a chreulondeb a dioddefaint dyn, a thyfu'n fyddar i gri ein cyd-ddyn. Llanwa ni yn hytrach â'r awydd i dosturio wrth eraill fel yr wyt ti wedi tosturio wrthym ni. Dysg ni i roi fel yr wyt ti wedi rhoi, ac i garu fel yr wyt ti wedi caru, fel y gogoneddir dy enw di ym mhob peth. AMEN.

Oedfaon Ffydd

GRAS DUW

Gweddi:
Mawr wyt ti, O Arglwydd, a theilwng iawn o fawl. Trwy gyfrwng y gwasanaeth hwn rhown y moliant i ti a gofynnwn i ti dderbyn y cyfan yn dy ffordd rasol dy hun, yn Iesu Grist. AMEN.

Darllen: Salm 8

Gweddi:
Dim ond ategu geiriau'r salmydd a allwn ni, Arglwydd, pan edrychwn ar waith dy fysedd. Rhyfeddu a wnawn dro ar ôl tro at ysblander dy greadigaeth, a gresynu yr un pryd at y ffaith mai ninnau sy'n gyfrifol am lygru rhyfeddod o fyd. Diolch, O Dduw, a ninnau'n byw mewn byd sy'n llawn dyfeisiadau chwyldroadol, dy fod ti'n parhau i gadw'r byd ar ei draed, er bod gan ddyn y gallu i chwythu'r cyfan i ebargofiant. Yn nyddiau chwalu a dinistrio, helpa ni i werthfawrogi byd llawn lliwiau, llawn synau. Ie, dy fyd di. 'Eiddo'r Arglwydd yw'r ddaear, y byd a'r rhai sy'n byw ynddo.' AMEN.

Neges:
Philip Doddridge (1702–51) a chyfieithiad Gomer (1773– 1825) yn fy marn i sy'n gyfrifol am yr emyn mwyaf erioed i ras (rhif 161 yn *Caneuon Ffydd*), er fy mod yn bersonol yn cael fy nenu at y cyfieithiad sydd yn y *Caniedydd*. Ceir newid yn yr ymadrodd, er mai'r un yw'r cyfieithydd! Ond hyd y gallaf, ceisiaf lynu wrth gyfieithiad *Caneuon Ffydd*. Egyr yr emyn gyda'r pennill: 'Gras, O'r fath beraidd sain, i'm clust hyfrydlais yw: gwna hwn i'r nef ddatseinio byth, a'r ddaear oll a glyw.' Daeth y gras o'r nef i ddechrau. Y gwir amdani yw fod popeth da wedi dod o'r fan honno, ac i'r fan honno hefyd y dychwel yn y diwedd. Mae'n debyg i dâp mesur yn cael ei agor i'w ben pellaf, ac yna, wedi mesur, rhywun yn pwyso'r botwm a'r tâp yn cael ei dynnu'n ôl i'w gartref. Mae'r emynydd felly wedi gosod ei fater yn y pennill cyntaf. A dyma ddod at yr ail bennill: 'Gras gynt a drefnodd ffordd i gadw euog fyd; llaw gras a

welir ymhob rhan o'r ddyfais hon i gyd.' Dyfais ddirgel, glyfar, anesboniadwy yw'r greadigaeth, ac o fewn y greadigaeth honno mae ffurf a siâp i bopeth, does yna'r un mynydd nac afon na dim arall sy'n gyfan gwbl yr un fath. A gras sy'n cadw'r ddyfais rhag cael ei chwythu'n rhacs.

Darllen: 1 Corinthiaid 1:1–9

Gweddi:
Diolch i ti, O Dduw, mai ar ddyn y mae dy ofal yn bennaf ac mai yn Iesu Grist y cafwyd gras yn llawn. Yn ei ddyfodiad tawel, cyffrous, y Gair yn cael ei fowldio'n gnawd, yn ei ddioddefaint ar Galfaria a'i atgyfodiad, chwaraeodd gras ran sylfaenol yn ein hiachawdwriaeth ninnau. Helpa ni i gofio mai trwy ras yn unig y cawsom rannu yn y bywyd newydd a addawodd Iesu Grist i'w holl ddilynwyr – rhodd a ffafr gennyt ti yw'r cwbl. Wrth rannu yn y bywyd hwnnw gwna ni'n frwdfrydig a llawen yn dy waith a maddau i ni am fod yn bendrist mor aml yn lle dal ar bob cyfle i gynnig dy neges i genhedlaeth sy'n dyheu am ffordd ragorach na'r un sydd yn ei meddiant yn awr. Ond gwared ni hefyd rhag bod yn ddigywilydd, yn ffyrnig, ac yn gas wrth rai nad ydynt eto'n barod i dderbyn yr Efengyl. Ymhob ymwneud â phobl, helpa ni i ddweud wrthym ein hunain, 'Trwy ras ...' a'i ddweud yn gyson, gyson ... a'i olygu. Clyw ni yn enw'r Hwn sy'n llawn o ras i rai heb ddim, Iesu Grist. AMEN.

Neges:
Ym mhennod gyntaf Genesis mae'r stori yn symud ymlaen at greadigaeth y ddynoliaeth. Felly hefyd yn y ddau bennill olaf o'r emyn dan sylw: 'Gras ddaeth â'm traed yn ôl i lwybrau'r nefoedd lân; rhydd gymorth newydd im bob awr i fyned yn y blaen.' Rwy'n cofio fy nhad a minnau'n meddwl cerdded i gopa'r Wyddfa flynyddoedd yn ôl, a hynny o gyfeiriad Llanberis. Wedi cerdded am beth amser sylwasom ein bod wedi dilyn y trywydd anghywir ac wedi cyrraedd golwg capel Hebron, oedd yn adfeilion. Gwyddai 'nhad yn iawn pe byddem yng ngolwg capel Hebron y byddem wedi dilyn y llwybr anghywir. Diolch am bwynt y daith i ddangos trywydd cyfeiliornus! Yr hyn a wna gras yw dod â ni 'i lwybrau'r nefoedd lân', ac nid i lwybrau pechod. Trwy ymddiried a chredu

yn Iesu, rydym ar ffordd bywyd tragwyddol.

Byddai'n ddigon hawdd gorffen yn y fan honno, ond myn yr awdur gerdded ymhellach: 'Gras a gorona'r gwaith draw mewn anfarwol fyd; a chaiff y clod a'r moliant byth gan luoedd nef ynghyd.' Nid ar y ddaear y mae dyn yn cael ei berffeithio ond yn y nef. A dyna yw'r nefoedd – anfarwol fyd. Mae gras yn coroni ac yn cwblhau ei waith yno – y tâp yn dod yn ôl i'r lle y dechreuodd.

Gras:
Gras ein Harglwydd Iesu Grist a fyddo gyda chwi oll.
AMEN.

Oedfaon Ffydd

TRUGAREDD DUW

Gweddi:
Trown ein golygon atat ti, O Dduw, gan ymddiried yn llwyr yn dy drugaredd. Rydym yn ymddiried mewn pob math o fanion bethau, a hynny'n gyson, gyson. Helpa ni yn awr i weld ein hangen trwy Iesu Grist. AMEN.

Darllen: Micha 7:14–20

Gweddi:
Rydym yn ymwybodol, O Dduw, nad oes tebyg i ti. Dywedodd y Pêr Ganiedydd gynt: "Does gyffelyb iddo ef ar y ddaear, yn y nef". Ni all neb ohonom feiddio ein cymharu ein hunain â thi, ac ni allwn ond rhyfeddu at dy nerth, dy allu a'th egni. Ie, Duw sy'n llawn bywyd wyt ti, nid wyt byth yn cysgu oherwydd yr wyt ti'n effro bob amser yn cynnal popeth. Ond gofynnwn ninnau'r cwestiwn o hyd, yr un cwestiwn ag a ofynnodd emynydd arall: 'Beth wyf i a phwy wyt ti?' Maddau i ni, O Arglwydd, am fethu â gweld mai rhai sydd mewn angen am drugaredd ydym, ac mai ti a dim ond ti all rhoi'r trugaredd hwnnw i ni oherwydd dy nerth, dy allu a'th egni. Pechaduriaid ydym ni, yn frwnt, yn wael ac yn euog, ac felly'n dibynnu ar dy drugaredd a ddaeth yn amlwg yn nioddefaint Iesu Grist ar Galfaria. Fe'n tynnaist ni atat dy hun drwy'r groes a lladd yr elyniaeth oedd rhyngom a thi. Dysg ni felly i gyfrif ein bendithion yng ngoleuni croes Iesu Grist ac i gredu bod gobaith yno i bawb. AMEN.

Neges:
Mae geiriau'r darlleniad yn llawn gobaith am drugaredd Duw. Os am fyfyrio ar ystyr y gair 'trugaredd', beth am edrych ar adnod 18 yn y darlleniad hwnnw? 'Nid yw'n dal ei ddig am byth, ond ymhyfryda mewn trugaredd.' Pe byddai Duw yn defnyddio iaith yr oes bresennol, mae'n bosibl mai dyma a ddywedai bellach, 'Bydda i'n cymryd diddordeb yn rhywun er na fydd neb arall'. Cariad at wrthrych truenus ac anghenus

yw trugaredd, a rhoi rhywbeth iddo nad oes ganddo eisoes. Cofiaf bregethu mewn capel rhyw fore Sul gaeafol a disgwyl yn ofer i rywun o'r capel gynnig cinio. Sefais y tu allan i'r capel a daeth car heibio ac ynddo bobl a adwaenwn yn dda, er nad oeddynt yn aelodau yn y capel dan sylw. Dyma'r car yn aros a'r gyrrwr yn gofyn: 'Be wyt ti'n ei wneud yn fa'ma? Gyda phwy wyt ti'n cael cinio?' A minnau'n ateb: 'Does na neb yn fodlon rhoi cinio i mi.' Atebodd y gyrrwr wedyn, 'Os nad oes 'na neb arall am wneud, mi gei di ginio gennym ni!' A dyma Dduw. Nid yw'n gwrthod neb. Mae yna bennill o waith David Saunders yn *Y Caniedydd* sy'n darllen fel hyn: 'Pa dduw ymhlith y duwiau sydd debyg i'n Duw ni? Mae'n hoffi maddau'n beiau, mae'n hoffi gwrando'n cri; nid byth y deil eiddigedd, gwell ganddo drugarhau; er maint ein hannheilyngdod mae'i gariad e'n parhau.'

Darllen: Luc 10:25–37

Gweddi:
Yn ein hymwneud â'n gilydd, Arglwydd, rydym ni'n hynod o anhrugarog ac mae'r balchder hwnnw sy'n llenwi'n bywydau yn ein llorio'n aml – balchder sy'n troi clust fyddar ar waedd yr anghenus yn ein cymdeithas. Helpa ni i sylweddoli'r fath erchylltra sy'n digwydd yn ein byd heddiw, a phâr ein bod ni wrth ddefnyddio'r gair 'byd' yn golygu digwyddiadau sydd wrth ein traed ein hunain. Mae yna weiddi o gyfeiriad byd cyffuriau a phob byd arall sy'n llygru bywyd yn ei gyfanrwydd, ac yr ydym ninnau, Arglwydd, mor fyddar a dall i'r waedd anghenus yng ngwahanol gylchoedd ein bywyd. Gwna ni, bawb, yn dystion dros yr Iesu sydd â thrugaredd yn amlwg yn ei fywyd a'i waith. Gofynnwn hyn yn ei enw ef. AMEN.

Neges:
Beth wnewch chi o ddameg y Samariad Trugarog? Meddyliwch am y sefyllfa am funud. Pawb yn cerdded heibio'r dyn a syrthiodd i blith lladron; yr offeiriad a'r Lefiad – pobl y buasech chi'n disgwyl iddynt aros i gynnig cymorth. Ond na, rhyw Samariad a arhosodd. Dywedodd y Dr D. Ben Rees fod modd i Gristnogion fod yn rhy dduwiol i fod yn ddynol, ac ni ellir gwadu hynny weithiau. O wybod am yr elyniaeth

fawr rhwng yr Iddewon a'r Samariaid, roedd yr hyn a wnaeth y Samariad felly yn gwbl anhygoel. Roedd Israel wedi edrych i lawr ar Samaria yn gyson, ac nid yw pethau wedi newid chwaith ar hyd y canrifoedd. 'Does ond angen edrych ar sefyllfa Irac heddiw. Ond eto, nid gweld Iddew a wnaeth y cymwynaswr ond gweld dyn – dyn yn ei drallod oedd yn hanner marw. A'r hyn sy'n digwydd yw fod y bach yn helpu'r mawr. Enaid, cig a gwaed yw pob dyn ac felly'n gydradd â ni. Yr hyn a wnaeth y Samariad oedd uniaethu ei hun â'r clwyfedig. A ydym ni'n gwybod beth yw uniaethu ein hunain â'r anghenus? Dyma'n union a wnaeth Duw yn Iesu Grist – dod yn gydradd â ni er mwyn trugarhau.

Gras:
Gras fyddo gyda phawb sy'n caru ein Harglwydd Iesu Grist â chariad anfarwol. AMEN.

Oedfaon Ffydd

FFYDDLONDEB DUW

Gweddi:
Agor ein clustiau a'n llygaid, O Dduw, i sylweddoli o'r newydd rym dy gariad a'th ffyddlondeb. Trwy gyfrwng y gwasanaeth hwn, helpa ni i sylweddoli nad wyt ti byth yn torri dy air na'th addewid. 'Ei air a'i amod cadw wna, byth y parha'i ffyddlondeb.' AMEN.

Darllen: Deuteronomium 7:1–11

Gweddi:
Diolch, Arglwydd, dy fod ti'n ddigyfnewid. Mewn byd o newid di-ball, llawenhawn a dathlwn nad oes newid arnat ti, ac nad oes pall ar dy ffyddlondeb tuag at dy bobl. Yn rhan o'r cariad anfeidrol hwnnw sydd ynot, rwyt ti'n glynu wrthym fel gelen, ac yn Iesu Grist, fe gawsom brawf o'r ffaith nad wyt ti byth yn gadael; fe brofodd Iesu hynny i ni droeon: 'Ni adawaf chwi'n amddifad ...' O dro i dro, byddwn yn teimlo'n bendrist ac isel ac yn dychmygu fod popeth ar ben ac nad oes pwrpas nac ystyr i fyw na bod. Gan ein bod yn feidrol, mae'n gwbl naturiol i ni deimlo felly, ond gad i ni gofio nad wyt ti hyd yn oed ar yr adegau tywyll hynny yn ein gwrthod na'n siomi. 'Aros mae'r mynyddau mawr,' meddai'r bardd, a hynny yn wyneb y 'newid a ddaeth o rod i rod'. Aros yr wyt tithau hefyd yn Iesu Grist, a diolch i ti am hynny. AMEN.

Neges:
Clywsom yn y darlleniad am ffyddlondeb Duw i genedl Israel. Ond i mi, mae un adnod yn allweddol, ac adnod 9 yw honno: '... y mae Duw'n ffyddlon, yn cadw cyfamod a ffyddlondeb hyd fil o genedlaethau gyda'r rhai sy'n ei garu ac yn cadw ei orchmynion.' Mae Duw yn ffyddlon ac ni ellir newid hynny. Ar ddrws y rhewgell yn ein cartref ni mae tua chant o fagnedau. Mae Elen, y wraig, yn sgut am gael gafael ar rai ym mhobman. Gŵyr pawb ohonom beth yw magned, sef teclyn na wnaiff byth ollwng ei afael. I mi, dyna Dduw yn ei hanfod – un nad yw byth yn gollwng ei

afael. Ni fyddai neb yn gweld bai ar Dduw pe bai'n troi ei gefn ar y byd, ar bobl, ar bopeth, o wybod y ffordd yr ydym yn trin ac yn malurio popeth o werth yn ei fyd. Ac wrth glwyfo byd, clwyfir Duw; eto, gan ddefnyddio geiriau William Williams, Pantycelyn: 'R un nerth sydd yn fy Nuw a'r un yw geiriau'r nef, 'run gras, a'r un ffyddlondeb sy'n cartrefu ynddo ef.'

Darllen: Numeri 12:1–9

Gweddi:
Diolch i ti, Arglwydd, am bobl fel Moses a brofodd ffyddlondeb Duw, ac a ddangosodd ffyddlondeb yn ôl i Dduw, a hwnnw'n ffyddlondeb ym mhopeth. Maddau i ni, Arglwydd, ein hanffyddlondeb i'n gilydd. 'Rydym ni i gyd yn crwydro fel defaid, pob un yn troi i'w ffordd ei hun,' oedd cyfaddefiad llyfr Eseia gynt, a'r un cyfaddefiad sydd gennym ni ger dy fron, O Dduw. Dyna pam y croeshoeliwyd Iesu Grist, dros ein hanffyddlondeb, dros ein holl bechodau, a hynny er mwyn ein dwyn i gymod â thi. Helpa ni i ymddiried yn yr Iesu, fel ein bod ninnau yn llawer ffyddlonach i ti ac i'n gilydd. AMEN.

Neges:
Os trown ni'n ôl at bennod yr ail ddarlleniad yn llyfr Numeri, gwelwn Moses yn cael ei feirniadu'n hallt gan Miriam ac Aaron, beirniadaeth a oedd, mewn gwirionedd, yn genfigen: 'Ai trwy Moses yn unig y llefarodd yr Arglwydd?' Wrth ddarllen y darn, clywir tinc o sbeit yn y cwestiwn. A dyma a ddywedodd Duw: 'Yr oedd Moses yn ddyn addfwyn iawn; ef oedd yr addfwynaf o bawb ar wyneb y ddaear.' Aed â Moses, Miriam ac Aaron allan at babell y cyfarfod a daeth yr Arglwydd atynt mewn cwmwl. Galwodd ato Miriam ac Aaron, a oedd eisiau bod yn broffwydi fel Moses – dyna wraidd y genfigen – ac un ateb a gawsant gan yr Arglwydd. Un disgrifiad sydd ganddo o Moses, a hynny yw: 'Ef yn unig o'm holl dŷ sy'n ffyddlon.' A dyna daw ar y mater! Roedd Duw a Moses yn cerdded law yn llaw ym mhabell y cyfarfod ac allan o'r babell honno; Duw yn ffyddlon i Moses a Moses hefyd yn ffyddlon i Dduw.

Dewch yn ôl am eiliad at y magnedau sydd yn ein tŷ ni. Mae gwahanol luniau ar bob un ohonynt, ond mae un sydd wedi dal fy llygad.

Ar y magned hwn ceir gweddi, gweddi na feiddiaf ei chyfieithu rhag gwneud cam â hi: *'Lord, help me remember that nothing is going to happen to me today, that you and I together can't handle.'* Ie, dyna ni, Duw a ninnau'n deall ein gilydd, ac yn cydgerdded.

Gras:

Bydded i Arglwydd tangnefedd ei hun roi tangnefedd i chwi bob amser ym mhob modd. Bydded gyda chwi oll. AMEN.

Oedfaon Ffydd

DAIONI DUW

Galwad i Addoli:
Da yw moliannu dy enw di, O Dduw, a'n braint mawr yw gwneud hynny trwy gyfrwng y gwasanaeth hwn. Helpa ni felly i sylweddoli cymaint o ddaioni sydd ynot ti a hwnnw'n ddaioni i bawb yn ddiwahân. AMEN.

Darllen: Genesis 1:1–31

Gweddi:
Clywsom yn y darlleniad, O Arglwydd, am dy ddaioni yn creu byd cwbl ryfeddol ar ein cyfer, ac ni allwn ond rhyfeddu at waith dy ddwylo. Ategwn ninnau eiriau'r emynydd: 'Glendid maith y cread, syndod ei ddieithrwch, gwyrth ein daear fechan, rhyfeddod bod a byw, diolch am gael profi yn y dwys ddirgelwch ras a gogoniant yr anhraethol Dduw.' Sylweddolwn fod y cread yn llawn dieithrwch a rhyfeddod, ac ni allwn ninnau ond amenio'r adnod: 'Gwelodd Duw y cwbl a wnaeth, ac yr oedd yn dda iawn.' Maddau i ni, Arglwydd, am geisio difetha'r byd paradwysaidd hwn a diolchwn i ti am fudiadau sy'n parchu'r cread a phopeth sydd ynddo – yn goed, ffrwythau, anifeiliaid, moroedd, afonydd, mynyddoedd, dyffrynnoedd a phobl. Helpa ni i sylweddoli fod rhan i ninnau ddiogelu'r cread rhag llygredd ofer sy'n meddiannu sawl agwedd ar ein bywydau heddiw. Diolch, felly, am mai Duw da wyt ti a bod y cyfan sydd yn dy gread o fudd a lles i'r ddynoliaeth. AMEN.

Neges:
Mae'n syndod pa mor eang a phrydferth yw cread Duw, ac os gallai Duw sôn am ei waith ei hun, ei fod yn dda, cymaint mwy y dylem ninnau ganmol ei gampwaith, oherwydd Duw ei hun yw ffynhonnell pob daioni ac ni ellir ysgaru Duw a daioni – mae'r ddau yn un. Mae'n siŵr fod llawer ohonom yn cofio derbyn adroddiadau ysgol. Byddai un golofn ar yr adroddiad yn nodi'r pwnc, y llall yn rhoi lle i'r athro roi marc (naill ai allan o ddeg neu gant), a'r golofn olaf yn rhoi cyfle i'r athro gyflwyno sylwadau am y disgybl fel 'ymdrech deg' neu 'diffyg ymdrech' (hwnnw

fyddai'n ddieithriad ar f'adroddiad i!), 'gweddol', 'gallai wneud yn well', 'da', a phe ymddangosai 'da iawn' byddai'r disgybl a'i deulu'n fwy na bodlon, a phawb yn llawenhau. Faint o farciau rown ni i Dduw am ei fyd? Deg allan o ddeg? Cant allan o gant! A'r sylw ddylai fod ar ein genau ac yn ein calonnau? Da iawn! Neu'n hytrach, 'Gwych', gan ein bod mor barod i ddweud 'Canmoled arall di!'

Darllen: Effesiaid 2:1–10

Gweddi:

Derbyn ein diolch, O Dad, am ryfeddod dy greadigaeth, ond yn fwy na hynny hyd yn oed, derbyn ein diolch am dy fod ti wedi'n gwneud ninnau, dy bobl, yn greadigaeth newydd, a hynny i fyw bywyd o weithredoedd da. Troesom oddi wrthyt o ganlyniad i gwymp Eden, ond yn dy gariad a'th ddaioni, daethost â ni yn ôl o farwolaeth pechod i fywyd daionus trwy aberth Iesu Grist ar Galfaria. Maddau i ni, Arglwydd, am wrthod neges dy Air sy'n cyhoeddi mai croes Calfaria sy'n ein golchi a'n sancteiddio, lle'r oeddem gynt yn frwnt a budr. Fe roes ei ddwylo pur ar led, fe wisgodd goron ddrain er mwyn i'r budr gael bod yn wyn fel hyfryd liain main. Gwelsom a chawsom dy ddaioni di yn disgleirio arnom trwy aberth Iesu, a derbyn ein diolch am hynny. Dysg ni hefyd i sôn wrth eraill am dy ddaioni mewn byd sy'n llawn drygioni. Clyw ein gweddi, yn enw Iesu Grist, AMEN.

Neges:

Yn ei ddaioni y creodd Duw y byd, yn ei ddaioni hefyd y rhoddodd ef ail gynnig i bawb ddod i berthyn i deyrnas Nefoedd. Yr enghraifft orau o hyn yw hanes troedigaeth Paul. Digwyddodd ar amrantiad, yn sydyn, fel fflach mellten, a chanlyniad yr ymyrraeth ddwyfol honno oedd creu dyn newydd, a Duw yng Nghrist yn ei ddaioni oedd yn gyfrifol am hynny. Ond y mae enghreifftiau eraill. Y perygl mawr bob amser yw meddwl bod Duw yn gweithio yn yr un ffordd â phawb. Nid dyna ffordd yr Efengyl. Os fflachiodd y goleuni'n sydyn ar Paul, mae'n bosibl mai fel arall y disgleiriodd ar eraill; trwy gyfres o ddigwyddiadau neu amgylchiadau. Y ffactor pwysicaf oll yw fod pob un ohonom yn medru dweud: 'Lle'r oeddwn gynt yn ddall, rwy'n gweld yn awr.' A Duw yn ei ddaioni sy'n gyfrifol am hynny os ymostyngwn ni ger ei fron a chyfaddef ein holl wendidau.

Nid oes amheuaeth am ddaioni Duw yn creu'r byd a'r ddynoliaeth. Y mae'n dda iawn. Beth yw adroddiad Duw am y rhai sy'n honni credu yn ei Fab?

Gras:

I'r hwn sy'n ein caru ac a'n rhyddhaodd oddi wrth ein pechodau â'i waed, ac a'n gwnaeth yn urdd frenhinol i Dduw ei Dad, iddo ef y bo'r gogoniant a'r gallu byth bythoedd. AMEN.

Oedfaon Ffydd

MADDEUANT DUW

Gweddi agoriadol:
'Ond oherwydd dy gariad mawr, dof fi i'th dŷ, plygaf yn y deml sanctaidd mewn parch i ti.'
Bydded ymadroddion genau dy was a myfyrdodau calon dy bobl yn gymeradwy ger dy fron, O Arglwydd, ein craig a'n prynwr.

Darllen: Rhufeiniaid 13:8–14

Gweddi:

> Gwaith hyfryd iawn a melys yw
> moliannu d'enw di, O Dduw;
> sôn am dy gariad fore glas,
> a'r nos am wironeddau gras.

Arglwydd, megis y salmydd gynt, cyffeswn dy drugaredd a'th raslonrwydd. Na, ni wnaethost â ni yn ôl ein pechodau, na thalu i ni yn ôl ein troseddau. Amgylchynaist ni yn ôl ac ymlaen a gosodaist dy law arnom – y llaw sy'n darparu ac yn arwain; y llaw sy'n gerydd ac yn iachâd.

> Dod ar fy mhen dy sanctaidd law,
> O dyner Fab y Dyn;
> mae gennyt fendith i rai bach
> fel yn dy oes dy hun.

Trown felly yn ddisgwylgar atat gan gofio anogaeth y salmydd unwaith eto:

> Disgwyl wrth yr Arglwydd,
> bydd gryf a gwrol dy galon
> a disgwyl wrth yr Arglwydd. (Salm 27:14)

Oblegid gyda thi y mae gwaredigaeth helaeth a maddeuant sy'n cymell gwir addoliad. Clyw ni, yn enw Iesu sy'n byw bob amser i eiriol drosom. AMEN.

Neges:
'Câr dy gymydog fel ti dy hun.'
Maddeuant yw un o nodweddion pwysicaf y bywyd Cristnogol. Beth yw 'pechod'? Datgymalu'r berthynas iach, briodol rhwng dyn, Duw a phobl â'i gilydd. A'r cam cyntaf tuag at adfer y berthynas iach hon yw 'maddeuant'. Mae gorchymyn mawr yr Arglwydd – 'câr dy gymydog fel ti dy hun' – yn awgrymu dau beth yn yr ymarfer o faddau.

Yn gyntaf, y mae pob un ohonom yn barod iawn i ganfod esgus am ein gweithredoedd amheus. Rhaid felly fod yr un mor barod i ddarganfod rhywbeth y gellir ei esgusodi yng ngweithredoedd ein cymdogion. Dyma C. S. Lewis yn datgan yn un o'i ysgrifau: *'There are always extenuating circumstances.'* Cyn sôn am faddau, felly, rhaid bod yn deg a cheisio canfod yr amgylchiadau sy'n lliniaru'r weithred droseddol. Yng ngeiriau'r salmydd, y mae'r Arglwydd 'yn gwybod ein deunydd, yn cofio mai llwch ydym' (Salm 103:14). Er hynny, nid maddau yw esgusodi. Ond, wedi dihysbyddu'r amgylchiadau a'r ffactorau sy'n lleddfu ein deall o'r drosedd, mae'n ddigon posibl fod rhyw waelod neu waddod yn aros yn golyn rhwygol. A'r anogaeth i Gristnogion yw 'maddau i'ch gilydd fel y maddeuodd Duw yng Nghrist i chwi' (Effesiaid 4:32). Yng Nghrist, mae Duw yn maddau hyd yn oed pan nad oes gennym esgus; mae'n maddau'r gwaddod na ellir ei esgusodi. Cariad dioddefgar y Groes yw'r grym a all sugno'r gwenwyn o'r berthynas a rwygwyd. Cariad Crist y groes yw'r cymhelliad gydfaddeugar i berthynas. Awel o Galfaria fryn yw maddeuant.

Gweddi:
Deuwn yn ostyngedig ac edifar ger dy fron, O Arglwydd. Gweision ydym heb unrhyw deilyngdod. Cyffeswn fod yr annuwiol, ar brydiau, yn codi ofn arnom; bod gennym ddiffyg hyder yn dy deyrnasiad; bod ein cariad tuag at yr anghenus yn anghyson. Maddau i ni am oddef yn dawel yr hyn sy'n gorthrymu ac yn bygwth einioes pobl. Dwg ni i wir edifeirwch ac i dderbyn yr hedd a'r nerth a ddaw o Aberth Crist.

Bendithia ni trwy ein defnyddio yn gyfryngau dy gariad yn ein cartrefi:

> rhag pob brad, nefol Dad,
> taena d'adain dros ein gwlad.

Gwna ni'n gyfryngau dy gariad a'th gyfiawnder yn ein gwlad:

> Dros Gymru'n gwlad, O Dad, dyrchafwn gri,
> y winllan wen a roed i'n gofal ni ...
> er mwyn dy Fab, a'i prynodd iddo'i hun,
> O crea hi yn Gymru ar dy lun.

Hefyd, gwna ni'n gyfryngau dy Gariad a'th Gyfiawnder a'th Gymod yn y byd mawr, lle mae ei bechod, ambell dro, yn ymddangos mor blentynnaidd, ac mor aml yn gas, yn greulon ac yn gableddus:

> Lle'n awr y mae tywyllwch du,
> llewyrched yr Efengyl gu;
> lle tyf anwiredd o bob rhyw
> boed purdeb a chyfiawnder gwiw.

O Arglwydd, llwydda dy waith –'pâr lwydd yn awr'.
Hyn a ddeisyfwn yn Enw Iesu, ein Harglwydd a'n Gwaredwr.
AMEN.

Darllen: Mathew 18:21–35

Neges:
Dameg y Gwas Anfaddeugar
Mae yna gysylltiad hanfodol rhwng Duw yn maddau wrthym a ninnau'n maddau i'n gilydd, fel y dengys 'Dameg y Gwas Anfaddeugar'. Mae'r cymal yng Ngweddi'r Arglwydd, 'a maddau i ni ein dyledion, fel y maddeuwn ninnau i'n dyledwyr' (Mathew 6:12), yn rhoi'r argraff mai rhywbeth dynol yw maddau a bod dyletswydd ar Dduw i faddau, am ein bod yn maddau i'n gilydd! Ond mae'r casgliad hwn yn gwbl anghyson

â'r Testament Newydd. Duw yng Nghrist yw tarddle maddeuant. Dyna neges damhegion Y Ddafad Golledig a'r Mab Afradlon. Y Bugail Da sy'n mynd allan i geisio'r colledig. Tad yr Afradlon sy'n tosturio wrtho ac yn rhedeg ato a'i gofleidio. Fel y dywed W. R. Mathews a fu'n Ddeon Eglwys Sant Paul, '*We must be careful therefore not to interpret the meaning of the Lord's Prayer so as to contradict the initiative of God in the forgiveness of sins.*' Ergyd y cymal 'fel y maddeuwn ninnau i'n dyledwyr' yw fod maddeuant Duw yn anghyflawn os nad ydym yn maddau i'n gilydd. Deellir hyn trwy wahaniaethu rhwng maddeuant a chymod. Gweithred unochrog a rhannol yw maddeuant. Rydym ninnau'n maddau pan na choleddwn unrhyw ddig tuag at rywun sydd wedi ein digio. Ond mae'r ewyllys da a'r ymddiriedaeth sydd ynghlwm wrth ein maddeuant yn anghyflawn os nad oes iddo ymateb o ostyngeiddrwydd, ymddiheuriad ac edifeirwch. Unochrog yw maddeuant, ond mae cymod yn gyfuniad o ddwy weithred, sef ewyllys da maddeuant yn cael ei ateb gan gyffes o ymddiheuriad, a'r canlyniad yw cymod, adferiad y berthynas iach. Nid yw maddeuant Duw yn gyflawn yn ein bywyd heb yr ymateb priodol gennym ni. Felly, mae'r cymal 'fel y maddeuwn ninnau i'n dyledwyr' yn condemnio'r safon ddwbl sy'n disgwyl i'r Arglwydd fod yn dosturiol a maddeugar, tra ein bod ni'n parhau yn ddidostur ac anfaddeugar. Ydy, mae Duw yn maddau 'pan oeddem yn dal yn bechaduriaid' (Rhufeiniaid 5:8), ond fe ddaw cymod i'n bywyd 'yn haeddiant Iesu Grist', pan fo gennym 'edifeirwch tuag at Dduw a ffydd yn ein Harglwydd Iesu' (Actau 20:21).

> Gogoniant byth am drefn
> y cymod a'r glanhad;
> derbyniaf Iesu fel yr wyf
> a chanaf am y gwaed.
> (cyf. Ieuan Gwyllt, *Caneuon Ffydd* rhif 483)

AMEN.

Y Fendith:

Iddo ef, yr hwn a'n carodd ni ac a'n golchodd ni oddi wrth ein pechodau yn ei waed ei hun, ac a'n gwnaeth yn frenhinoedd ac yn offeiriaid i Dduw, a'i Dad ef, y byddo'r gogoniant a'r gallu yn oes oesoedd. AMEN.

Oedfaon Ffydd

TANGNEFEDD DUW

Gweddi Agoriadol:
Arglwydd ein bywyd, Duw ein hiachawdwriaeth,
Seren ein nos a gobaith pob gwladwriaeth,
Arglwydd y lluoedd.
Bendithia'r cyfarfod. Caniatâ i'r mawl a'r myfyrdod ddod o'r meddwl a'r galon, a chyrraedd y meddwl a'r galon hefyd trwy dy Ysbryd di, O Arglwydd Iesu. AMEN.

Darllen: Salm 122

Gweddi:
Ymgrymwn ger dy fron di, y Duw piau'n bywyd. Ti yw creawdwr y bydysawd, yr hwn sy'n gwisgo goleuni fel dilledyn ac yn taenu'r nefoedd fel llen. Ti yw rheolwr Byd Natur, 'Ei lwybrau ef sydd yn y môr, marchoga wynt y nen.' Ti hefyd yw Arglwydd Hanes, ac fe elli oruwchreoli cynlluniau dynion a pheri i bopeth hyrwyddo dy Bwrpas grasol: 'Diau cynddaredd dyn a'th folianna di ...' Ond yn arbennig, molwn di am mai Duw datguddiad ydwyt, Duw a Thad ein Harglwydd Iesu:

> Mae enw Crist i bawb o'r saint
> fel ennaint tywalltedig,
> ac yn adfywiol iawn ei rin
> i'r enaid blin, lluddedig.

Diolchwn fod ein holl ddyddiau yn dy law ac na ddisgwylir i neb ohonom dreulio'r un ohonynt heb dy gymorth di: 'Tyr ar draeth ein heisiau fôr dy ryfedd gariad, dafnau daioni a eneinia'r lan.'
 Caniatâ i'r oedfa hon fod yn fodd i ddatgan dy glod ac yn fodd hefyd i'th Ysbryd di ddod arnom, er mwyn inni ddysgu dy Air a dilyn dy Ffordd, canys ti, O Arglwydd Iesu, yw'r ffordd a'r gwirionedd a'r bywyd. AMEN.

Neges:

'Efe yw ein tangnefedd ni.'
Rydym yn byw mewn byd o drais ac anghyfiawnder – mewn gair, byd 'rhyfelgar'. Neilltuir un Sul yn flynyddol yn 'Sul Heddwch' neu 'Sul y Cofio'. Mae'n rhaid cofio mor ddwfn yw dicter a chasineb yn y natur ddynol, er enghraifft yng Ngogledd Iwerddon, mor gryf yw gelyniaeth, er enghraifft rhwng Iddew ac Arab, ac mor ddall a dieflig yw annynoldeb. Rydym i gyd yn euog i ryw raddau.

Mae llinell rymus ym mhaladr englyn ar y Senotaff ym Mhontarddulais:

> Roedd y rhain i'r adwy – i ddal
> Erch ddylif y gofwy.

Hynny yw, bechgyn a merched yn mynd i ryfel i geisio atal llif ofnadwy trallod rhyfel. Â'r esgyll ymlaen:

> Rho dy drem ar dy dramwy
> Dirnad werth eu haberth hwy.

Yn sgil rhyfel Ynysoedd y Falkland, 1982, ysgrifennodd llenor o'r Ariannin alarnad:*'They would have been friends but they met only once face to face on some too famous islands. And each one was Cain, and each one was Abel. They burred them together.'* Gan fod y byd yr hyn ydyw a'r natur ddynol yr hyn ydyw, onid breuddwyd gwrach yw coleddu gobaith am fyd o heddwch. Bu'r ugeinfed ganrif ymhlith y greulonaf mewn hanes. Y mae un ffaith fawr, obeithiol yn y byd hwn ac mae rhannu a rhwygo yn elfennau cynhenid ynddi. Ffaith nad yw dyn yn gyfrifol amdani; ffaith sy'n codi o rodd anhraethadwy i'r ddynoliaeth. 'Canys Efe yw ein tangnefedd ni' (Effesiaid 2:14).

Gair godidog yw tangnefedd – y mae 'nef' yn ei ganol. Nid bywyd a byd heb ryfel ynddynt yw tangnefedd, ond byd a bywyd o gyflawnder a helaethrwydd. Ac mae cerdd enwog Cynan, 'Salaam', yn darlunio cyfoeth y gair. Cyfeirir at gysgod 'Palmwydd Tangnefedd' sy'n caniatáu gorffwys; 'Awel Tangnefedd' sy'n 'iechyd i'r rudd'; a 'Dinas Tangnefedd' lle y ceir brawdoliaeth.

A'u dymuniad hwy yw 'nymuniad i,
Tangnefedd Duw a fo gyda thi.

Yng Nghrist, a thrwyddo, y daw inni'r bendithion amryfal sydd ym mynwes tangnefedd Duw.

> Heddwch o'n mewn i ddifa llygredd calon,
> heddwch i'th saint ynghanol eu pryderon,
> heddwch i'r byd yn lle ei frwydrau creulon,
> heddwch y cymod.
> (cyf. Thomas Lewis, *Caneuon Ffydd* rhif 858)

AMEN.

Gweddi:

Cyffeswn, O Arglwydd, ein camweddau a'n methiannau. Yn aml, rydym yn amau yn lle credu, yn chwennych y byd a'i bethau, yn hytrach na sylweddau a gwerthoedd Dy Deyrnas. Yr ydym yn gwyro oddi ar lwybr ein Harglwydd, yn rhodio'n ffyrdd ein hunain yn hyderus.
Ymgrymwn yn edifeiriol. Aberthau Duw yw ysbryd drylliedig; calon ddrylliog ac edifeiriol ni ddirmygi, O Dduw.

Cynorthwya ni i ystyried ein rhan yn nrygioni'r byd, a dangos i ni yr hyn y gallwn ei wneud i hyrwyddo'r bywyd cyhoeddus yn unol â'th Ewyllys di.

> Planna'r egwyddorion hynny
> yn fy enaid bob yr un,
> ag sydd megis peraroglau
> yn dy natur di dy hun;
> blodau hyfryd
> fo'n disgleirio daer a nef.

Gweddïwn dros yr anghenus, a'r gorthrymedig, dros ffoaduriaid a'r rheiny sy'n ysglyfaeth i annynoldeb dyn neu i ffyrnigrwydd llifogydd a daeargrynfeydd byd natur. Cofiwn am bobloedd sy'n cael eu magu mewn awyrgylch baganaidd ac ofergoelus. Gweddïwn ar iddynt glywed a phrofi bod gan Iesu y gwirionedd sy'n rhyddhau. Gweddïwn dros yr ifanc ym mhob gwlad. Boed iddynt gael gweledigaeth o fywyd fel yr wyt ti'n bwriadu iddo fod, a dyro iddynt y wefr i ufuddhau i'r weledigaeth nefol.

Gweddïwn dros arweinwyr y cenhedloedd ar iddynt ddeall arwyddion yr amserau a gwaredu'r byd rhag galluoedd dinistriol. Bendithia bob hiraeth am dangnefedd ar y ddaear a phob dyhead am ewyllys da ymhlith dynolryw. Clyw ni yn dy dangnefedd, O Arglwydd. AMEN.

Darllen: Ioan 14:25–27

Neges:
'Cariad Tri yn un'
Hanfod 'Bodolaeth' yw Duw – Duw'r Tad a'r Mab a'r Ysbryd Glân. Craidd bodolaeth yw'r gyfeillach sydd yn Nuw Ei Hun – 'Trindod fendigaid yw ein Harglwydd ni'. Cymeriad Bodolaeth yw'r hyn a geir yn y Drindod – Cyfeillach; Cytgord; Cymod a Chariad. Y Drindod yw ffynhonnell Tangnefedd. Rhodd Duw i'r byd yw'r Tangnefedd sydd yng Nghrist a'r Tangnefedd a ddaw trwyddo i fywyd ei ddisgyblion. Wrth fod yng Nghrist, fe'n cofleidir ni yng nghyfeillach y Drindod – y 'Cariad Tri yn Un' y mae Hiraethog yn canu mor odidog amdano. Dyna'r Efengyl, y Newyddion Da, i fyd rhyfelgar.

> Cariad Iesu mawr,
> daeth o'r nef i lawr
> i gyflawni hen amcanion
> gras yn iachawdwriaeth dynion;
> cariad gaiff y clod
> tra bo'r nef yn bod.

O'r Drindod y daw Tangnefedd. Ffrwyth yr Ysbryd Glân ydyw sy'n tywynnu o'r canol (*centrifugal*), o fynwes Duw'r Tad a'r Mab a'r Ysbryd Glân.

Ac mae Iesu'n galw arnom i fod yn dangnefeddwyr: Gwyn eu byd y tangnefeddwyr, oherwydd cânt hwy eu galw'n feibion Duw (Mathew 5:9). Ein dyletswydd ni yw ceisio adlewyrchu a rhoi mynegiant i'r hyn sy'n perthyn i Fodolaeth Duw, sef Cyfeillach, Cytgord, Cymod, a Chariad. 'Cennad dyn yw bod yn frawd' dyna yn ôl Waldo yw moeseg y bywyd Cristnogol. Mae James Nicholas wedi llunio gwireb gyffelyb, 'Ein creadigaeth ni yw'r gelyn, brawdoliaeth yw gwraidd ein bod.' Er hynny, yng ngeiriau'r Almaenwr gwrol, Cristnogol Dietrich Bonhoeffer, nid mater o efelychu Crist a cheisio bod yn debyg iddo yw gwaith y Cristion, ond rhoi ei hun yn agored i'w fendithio gan Grist, fel y caiff ei newid a'i greu o'r newydd.

Un o gerddi gafaelgar G. A. Studdert Kennedy, y caplan enwog yn y Rhyfel Mawr, yw 'My Peace I Leave with You'. Mae'n cloi'r gerdd drwy ddatgan bod Ffordd y Groes (*Via Crucis*) a Ffordd Tangnefedd (*Via Pacis*) yn cydgyfarfod yng Nghrist:

> *Man's Via Crucis never ends,*
> *Earth's Calvaries increase,*
> *The world is full of spears and nails,*
> *But where is Peace?*
>
> *Take up thy Cross and follow Me,*
> *I am the Way, my son,*
> *Via Crucis, Y Via Pacis,*
> *Meet and are one.*
>   AMEN.

Y Fendith:

A thangnefedd Duw, yr hwn sydd uwchlaw pob deall, a gadwo eich meddwl a'ch calon yng ngwybodaeth cariad Duw ac yn Ei Fab, ein Harglwydd Iesu Grist. AMEN.

DUW'R BARNWR

Er gwaethaf ein heuogrwydd, deuwn o'th flaen heb ofn. Down yn hyderus gan fod ein Barnwr yn Dad cariadus. Y mae ein Tad yn ein caru gymaint nes ei fod yn ein ceryddu, ein cywiro a'n dysgu ond, *'Fel tad wrth ei blant mae'n tosturio.'*

Ceisiwn ddilyn llwybrau daioni, 'nid rhag ofn y gosb a ddêl nac am y wobr chwaith', ond am ein bod yn ei garu ef am iddo ef yn gyntaf ein caru ni.

Deuwn, felly, at Dduw yn yr Oedfa hon i ofyn am nerth i fyw yn well, gan addo'n ddiffuant i wneud pob ymdrech. Ond deuwn gan wybod, gan mai pechaduriaid ydym ac inni yn y gorffennol *'syrthio ganwaith i'r un bai'*, fod perygl inni fethu â chadw at lwybrau'r nef. Nid anobeithiwn, fodd bynnag, gan fod i ni eiriolwr gyda'r Tad, sef Iesu Grist y Cyfiawn.

Darllen: Salm 1

Gweddi:

Mewn euogrwydd poenus
deuwn ger dy fron,
plygwn yma'n ofnus,
dwys yw'r funud hon;
t'wyllwch dudew pechod
rhyngof i a'r wawr,
beiau fel bwbachod
ar fy ngwar bob awr.

Mellten argyhoeddiad,
dychryn ynddi sy,
arswyd sylweddoliad
rwyga f'enaid i.
Yna daw'r Eiriolwr,
cymer f'achos gwan,

Iesu fy Ngwaredwr
ddaw â mi i'r lan.

Diolch am yr Iesu
gymer fy holl fai,
'nghalon sy'n cynhesu
alla i ddim llai.
    AMEN.

Neges:

Mae Duw yn gyfiawn. Cyflog pechod yw marwolaeth. Ni oll a bechasom. Felly, rydym dan farn marwolaeth. Y mae gennym Iachawdwr. Nyni oll a bechasom, a'r Arglwydd a roddodd arno ef ein hanwiredd ni i gyd. Nid oes un rheswm gan Gristion i fod â'i ben yn ei blu nac i fod yn edrych yn ôl yn ddiddiwedd ar feiau'r gorffennol.

    Y mae gennym ni Eiriolwr a Gwaredwr yn Iesu.
    'Mae'r ddyled wedi'i thalu
    ac uffern wedi'i maeddu.'
    Beth fedrwn ni ei wneud? Llawenhau a gorfoleddu. Nid oes gan neb fwy o achos i fod yn llawen na'r Cristion.
    'Fe gliriodd lyfrau'r nef yn llawn
    heb ofyn dim i mi.'
    O ganlyniad, mae'r Ddeddf o dan ei choron; mae'r Ddeddf wedi ei bodloni.
    Rydym ninnau yn rhydd os plygwn i dderbyn maddeuant. Rhaid inni blygu; rhaid inni fodloni ar fod yn ddyledwyr. Y mae bod yn ddyledwyr yn golygu dibynnu ar rywun arall, rhaid inni felly daflu balchder ymaith a chanu:

    Fe gliriodd lyfrau'r nef yn llawn
    heb ofyn dim i mi.
    Myfi yn dlawd heb feddu dim
    a'r Iesu'n rhoddi popeth im.
    Felly, "Llawenhawn, O Llawenhawn". AMEN.

Darllen: Rhufeiniaid 3:20–26 a 5:1–11

Diolch, 'er cymaint a roed
fod golud y nefoedd yn fwy nag erioed'.

Oedfaon Ffydd

GAIR DUW

Galwad i Addoli:
'O Dduw sydd fwy na'r enwau mawr
a roir i'th glod gan saint y llawr ...'
'O Grëwr pob goleuni..
O luniwr pob rhyw harddwch ...
Arweinydd pererinion...
O Dad, ein Harglwydd Iesu ...'
Gwiredda dy addewid drachefn ac ymwêl â ni, y rhai sydd am arddel Iesu'n Arglwydd a Gwaredwr mewn oedfa ac yn ein bywyd. Er mwyn dy Enw.
AMEN.

Darllen: Hebreaid 1:1–4

Gweddi:
Wrth dy Enw di, O Grist dyrchafedig, yr ymgrymwn yn awr, ac wrth wneud hynny ymunwn â'r holl greadigaeth i ddatgan dy glod:

> Mi glywa'r haul a'r lloer a'r sêr
> yn datgan dwyfol glod;
> tywynnu'n ddisglair yr wyt ti
> drwy bopeth sydd yn bod.

Ti, O Arglwydd Iesu, yw'r Gair y crewyd popeth drwyddo; ti yw'r goleuni na all y byd mo'i ddiffodd; ti yw'r Alffa ac Omega, yr hwn sydd a'r hwn oedd a'r hwn sydd i ddod, yr Hollalluog. Daethost yn bersonol ac yn waredol i'r byd, a bellach ynot ti yr ydym yn adnabod Duw'r Tad.

Yn y dwys ddistawrwydd, dysg ni i wrando ar dy lais yn cerdded atom o'r pellterau – 'Canlyn fi'. Cyffeswn ei bod hi'n haws gennym dy ganmol na'th ganlyn. Cymer y llen oddi ar ein llygaid er mwyn inni dy weld o'n blaen, yn cymell ac yn arwain. A dryllia'r cadwynau sydd yn ein rhwystro rhag dy ganlyn – llwfrdra, hunanoldeb, anffyddlondeb hyd yn oed, i'r golau sydd ynom:

> llanw ein heneidiau ni
> â sancteiddrwydd;
> gwna ni'n eiddo llwyr i ti,
> dyner Arglwydd. AMEN.

Neges:

Yr oedd athronwyr Groeg ac Iddewon duwiol yn cytuno ag adnod gyntaf Efengyl Ioan, 'Yn y dechreuad yr oedd y Gair, a'r Gair oedd gyda Duw, a Duw oedd y Gair.' Ie, dwyfol a thragwyddol yw'r Gair, sef Logos i'r Groegwyr a Dabar i'r Iddewon. Roeddent yn cytuno hefyd fod y Gair yn greadigol. 'A dywedodd Duw "bydded goleuni", a goleuni a fu'. Ys dywedodd y Salmydd: 'Trwy air yr Arglwydd y gwnaed y nefoedd, a'i holl lu trwy anadl ei enau' (33:6). Roeddent yn cytuno mai'r Gair sy'n goleuo bywyd dynolryw â synnwyr a deallusrwydd. 'Ynddo ef yr oedd bywyd; a'r bywyd oedd oleuni dynion.' Ond pam fod Ioan yn personoli'r Gair? 'A'r Gair a wnaethpwyd yn gnawd:' mae'r datganiad beiddgar hwn yn ddryswch ac yn wrthun i'r Iddewon a'r Groegiaid hwythau. Mae'n sgandal i'w dealltwriaeth, sef yr hyn a alwyd yn dramgwydd y neilltuol (*scandal of particularity*).

Gair Gwyrthiol yw'r Gair i Gristnogion: Y Gair = Crist. Swyddogaeth y Beibl yw tystiolaethu i'r Gair, sef Crist, medd y Dr. Owen E. Evans, Cyfarwyddwr y Beibl Cymraeg Newydd. A cham mawr â'r tyst yw ceisio'i ddyrchafu i safle'r un y mae'n tystiolaethu iddo. Dyna union gamgymeriad yr Iddewon a geryddwyd gan Iesu: 'Yr ydych yn chwilio'r Ysgrythurau, oherwydd tybio yr ydych fod i chwi fywyd tragwyddol ynddynt hwy. Ond tystiolaethu amdanaf fi y mae'r rhain; eto, ni fynnwch ddod ataf fi i gael bywyd' (Ioan 5:39). Yr ymateb priodol i wyrth yw 'Rhyfeddod', ac mae'r gair hwn yn britho'n hemynau:

> Rhyfedd, rhyfedd gan angylion,
> rhyfeddod mawr yng ngolwg ffydd ...

> Ymhlith holl ryfeddodau'r nef
>   hwn yw y mwyaf un -
> gweld yr anfeidrol, ddwyfol Fod
>   yn gwisgo natur dyn.

Rhyfeddu a Chredu:

> Tyrd i weled a chredu - yn y gwellt
>   gwêl y Gair yn cysgu,
> ac yna cyhoedda'n hy
>   wrth y byd wrth y beudy.

Yng Nghrist y mae Duw yn llefaru ei Air Gwaredol. Mae'n galw am ein gair ni o ymateb, ein 'Ie' ni.

> Arglwydd, dyma fi,
> ar dy alwad di,
> canna f'enaid yn y gwaed
> a gaed ar Galfarî.

Darllen: Mathew 17:1–9

Gweddi:

Fe wyddom, Arglwydd, nad yw'r gyffes eiriol ffydd gywiraf yn ddigon heb ymroddiad o ffyddlondeb i ti a'th Achos. Cofiwn dy air: 'Os ydych yn fy ngharu i, fe gewch gadw fy ngorchmynion.' Am hynny, gan ein bod yn dy gyffesu yn Arglwydd a Gwaredwr, bwria allan yr eilundod o'n bywydau. Gan ein bod yn dy gyffesu yn Arglwydd a Gwaredwr, caniatâ i ni ymateb i'th alwad i 'ymuno yn y frwydr o blaid y ffydd a draddodwyd un waith am byth i'r saint'.

Gan ein bod yn dy gyffesu yn Arglwydd a Gwaredwr, defnyddia ni yn gydweithwyr Duw i wrthsefyll pob peth sy'n atgas gennyt – y pechod sy'n darostwng cyd-ddyn ac yn cablu dy sofraniaeth a'th ras.

> Tywys ni yng ngolau'r nef
>   i'r gwirionedd;
> dyro in ei feddwl ef
>   a'i dangnefedd. AMEN.

Neges:
Yng nghalendr yr Eglwys, dethlir Gŵyl Gweddnewidiad Iesu ar 6 Awst. Ar y dyddiad hwn hefyd, cofir am ffrwydriad y bom atomig uwchben dinas Hiroshima. Ie, eironi dieflig. Cydgofio'r goleuni sy'n dinistrio bywyd a Goleuni'r Crist: 'a disgleiriodd ei wyneb fel yr haul, ac aeth ei ddillad yn wyn fel goleuni.'

Y gair a ddaeth i feddwl y gwyddonydd Robert Oppenheimer pan fu'n dyst i'r ffrwydriad atomig arbrofol ar 16 Gorffennaf 1945 oedd: '*I am become Death, the destroyer of Worlds.*'

Ond yng Nghrist, ceir 'goleuni, gwybodaeth, gogoniant Duw' a Christ yw 'Gair disglair Duw'. Rhagweld y Groes y mae'r Gweddnewidiad. Ar y mynydd hwnnw datgelir bod Croes Crist yn sefyll ar ei phen ei hun heb angen Cyfraith Moses i'w chynnal, na chwaith Rym Proffwydol Elias i'w hamddiffyn. Yn y Groes, gwelir y Gyfraith yn ei chyflawnder a Phroffwydoliaeth yn ei pherffeithrwydd. 'Yn d'oleuni di y gwelwn oleuni,' medd y Salmydd. Ac mae gweld Golau'r Groes yn ddigon o dystiolaeth a phrofiad i beri inni ymddiried yn Nuw a'i Gariad, er na allwn weld na deall ond mymryn o'r Pwrpas grasol, dwyfol. '*And the point of Christianity (at least),*' medd yr Athro Paul Helm, '*is to hold that enough of the purposes of God can be seen to trust Him for what cannot be seen.*' 'Dynion yn byw dan ddisgyblaeth y Groes yng ngobaith y Groes oedd ein blaenoriaid,' medd M. J. Williams. A ninnau hefyd, pobl ydym sy'n byw dan ddisgyblaeth ethig y Groes, a phobl hefyd sy'n byw yng ngoleuni gobaith y Groes. Nid fflach ddinistriol unrhyw ffrwydriad niwclear yw'r goleuni sy'n goleuo tywyllwch y dyfodol, ond goleuni 'Gair Disglair Duw' – Crist y Groes. 'Hwn yw fy Mab, yr Anwylyd; ynddo ef yr wyf yn ymhyfrydu; gwrandewch arno.'

Gras:
Gogoniant i'r Tad ac i'r Mab ac i'r Ysbryd Glân:
megis yr oedd yn y dechrau, y mae yr awr hon, ac y bydd yn wastad, yn oes oesoedd. AMEN.

Oedfaon Ffydd

TEYRNAS DDUW

Gweddi Agoriadol:
Molwn di y dydd cyntaf hwn o'r wythnos.
'Dyma'r dydd y gweithredodd yr Arglwydd;
gorfoleddwn a llawenhawn ynddo.'
Dydd y Creu; Dydd yr Atgyfodiad; Dydd y Pentecost.
'O tyrd yn awr, Waredwr da,
teyrnasa ymhob calon,
ym mywyd pawb myn orsedd wen
ac ar dy ben bo'r goron.

Darllen: Hosea 14

Gweddi:
Drugarog Dduw a Thad ein Harglwydd Iesu, dyneswn atat gydag ymdeimlad dwys o annheilyngdod. Ni wyddom sut y dylem weddïo ond diolchwn fod yr Ysbryd yn dehongli dyheadau ac ocheneidiau ein calon. Triged dy Ysbryd ynom i gynhyrchu'r weddi a fydd mewn cytgord â'th Ewyllys di; yr Ysbryd creadigol a fu gynt yn symud ar wyneb y dyfroedd ac yn dwyn trefn allan o anhrefn. Caniatâ iddo weithio'n rymus ynom ni i lunio trefn yn ein bywydau afluniaidd a gwag.

Ymwêl â'th bobl i'n cymhwyso i'th Wasanaeth ac i fod yn dystion ffyddlon a llawen i ti yng nghanol cymhlethdod y dyddiau hyn. Diolchwn am yr Eglwys – y Gymdeithas newydd a grewyd trwy dy Air a'th Ysbryd – lle nad oes nac Iddew na Groegwr; na chaeth na rhydd; na gwryw na benyw – 'canys chwi oll un ydych yng Nghrist Iesu.'

Arwain dy Eglwys yn lleol ac yn fyd-eang i gadw undeb yr Ysbryd yng nghwlwm tangnefedd ac i gyflawni ei galwedigaeth i fod yn arwydd o Deyrnas Dduw; yn offeryn y Deyrnas ac yn ernes ohoni hefyd:

> Duw'n trigo gyda dynion,
> hwy'n bobol iddo ef;
> O Arglwydd, gad im weled
> Jerwsalem o'r nef.

Gofynnwn hyn oll gyda maddeuant ein pechodau yn enw ein Harglwydd Iesu. AMEN.

Neges:

Deled dy deyrnas:
Cenadwri lywodraethol Iesu oedd cyhoeddi dyfodiad Teyrnas Dduw. Dyna'i bregeth gyntaf: 'Y mae'r amser wedi ei gyflawni ac y mae teyrnas Dduw wedi dod yn agos. Edifarhewch a chredwch yr Efengyl' (Marc 1:14). Fe'n dysgodd i weddïo, 'Deled dy deyrnas' (Mathew 6:10). Ac wedi Calfaria, pan ddychwelodd Iesu'r Atgyfodedig at ei ddisgyblion, y Deyrnas eto oedd thema ei genadwri: 'Dangosodd ei hun hefyd iddynt yn fyw, wedi ei ddioddefaint, drwy lawer o arwyddion, gan fod yn weledig iddynt yn ystod deugain diwrnod a llefaru am deyrnas Dduw' (Actau 1:3). Gŵr ar genhadaeth oedd Iesu, yn cyhoeddi fod Duw yn frenin a bod felly gynllun i'r Greadigaeth. Ac am fod iddi drefn, y mae ymchwil y gwyddonydd yn bosibl. Ni ellir gwadu bod Duw yn Dad, ac am hynny y mae cariad Tad wrth wraidd y Greadigaeth. Damhegion y Deyrnas yw'r damhegion a lefarodd Iesu, a hwy hefyd sy'n datgelu cyfrinach Teyrnas Dduw. Beth yw'r gyfrinach honno? *'The secret of the kingdom of God was that there was no King – only a father'* yw ymadrodd cofiadwy Middleton Murry. Abba – Tad – yw Duw i Iesu. A braint Cristnogion, yng Nghrist a thrwy'r Ysbryd Glân, yw yngan yr un llef deuluol: 'Oherwydd nid yw'r Ysbryd a dderbyniasoch yn eich gwneud unwaith eto yn gaethweision ofn; yn hytrach, eich gwneud yn feibion y mae, trwy fabwysiad, ac yn yr Ysbryd yr ydym yn llefain, "Abba! Dad!"' (Rhufeiniaid 8:15). Yr oedd yr Hen Destament yn cyffesu Duw yn Dad – ond dywed hefyd fod Duw yn Frenin, a Barnwr, a Gwaredwr, a Deddf Roddwr ac Achubydd. Ond, i Iesu, Tadolaeth Duw oedd y gwirionedd hollgynhwysfawr amdano, ac yng ngoleuni ei Dadogaeth y deallai bopeth arall amdano. Mae Duw'r Brenin yn llywodraethu fel Tad a Duw'r barnwr yn barnu fel Tad.

Deled dy deyrnas. Pam y gweddïwn felly? Onid oes gan Dduw y gallu i wneud yr hyn a fyn? A byddwn yn cloi Gweddi'r Arglwydd gyda'r gyffes, 'Canys eiddot ti yw'r deyrnas, a'r nerth, a'r gogoniant, yn oes oesoedd. AMEN' (Mathew 6:13). Pam y weddi 'Deled dy deyrnas' felly? Nid unben yw Duw, neu swltan y nefoedd, ond Duw a Thad ein

Harglwydd Iesu Grist. Brenhiniaeth dadol yw Teyrnas Dduw. Mae'n teyrnasu trwy gydsyniad a chydweithrediad ei ddinasyddion o blant. Nid creaduriaid a fyn Duw ond plant. Geilw arnom i fod yn blant. A theulu Duw yw cenhadaeth Iesu.

> O doed dy deyrnas, nefol Dad,
> yw'n gweddi daer ar ran pob gwlad;
> dyfodiad hon i galon dyn
> a ddwg genhedloedd byd yn un.

Darllen: Marc 4:26–32

Gweddi:
Dduw a Thad ein Harglwydd Iesu, gwna ni'n deilwng i gael rhan yn dy Bwrpas grasol, trwy ein bedyddio ag Ysbryd cyffes ac argyhoeddiad:

> Iesu yw, gwir Fab Duw,
> Ffrind a Phrynwr dynol-ryw.

Bendithia ni ag ysbryd mabwysiad, yr Ysbryd sy'n peri inni lefaru, 'Abba! Dad!': yr Ysbryd sy'n cyd-dystiolaethu â'n hysbryd ni ein bod yn blant i Dduw.

> Rho imi weld pob mab i ti
> yn frawd i mi, O Dduw.

Bedyddia ni ag ysbryd gwasanaeth er mwyn inni geisio gwasanaethu eraill megis y cawsom ein gwasanaethu gan Grist:

> Arglwydd Iesu, llanw d'Eglwys
> â'th Lân Ysbryd di dy hun
> fel y gwasanaetho'r nefoedd
> drwy roi'i llaw i achub dyn ...
> Llifed cariad pen Calfaria
> drwy dy Eglwys ato ef ...

Pwy bynnag yw'r ef anghenus hwnnw. Clyw ein hymbil ar ran dy fyd a phobloedd y byd. Maddau i ni am weld trais ac anghyfiawnder ar draethau pell heb weld hadau dinistr ynom ni'n hunain. Gweddïwn dros y rhai sy'n dioddef ym mrwydrau bywyd ac ymbiliwn dros y rhai sy'n llafurio i ddyrchafu bywyd a gogoneddu d'Enw di. Bendithia genhadon yr Efengyl yn ein plith ac ar wasgar drwy'r byd. 'Mor weddaidd yw traed y rhai sy'n cyhoeddi newyddion da.' Cofleidia bobl dy gyfamod yn yr eglwys hon ac eglwysi Cymru a'r byd. Ond yn dy ffordd sanctaidd a thragwyddol, y ffordd i'r 'Ddinas gadarn', derbyn ein gweddi a'n hymgysegriad yn haeddiant Iesu. AMEN.

Neges:

Gwneler dy ewyllys:
Ble mae teyrnas Dduw? Mae'r ateb yn y cymal, 'Gwneler dy ewyllys, ar y ddaear fel yn y nef' (Mathew 6:10). Ble bynnag y mae Ewyllys Duw yn cael ei chyflawni, yno y mae Duw yn teyrnasu ac yno y mae'r Deyrnas.

Ac ni ddywedant, 'wele yma' neu 'wele acw'; 'canys wele, teyrnas Dduw, o'ch mewn chwi y mae' (Luc 17:21). Yn ei lyfr ar gyfer ieuenctid yr Alban, y mae'r Athro James S. Stewart yn crynhoi nodweddion Teyrnas Dduw fel hyn:

- Teyrnas foesol yw hi, nid un wladgarol;
- Teyrnas ysbrydol, nid materol;
- Teyrnas sy'n ffaith yn hytrach na delfryd;
- Teyrnas gymdeithasol, nid unigolyddol;
- Teyrnas fyd-eang, nid lleol;
- Teyrnas sy'n bresennol yn awr, ac eto Teyrnas i ddod i'w chyflawnder.

Rhywbeth personol yw'r Deyrnas i ddechrau, megis hedyn bach mwstard.

Calon a meddwl ac ewyllys yr unigolyn yw'r man cychwyn, sef y bersonoliaeth sy'n rhoi cartref i'r Arglwydd Iesu:

> Boed fy nghalon iti'n demel,
> boed fy ysbryd iti'n nyth.

Er mor ddistadl yw'r dechreuadau, y mae'r Hen Destament a'r Testament Newydd yn llawn hyder am lwyddiant Pwrpas Duw. Ym mhroffwydoliaeth Eseia, er enghraifft, datgenir yn hy: 'Fel y mae'r glaw a'r eira yn disgyn o'r nefoedd, a heb ddychwelyd yno yn dyfrhau'r ddaear ... felly y mae fy ngair sy'n dod o'm genau; ni ddychwel ataf yn ofer, ond fe wna'r hyn a ddymunaf, a llwyddo â'm neges' (Eseia 55:10). Buddugoliaeth Teyrnas Dduw yw'r gân sy'n cloi'r Testament Newydd: 'Seiniodd y seithfed angel ei utgorn ... "Aeth teyrnasoedd y byd yn eiddo ein Harglwydd ni a'i Grist ef; a bydd yn teyrnasu byth bythoedd' (Datguddiad 11:15).

Ac mae geiriau'r cyn-Archesgob, George Carey, yn her i'r Eglwys ac yn gerydd hefyd: '*There lies God's concern, in building his Kingdom, and he will do it without you and me, with or without the Church of England ... He can raise up other Christians to complete His work if we fail or falter ...*'

Cafodd gweledigaeth Teyrnas Dduw ei mynegiant gan emynwyr a phroffwydi Cymru. Nid optimistiaeth oes Fictoria a geir yn emyn Watcyn Wyn - 'Rwy'n gweld o bell y dydd yn dod' – ond cenadwri'r Beibl am fuddugoliaeth Teyrnas Dduw. Proffwydoliaeth Feiblaidd hefyd a geir yng ngherdd Waldo, 'Plentyn y Ddaear':

> Daw dydd y bydd mawr y rhai bychain,
> Daw dydd ni bydd mwy y rhai mawr,
> Daw'r bore ni wêl ond brawdoliaeth
> Yn casglu teuluoedd y llawr.

Braint yr Eglwys yw galwad Iesu iddi gyfranogi yn nyfodiad y Deyrnas hon. Mae tasg yr Eglwys yn driphlyg, sef bod yn arwydd o ffaith y Deyrnas, bod yn offeryn i hyrwyddo gwerthoedd y Deyrnas, a bod yn ernes ac yn rhagflas o fywyd a chymeriad y Deyrnas.

> O doed dy deyrnas drwy ein gwaith
> a'n gweddi beunydd ar y daith;
> a rho in ras i seinio clod
> yr hwn a wna i'r deyrnas ddod.
>   AMEN.

Gras:

I'r Hwn sydd yn eistedd ar yr orseddfainc, ac i'r Oen, y byddo'r fendith, a'r anrhydedd, a'r gogoniant, a'r gallu, yn oes oesoedd. AMEN.

Oedfaon Ffydd

DUW'R BARNWR

Galwad i Addoli:
Deuwch, addolwn ac ymgrymwn: gostyngwn ar ein gliniau gerbron yr Arglwydd, ein Gwneuthurwr. Canys ef yw ein Duw ni; a ninnau yn bobl ei borfa, a defaid ei law.

Darllen: Eseia 53

Neges:
Duw y barnwr yn y Beibl:
Y mae nifer o bobl yn teimlo'n anghyfforddus ynghylch y syniad o Dduw farnwr, gan ei fod iddynt hwy yn wrthun i'r feddylfryd synhwyrol. Pe baem yn sôn am Dduw fel ffrind sy'n ein caru ar waethaf ein gwendidau, buasem yn taro deuddeg. Mae sôn am Dduw fel barnwr, ar y llaw arall, yn cael derbyniad llugoer, fel pe bai bod yn farnwr yn rhywbeth annheilwng i'w gysylltu â Duw. Rydym yn anghofio efallai nad yw Duw yn dangos ei gariad ar draul ei nodweddion eraill. Y perygl yw ein bod yn ceisio naddu Duw i ffitio'r oes ac nid yw hynny'n bosibl.

    Ceir nifer fawr o gyfeiriadau yn y Beibl at Dduw fel cariad, ond hefyd ceir nifer o gyfeiriadau at Dduw fel barnwr, e.e. Gardd Eden, Y Dilyw, Sodom a Gomorra, Y Deg Pla, Addolwyr y Llo Aur, Yr Eifftiaid yn y Môr Coch, i enwi ond rhai enghreifftiau o'r Hen Destament. Gwelir Duw y barnwr yn y Testament Newydd hefyd; rhai enghreifftiau o hyn yw – barn Duw ar Herod oherwydd ei falchder, ar Elymas oherwydd ei wrthwynebiad i'r Efengyl, ar Eglwys Corinth oherwydd eu hamarch i swper yr Arglwydd, ac ar yr Iddewon am wrthod eu Meseia. Yr esiampl bennaf yw'r 'Groes', lle cafodd Iesu 'ei daro gan Dduw, a'i gystuddio'. Y mae'r farn ddwyfol yn ganolog i neges yr Efengyl, hebddi nid yw'r hyn a wnaeth Iesu ar y groes yn gwneud unrhyw synnwyr. Y darlun erchyll a geir o Iesu yn Eseia 53, yw ei fod o dan farn ddwyfol: 'cosbedigaeth ein heddwch ni oedd arno ef'.

    Mae pawb ohonom yn hoff o ddamhegion Iesu ond mae nifer

ohonynt yn ymwneud â Duw fel barnwr, e.e. Yr ŷd a'r Efrau, Y Deg Morwyn, Y Wledd Briodasol. Felly, ni ddylem gau ein meddyliau a cheisio anghofio Duw y Barnwr.

Gweddi:

Ein Tad nefol, diolchwn iti am dy Air sanctaidd, ei fod gyda ni yn ein cartrefi ac yn ein hiaith ein hunain. Dyro inni fwy o allu i'w ddeall a'i fwynhau. Rydym wedi dysgu llawer wrth ei ddarllen ac mae wedi dyfnhau ein gwybodaeth o'r gwirionedd. Ein gweddi yw am iti wneud gwirionedd yn hedyn byw ynom a fydd yn tyfu i fywyd sydd yn dderbyniol gennyt. Gweddïwn y bydd dy Air yn ein cywiro pan fyddwn yn crwydro, yn oleuni pan fyddwn mewn tywyllwch, yn nerth yn ein gwendid.

Diolchwn iti, ein Duw, am ddatguddio dy hun ynddo ac am ddatguddio'r Arglwydd Iesu Grist yn Waredwr y byd. Mae ein calonnau'n llawn o glod a moliant iti am y Gair sy'n dangos mawredd dy gariad tuag atom a mawredd dy drugaredd drwy ein rhybuddio am y farn sydd i ddod. Gwyddom dy fod yn Dduw cariad, ond cynorthwya ni i weld a chredu dy fod hefyd yn Dduw cyfiawn a sanctaidd. Bendithia ni â golwg newydd ar dy fawredd a'th ogoniant, fel ein bod yn rhyfeddu mwy ynot o hyd wrth dderbyn y datguddiad cyflawn ohonot. O Arglwydd, ein Duw, agor ein meddyliau i dderbyn dy wirionedd gan ofyn maddeuant am bob bai yn enw Iesu Grist, AMEN.

Oedfaon Ffydd

YR ADFENT A'R YMGNAWDOLIAD

Gweddi Agoriadol:

Diolchwn i ti, O Dduw, am y cyfle newydd hwn i gofio a diolch am y newyddion da am y Gair a wnaethpwyd yn gnawd. Gofynnwn am dy fendith ar y gwasanaeth hwn a fydd yn ein hatgoffa o wir ystyr y Nadolig ac yn ein cynorthwyo i adnabod y Duw a ddaeth mewn baban i'r byd. AMEN.

Darllen: Ioan 1:1–14

Neges:

Mae'n siŵr y bydd nifer yn dweud unwaith eto eleni mai amser i'r plant yw'r Nadolig. Nid oes amheuaeth fod plant yn mwynhau edrych ymlaen a pharatoi at y Nadolig. Unwaith eto, bydd y plant yn gwisgo fel Herod a'r doethion a'r bugeiliaid a'r angylion, ac wrth gwrs fel Mair a Joseff. Cawn ein hatgoffa ganddynt o neges fawr y Nadolig, sef Duwdod yn dyfod mewn baban i'r byd. Y cwestiwn mawr yw, a ydym yn gadael i stori fawr y Nadolig fod yn stori i blant yn unig, neu a ydym yn edrych arni fel rhywbeth sydd yn fyw ac yn rhan annatod o wir ystyr y Nadolig?

Ar ddechrau Efengyl Ioan ceir cyfeiriad at yr Arglwydd Iesu Grist fel y Gair a oedd yn y dechreuad, ac yna, yn adnod 14 gwelwn y Gair a wnaethpwyd yn gnawd ac a drigodd yn ein plith. Mae hyn yn cael sylw yn yr emyn 'Mawr oedd Crist yn nhragwyddoldeb, mawr yn gwisgo natur dyn'. Onid yw'n anhygoel fod Duw wedi ystyried ei ddatguddio ei hun ar wedd ddynol? Nid oes rhyfedd fod yr angylion wedi canu eu clod i'r goruchaf wrth weld y Gair tragwyddol yn gorwedd ar wely o wair. Oherwydd gwyddai'r angylion pwy oedd y baban bach yr oeddent yn rhyfeddu ato. Mae'r Pêr Ganiedydd yn mynegi ei ryfeddod yntau wrth iddo feddwl am hyn:

> Ymhlith holl ryfeddodau'r nef
> hwn yw y mwyaf un –
> gweld yr anfeidrol, ddwyfol Fod
> yn gwisgo natur dyn.

Fel y bydd goleuni yn llewyrchu trwy lusern, mae gogoniant y Duwdod yn disgleirio trwy gnawd yr Iesu fel y tystiolaetha'r rhai a oedd agosaf ato, a ninnau a welodd ei ogoniant. Ni allwn ddeall yr ymgnawdoliad yn llawn, ond nid yw hyn yn golygu na allwn ryfeddu ato.

Gweddi:

Ein Tad, yr hwn wyt yn y nefoedd, diolchwn unwaith eto am dymor yr Adfent. Cofiwn amdano fel cyfnod o ddisgwyl ac o obaith, ac o baratoi am yr Un yr oedd y proffwydi gynt wedi cyhoeddi ei fod yn dyfod i'r byd. Boed i dymor yr Adfent i ninnau heddiw fod yn amser o ddisgwyl, o obaith ac o baratoi ar gyfer y Nadolig, yn yr ymwybyddiaeth dy fod wedi anfon dy Fab i'r byd i'n gwaredu. O Dduw ein Tad, cynorthwya ni yn ystod yr wythnosau sy'n arwain at Ŵyl y Geni i baratoi i ddathlu'r ffaith dy fod wedi dyfod i lawr ar lwyfan hanes yn dy Fab, ein Harglwydd Iesu Grist.

Diolchwn dy fod wedi bod yn barod i ddyfod i ganol dy greadigaeth ac i ganol hanes dyn i gynnig gobaith a goleuni i bechaduriaid gan droi ein nos yn ddydd.

> Tyrd atom ni, O Grëwr pob goleuni,
> tro di ein nos yn ddydd;
> pâr inni weld holl lwybrau'r daith yn gloywi
> dan lewyrch gras a ffydd.

Oedfaon Ffydd

YR YMGNAWDOLIAD

Darllen: Eseia 9:2,6–7

Ni theithiodd neb erioed mor bell
â'n hannwyl Iesu ni –
o'r nef i breseb Bethlehem,
i groesbren Calfarî.
Ac ni bu taith erioed mor llawn
o bob gweithredoedd da.
Elfed

Gweddi:
Diolch am yr Immanuel:
'Daeth Iesu Grist i'n byd i fyw.' Diolch iti, O Dad. Nid yn unig y daeth i fyw gyda ni ond daeth hefyd 'yn frawd i ddyn ac yn Fab i Dduw', yn pontio'r pellter a agorwyd gennym ni, ac yn Fendigeidfran mwy a mwynach i ni Gymry.
'Daeth Iesu Grist i siarad â ni.'
Diolch am yr Hen Destament, lle y mae Duw yn llefaru llawer gwaith ac mewn llawer modd wrth y tadau drwy'r proffwydi.
Daeth y Gair yn Gnawd ac y mae'r defaid yn adnabod llais y Bugail.
   'A'm llais i a wrandawant a bydd un gorlan ac un bugail.' Y mae'r Bugail Da yn aros gyda'i braidd gydol y dydd ac yn drysor ym mwlch y gorlan gydol y nos. Ar awr perygl y mae'n dweud,
   'Gadewch i'r rhain fyned, cymerwch chwi fi.'
Nid fel gwas cyflog sy'n gadael y defaid ac yn ffoi.
Felly, gwrando'n llef. Ie, gwrando'n llef yn awr.
'O gwrando'n llef ein Iesu da
a gwared y byd rhag rhyfel a phla'. AMEN.

Neges:
Rydym yn byw yng nghanol rhyfeddodau. Gwelodd ail hanner yr ugeinfed ganrif fwy o ryfeddodau nag a welodd dyn mewn mileniwm.

Y mae'r ganrif am ddatgelu rhagor eto.
Y rhyfeddod mwyaf, fodd bynnag, yw rhyfeddod y Duwdod, a rhyfeddod Trefn y Cadw.

> Duw ryfeddir, iddo cenir
> gan drigolion nef a llawr,
> tra bydd Iesu, fu mewn gwaeledd,
> 'n eistedd ar yr orsedd fawr.

  A ydym ninnau'n rhyfeddu? A gollwyd y ddawn? Mae'n anodd i ni synnu gan gymaint rhyfeddodau technolegol yr oes fodern. A gollwyd hefyd ein haddoliad syn?
  Gŵyl y plant yw'r Nadolig, ond collant hwythau hefyd y ddawn i ryfeddu weithiau. Na fydded i hynny ddigwydd byth!

> Yn nheyrnas diniweidrwydd
> gwyn fyd pob plentyn bach
> sy'n berchen llygaid llawen
> a phâr o fochau iach.
> Yn nheyrnas diniweidrwydd
> gwae hwnnw, wrth y pyrth:
> rhy hen i brofi'r syndod
> rhy gall i weld y wyrth!

> Am ei haeddiant sy'n ogoniant
> bydded moliant mwy, AMEN.

Oedfaon Ffydd

GENI'R IESU

Mae'n fore dydd Nadolig
a ninnau i gyd yn blant
mewn hwyliau bendigedig,
mewn cân o lawen dant;
wrth agor ein hanrhegion
a chofio'r cariad mawr
dywalltodd caredigion
dros rai fel ni yn awr.

Mae'n fore dydd Nadolig,
ymunaf gyda'r plant
i gofio'r Dirmygedig
droes un fel fi yn sant;
trwy fynd i Ben Calfaria
a'i roi ei Hun yn rhodd
dros fyd mor ysgafala
sy'n pechu wrth eu bodd.

Mae'n fore dydd Nadolig,
mae pawb yn dathlu hwn,
mae pob un yn garedig
wrth dlotyn dan ei bwn;
pan wawria bore fory
daw'r byd yn ôl i'w le,
y moethus wedi sobri
a'r tlawd ar stryd y dre'.

Darllen: Luc 2:8–16

Gweddi:
Diolch am yr asyn bychan a gariodd Mair hyd Fethlehem ac a rannodd ei lety â'r pâr a'u baban.

Diolch i'r asyn am wynebu'r anialwch maith ac am gario Mair a'i baban bob cam i'r Aifft o afael Herod.
Y mae 'na ryw Herod o hyd am ladd plant bach. Ac mae rhyw asyn bach yn helpu rhywrai i ffoi heno. Mae'r anifeiliaid mud yn gwneud eu rhan i gario beichiau. A wnawn ni ein rhan?
Helpa ni i gofio am y rhai 'heb le yn y lletty, heb aelwyd, heb wely' ar noson oer fel heno.

> Gwefusau yr afon wedi'u cloi yn dynn,
> pibonwy dan fargod a rhew ar y llyn,
> yr eira yn gorwedd yn gwrlid mawr gwyn
> ar noson Ei eni Ef.

Diolch am y bugeiliaid oedd yn 'gwylio'u praidd liw nos'.
Bydd rhywrai yn gweithio y Nadolig hwn i gadw pawb arall yn ddiogel a chlyd. Gobeithio y gallant hwythau deithio i Fethlehem ar ôl gwaith a gweld y Gwaredwr.

Diolch am y Doethion a adawodd gartrefi moethus i geisio gwirionedd am Oleuni y Byd. Rho oleuni yn yr holl addysg a gyfrennir inni a gad inni oll ddeall gwerthoedd. Gad inni ddeall yn iawn a bod yn barod i adael aur mewn ystabl, thus mewn preseb a myrr mewn hofel.
AMEN.

Neges:

Gwisgo agwedd gwas:
Gall pob un ohonom wasanaethu.

Dywedir i'r pry copyn, sydd mor atgas gennym, wneud ei gyfraniad y noson honno wrth i Mair a Joseff ffoi gyda'u baban. Daethant y noson gyntaf i ogof yn yr anialwch ac wrth iddi oeri, a hwythau wedi blino'n lân, aethant i mewn iddi i gysgu'r noson honno. Wrth fynd i orffwys yr oeddent yn ofni bod milwyr Herod yn eu herlid ac y byddent yn siŵr o weld ôl carnau'r asyn. Daeth y milwyr wedi dilyn yr olion a phan welsant yr ogof roeddent yn siŵr eu bod wedi eu dal; er syndod iddynt, gwelsant fod gwe pry cop dros enau'r ogof a'r gwlith yn berlau arni dan haul cynta'r dydd. Aethant yn eu blaenau gan dybio na fu neb yn yr ogof am fod y we yn gyfan. Rhowch y tinsel arian ar y goeden i gofio cyfraniad y pry cop.

Efallai mai di-nod a di-glod ydym ninnau, ond gallwn trwy ddiwydrwydd wasanaethu'r Iesu.

Am dros ugain mlynedd bûm yn arwain pererindodau i Fethlehem. Y mae yng Ngwlad y Beibl fil a mwy o ryfeddodau sy'n bregethau bob un. Nid oes un darlun yn fwy huawdl na drws bach isel Eglwys y Geni. Lawer gwaith, sefais yno yn gwylio mawrion byd ac eglwys yn gorfod gwyro'n wylaidd i wasgu i mewn i fan geni'r Gwaredwr; ar yr un pryd, yr oedd plant bach yn rhedeg i mewn ac allan heb drafferth. Beth bynnag yw'r eglurhad am y drws (rhwystro anghredinwyr rhag defnyddio'r eglwys yn stabl i'w camelod, medd rhai), y mae'r drws yn wers i ni: 'Oddieithr eich gwneuthur fel plant bychain nid ewch chwi ddim i mewn i deyrnas Dduw.'

Wedi mynd i mewn teimlwn fod geiriau yn annigonol a gofynnwn am gael disgyn i'r ogof fechan yn y sgript a phenlinio'n dawel yno o flaen y seren bres sy'n nodi'r man geni. Penlinio'n ddirwgnach ar y llawr pridd. Wedi bod yn fud am dipyn, byddai rhywun yn siŵr o ddechrau canu'n dawel, 'I orwedd mewn preseb ...'

Bendithia ni y Nadolig hwn trwy gael calon lawn a llawen beth bynnag ein hamgylchiadau.
AMEN.

Oedfaon Ffydd

GENI'R IESU

[handwritten: Dydd Nadolig 2010 eira mawr!]

Gweddi Agoriadol:
Diolch i ti, ein Tad, am y cyfle newydd hwn i gael ein hatgoffa o'r newydd am y cariad dwyfol yn y rhodd fwyaf i'r byd yn nyfodiad yr Arglwydd Iesu Grist. Diolch am gael cyfle i weld y cariad hwnnw mewn preseb a chofio ei fod wedi dod i fod yn gariad yn hongian ar groes. Wrth inni ddod at ein gilydd i ddathlu'r ŵyl, erfyniwn am dy fendith ar ein hoedfa yn enw Iesu Grist, AMEN.

Darllen: Luc 2:8–20

Neges:
Pan fyddwn yn deffro ac yn codi yn y bore, ni fyddwn yn gwybod beth fydd o'n blaenau yn ystod y dydd, gan fod yna bethau cwbl annisgwyl yn gallu digwydd a fydd yn newid ein cynlluniau i gyd. Dyma brofiad nifer o bobl yn hanes y Nadolig cyntaf, e.e. Mair, a oedd wrthi'n brysur gyda'i dyletswyddau dyddiol; ni feddyliodd byth y byddai angel yn ymweld â hi. Ni fyddai Mair erioed wedi disgwyl clywed y fath newyddion ag a dderbyniodd gan yr angel, sef ei bod hi wedi'i dewis i fod yn fam i Fab Duw, Gwaredwr y byd. Ni fyddai chwaith wedi disgwyl i'r peth ddigwydd mewn ffordd mor rhyfeddol.

A beth am Joseff wedyn? Ni fyddai ef wedi disgwyl gweld ei ddyweddi'n feichiog, ac yn sicr ni fyddai wedi disgwyl esboniad o'r cyfan gan angel. Prin fod Mair a Joseff wedi disgwyl i Fab Duw gael ei eni mewn stabl. Ni allwn anghofio'r bugeiliaid yn gwylio eu praidd liw nos. Rhywsut, ni allwn gredu y byddent yn disgwyl gweld angylion gyda'r nos ar y meysydd. Dyna'n union a ddigwyddodd un noson, angel gyda chôr o angylion yn cyhoeddi bod y Meseia wedi ei eni. Ni fyddai'r bugeiliaid byth wedi disgwyl y byddent hwy, y noson honno, yn syllu ar Waredwr y byd mewn gwely o wair ac yn dweud wrth eraill amdano.

Wrth feddwl am stori'r Nadolig cyntaf, sylweddolwn mor allweddol oedd gweinidogaeth yr angylion i esbonio'n union beth a ddigwyddodd a pham, fel bod pobl yr adeg honno ac ar hyd y canrifoedd yn gallu deall pam fod Iesu Grist wedi dyfod i'r byd.

Gweddi:

O Dduw ein Tad, diolchwn i ti am y cyfle newydd hwn i gael ein hatgoffa o ryfeddod y Nadolig cyntaf ac am gael sylweddoli mor allweddol i'r cyfan oedd gweinidogaeth yr angylion. Ni fyddai Mair, na Joseff, na'r bugeiliaid yn gwybod beth oedd ymgnawdoliad, nac ychwaith ei bwrpas, oni bai dy fod ti wedi anfon angylion i esbonio'r cyfan. Ni fyddai Mair wedi gallu deall sut y byddai'n beichiogi a hithau'n forwyn, a byddai Joseff yn sicr o feddwl bod Mair wedi bod yn anffyddlon iddo oni bai am esboniad yr angel. Ni fyddai'r bugeiliaid wedi clywed bod ceidwad wedi ei eni ac yn gorwedd ar wely o wair oni bai am ymddangosiad yr angel a'r côr nefolaidd. O Arglwydd ein Duw, oni bai am ddatguddiad yr angylion o wirionedd y Nadolig cyntaf hwnnw, byddai ei ystyr yn parhau yn ddirgelwch i ni heddiw. Gwyddom, ein Tad, na wnaiff y byd ganiatáu i ni anghofio'r Nadolig fel cyfnod o wyliau a dathlu, ond erfyniwn arnat i'n cynorthwyo ni fel eglwys i gyhoeddi'r newyddion da am eni Iesu Grist, fel bod pobl heddiw yn gallu deall a llawenhau yng ngwir ystyr y Nadolig.

>Daeth eto ŵyl y geni -
>ond holl rialtwch byd
>sy'n boddi sain yr engyl
>a drysu ffordd y crud;
>na foed ein clustiau'n fyddar
>i gri'r bachgennyn mad:
>O Dduw, rho olwg newydd
>ar wyrth yr ymwacâd. AMEN.

Darllen: Mathew 1:18–25

Neges:

Un o'r pethau cyntaf a wna rhieni yw dewis enw i'w plentyn. Mae rhai yn dewis enw am ei fod yn enw teuluol neu am ei fod yr un enw â thaid neu nain. I eraill, ystyr yr enw sydd yn bwysig. Gwyddom am rai sydd wedi enwi eu plant ar ôl tîm pêl-droed cyfan neu ar ôl arwr mawr neu rywun enwog. Mae dewis enw yn gallu achosi tipyn o benbleth. Ni fu'n rhaid i Mair a Joseff bendroni dros enw i'w plentyn cyntaf, gan fod enw wedi ei ddewis iddo eisoes. Wrth sylwi ar fersiwn Mathew a Luc o stori'r Geni, gwelwn i'r un neges gael ei rhoi i Joseff a Mair, sef eu bod i alw'r plentyn yn Iesu, fel y dywedodd yr angel wrth Joseff, 'efe a wared ei bobl oddi wrth eu pechodau'.

Wrth ddarllen y Beibl gwelwn fod nifer helaeth o enwau eraill i Iesu, megis 'Oen Duw', 'Meseia', 'Goleuni'r Byd', 'Bara'r Bywyd', 'Atgyfodiad a Bywyd', 'Bugail Da', 'Gwir Winwydden', 'Ffordd', 'Gwirionedd a Bywyd', 'Drws y Defaid', 'Mab Duw' a'r 'Eneiniedig'. Yn ddi-os y pwysicaf yw 'Iesu', oherwydd efe a wared ei bobl oddi wrth eu pechodau.

Mae'r Nadolig mor wahanol i'r Cristion, oherwydd ei fod yn dathlu dyfodiad ei Waredwr i'r byd yn yr ymwybyddiaeth ei fod wedi dod i farw drosom ar y groes. Y ddau beth pwysig yng ngeiriau'r angel yw pwy yw Iesu Grist a'r hyn y mae am ei wneud. Yn ei emyn mawr, mae Dafydd Jones yn dweud wrthym pwy yw Iesu Grist, sef y Meseia yr oedd Moses a'r proffwydi wedi sôn amdano cyn ei ddod. Yna yn yr ail bennill, mae'n dweud wrthym pam ei fod wedi dod:

> Hwn yw'r Oen, ar ben Calfaria
> aeth i'r lladdfa yn ein lle,
> swm ein dyled fawr a dalodd
> ac fe groesodd filiau'r ne';
> trwy ei waed, inni caed
> bythol heddwch a rhyddhad.

Fel y dywed Pedr, 'Canys nid oes enw arall dan y nef, wedi ei roddi ymhlith dynion, trwy yr hwn y mae'n rhaid i ni fod yn gadwedig.'

Gweddi:

Arglwydd ein Duw, diolch i ti am enw'r Iesu, yr enw goruwch pob enw. Yn ei enw ef y plygai pob glin o'r nefolion a'r daearolion a'r tanddaearolion bethau ac y cyffesai pob tafod fod Iesu Grist yn Arglwydd, er gogoniant Duw Dad. Dyro inni y gallu i ganu gyda'r Pêr Ganiedydd:

> Ymgrymed pawb i lawr
> i enw'r addfwyn Oen,
> yr enw mwyaf mawr
> erioed a glywyd sôn:
> y clod, y mawl, y parch a'r bri
> fo byth i enw'n Harglwydd ni.

O Dad, mae enw'r Iesu i ninnau dy blant yn amhrisiadwy; yn wir, nid oes enw gwell na'r Iesu, oherwydd:

> I wael bechadur dan ei bwn
> mae cymorth yn yr enw hwn.

Diolchwn iti, ein Tad, am enedigaeth yr Arglwydd Iesu Grist yn Waredwr y byd, ond hyd yn oed pe bai'r Iesu wedi ei eni fil o weithiau ym Methlehem ond heb ei eni ynom ni, byddem ar goll o hyd. Diolchwn am y rhai sy'n gallu dweud:

> Enw'r Iesu sydd yn werthfawr,
> ynddo mae rhyw drysor im;
> enw'r Iesu yw fy mywyd,
> yn ei enw mae fy ngrym:
> yn ei enw mi anturiaf
> trwy bob rhwystrau maith ymlaen;
> yn ei enw mae fy noddfa
> am ei enw fydd fy nghân.

Diolch am y gwerthfawr drysor yn Iesu Grist, ac i'w enw ef y byddo'r clod, y gogoniant, yr anrhydedd a'r mawl. AMEN.

Y Fendith:
Wrth inni fynd i'n gwahanol ffyrdd, boed inni hefyd fynd yr un ffordd, sef ffordd Iesu Grist, yr hwn yw'r Ffordd, y Gwirionedd a'r Bywyd. AMEN.

Oedfaon Ffydd

BYWYD AC ESIAMPL IESU

Galwad i Addoli:
Addolwn Dduw, ein Harglwydd mawr,
mewn parch a chariad yma nawr;
y Tri yn Un a'r Un yn Dri
yw'r Arglwydd a addolwn ni.

Ein Tad, cynorthwya ni i dy addoli di ac i ddiolch am ein Harglwydd Iesu Grist a ddaeth i'r byd i fod yn esiampl berffaith o batrwm bywyd sy'n addas i ni ei ddilyn. Wrth edrych ar ei esiampl berffaith ef, mae'n rhaid cyfaddef ein bod yn syrthio'n brin ac yn hiraethu ac yn gweddïo fel Eleazar Roberts: 'O na bawn yn fwy tebyg i Iesu Grist yn byw ...'

Darllen: Marc 8:1–13

Neges:
Gwasanaethu Iesu

Dywedodd Pedr yn ei araith yn nhŷ Cornelius fod Iesu wedi bod yn mynd o gwmpas yn gwneud daioni. Yn yr hanes dan sylw, mae Iesu'n gwasanaethu trwy ofalu am anghenion corfforol ac ysbrydol y dyrfa. Gwyddai'n iawn mor bwysig oedd ei waith a gweithiodd yn ddiflino i gyflawni'r hyn a ymddiriedwyd iddo gan Dduw.
    Cyflawnodd Iesu'r gwasanaeth arbennig hwn trwy ei bregethau a hefyd drwy ei wyrthiau. Roedd y ddau yn rhan annatod o neges Teyrnas Dduw gan fod ei bregethau yn ddamhegion geiriol a'i wyrthiau yn ddamhegion gweledol. Ceir digon o esiamplau yn y Beibl o bobl yn synnu at awdurdod ei eiriau a'i wyrthiau, oherwydd bod y ddau yn dangos grym Teyrnas Dduw. Nid yw bardd yn ysgrifennu barddoniaeth er mwyn profi ei fod yn fardd ond oherwydd mai bardd ydyw. Nid yw Iesu chwaith yn cyflawni ei weithredoedd er mwyn profi mai ef yw Mab Duw ond oherwydd mai Mab Duw ydyw. Mae gwasanaeth Iesu yn llawn gras,

trugaredd a thosturi tuag at yr anghenus. Gadewch inni weddïo gydag Eleazar Roberts:

> O na bawn yn fwy tebyg
> i Iesu Grist yn byw,
> yn llwyr gysegru 'mywyd
> i wasanaethu Duw ...

Yng ngeiriau emyn y Parch. W. H. Evans, 'Mae ganddo i'n gwasanaeth hawl.'

Gweddïau Iesu

Yn y darlleniad am Iesu'n porthi'r pedair mil, fe'i gwelir ef yn gwasanaethu a hefyd yn gweddïo am fendith ar yr ymborth. Weithiau, gwelwn fod Iesu yn gweddïo wrth sefyll, ac weithiau wrth benlinio; gwelwn ef hefyd yn gweddïo yn gorwedd ar ei wyneb. Byddai'n gweddïo yn y dirgel a gorchmynnodd ei ddisgyblion i wneud yr un peth. Gwelwn Iesu hefyd yn gweddïo'n gyhoeddus gan ddangos pwysigrwydd y weddi ddirgel a'r weddi gyhoeddus. Mae Efengyl Luc yn cofnodi naw o adegau pan fu Iesu'n gweddïo, sef yn ei fedydd, ar ôl diwrnod o wyrthiau, cyn dewis ei ddisgyblion, cyn ei ragfynegiad cyntaf o'i farwolaeth, ar fynydd y Gweddnewidiad, cyn dysgu'r disgyblion i weddïo, ar ôl i'r saith deg ddychwelyd gyda'u hadroddiadau, yng ngardd Gethsemane, ac yn olaf, ar y groes.

Mae gwyrthiau porthi'r pum mil a'r pedair mil, cerdded ar y dŵr ac atgyfodiad Lasarus i gyd yn dilyn cyfnod o weddïo. Mae'r holl gyfnodau hyn o weddïo yn dangos bod gweddi yn rhan annatod o fywyd ac esiampl Iesu. Gallwn ninnau weddïo eto gydag Eleazar Roberts:

> O na bawn yn fwy tebyg
> mewn gweddi i'r Iesu mad;
> enciliai ef i'r mynydd
> i alw ar ei Dad.

Gweddi:

O Arglwydd ein Duw, rydym am ddyfod yn agos atat trwy ein Harglwydd Iesu Grist i ofyn am dy gymorth i ddilyn esiampl fawr Iesu mewn gwasanaeth a gweddi. Cyffeswn ger dy fron na fyddwn yn gweddïo mor gyson ag y dylem, a'n bod yn euog o geisio byw fel eglwys yn ein nerth ein hunain. Dyro inni weld o'r newydd na allwn frwydro yn erbyn yr argyfwng sy'n bodoli heb ein bod yn barod i blygu'n wylaidd wrth dy draed ac erfyn arnat i ddeffro ein calonnau a rhoddi dy fywyd trwy dy eglwys. Glanha dy Eglwys, Iesu mawr; ei grym yw bod yn lân. Rydym yn erfyn arnat am dywalltiad nerthol Ysbryd Glân i'n hadnewyddu fel y gallwn fod yn frwdfrydig yn dy waith ac yn ein gweddïau a gwneud ein gorau i ddilyn esiampl Iesu. Cynorthwya ni fel y rhai sydd wedi ein galw i'th wasanaethu heddiw, i wneud hynny er lles dynion ac er clod a gogoniant i ti. Yn dy drugaredd clyw ein gweddi. AMEN.

Darllen: Ioan 13:1–17
Philipiaid 2:1–11

Gostyngeiddrwydd Iesu

Dywedodd Iesu yn Mathew 11:29 ei fod yn 'addfwyn a gostyngedig o galon'. Un o'r esiamplau mawr o ostyngeiddrwydd yr Iesu yw'r hanes amdano'n golchi traed y disgyblion. Er ei fod yn Frenin y mae'n gweithredu fel gwas. Gwelir yr esiampl fwyaf yng ngeiriau'r Apostol Paul yn ei lythyr at eglwys Philipi: 'Efe a'i darostyngodd ei hun gan fod yn ufudd hyd angau, ie angau'r groes.' Nid ei gael ei hun mewn sefyllfa na all ddod ohoni y mae Iesu, ond ildio'n ostyngedig i ewyllys Duw a marw trosom ar y groes. Gwyddai Iesu'n union beth a wnâi ac yna ni welwn ef yn cwyno nac yn melltithio'r ffordd y cafodd ei drin. Oherwydd iddo weld ei ostyngeiddrwydd bu'n rhaid i Ganwriad gyffesu: 'Yn wir, Mab Duw ydoedd hwn.'

> Nid er ei fwyn ei hunan
> y daeth i lawr o'r ne';
> ei roi ei hun yn aberth
> dros eraill wnaeth efe.

Gwersi Iesu

Trwy ei weithredoedd, mae Iesu'n dangos inni sut y dylem ymddwyn tuag at yr anghenus a'r colledig. Fel Iesu, ni ddylem ninnau flino yng ngwaith y Deyrnas, oherwydd braint aruchel yw cael ein galw gan Dduw i wneud ei ewyllys ef ar y ddaear. Rhaid cofio na allwn wneud y gwaith yn iawn heb ein bod yn gyntaf wedi gweddïo drosto. Os nad oedd Iesu yn gallu meddwl gwasanaethu heb weddïo, ni ddylem ninnau chwaith. Roedd gweddi yn rhan annatod o fywyd Iesu a dylai fod yn rhan annatod o'n bywyd ni fel eglwys hefyd. Ni allwn ddisgwyl bendith Duw ar yr eglwys nes ein bod yn barod i blygu'n ostyngedig ger ei fron a chyfaddef inni ddod i ddiwedd yr hunan a'n bod yn dibynnu'n gyfan gwbl arno ef. Gadewch i esiampl Iesu yn ei wasanaeth, yn ei weddïo ac yn ei ostyngeiddrwydd ein calonogi i geisio bod yn fwy tebyg iddo fel eglwys.

> O na bawn fel yr Iesu
> yn llawn awyddfryd pur
> i helpu plant gofidiau
> ac esmwytháu eu cur;
> O na bawn fel yr Iesu
> yn maddau pob rhyw fai,
> roedd cariad yn ymarllwys
> o'i galon e'n ddi-drai.

Gweddi:
O Arglwydd ein Duw, ein braint yw cael dod ger dy fron i ddiolch dy fod yn bodoli, oherwydd yn y ffaith dy fod yn bodoli y mae ein hunig obaith fel eglwys i brofi adnewyddiad unwaith eto. Rydym wedi dod at ein gilydd er mwyn dy addoli, ond ar yr un pryd hefyd i erfyn arnat am gymorth dy Ysbryd Glân i roddi bywyd newydd yn addoliad ein gweithredoedd a'n gwefusau.

Rydym yn diolch iti am ddyfod yn ddyn er mwyn rhoddi'r unig esiampl berffaith o fywyd ym mywyd Iesu. Crea ynom yr awydd i ddarllen ei hanes, a dysgu'r gwersi, a'u rhoi ar waith yn ein bywydau ni ein hunain. Dyro inni'r gallu i ryfeddu mwy o hyd yn ei Berson a'i waith, a cheisio bod yn fwy tebyg iddo nag yr ydym ar hyn o bryd. Gofynnwn am dy arweiniad wrth inni weithio'n ostyngedig yn y mannau hynny lle'r wyt wedi ein gosod. Gweddïwn am yr hyder i gyhoeddi'r Efengyl yn ei phurdeb fel bod eraill yn gallu gweld mor fawr dy gariad ac mor fawr yw dy barodrwydd i dderbyn pob un a ddaw adref o'r wlad bell. Boed i'r eglwys fod yn oleuni yng nghanol tywyllwch y byd a deffra ynom yr hiraeth am weld pobl yn cael eu hadfer i oleuni dy iachawdwriaeth fawr. Deuwn ger dy fron mewn gwir edifeirwch am bob pechod a bai i'th erbyn gan ofyn iti edrych arnom mewn tosturi yn enw yr hwn a fu farw ac a atgyfododd yn goncwerwr angau a'r bedd. AMEN.

Y Fendith:
Tynna ni'n nes atat gan lenwi ein calonnau â'th gariad fel y gallwn brofi dy dangnefedd, ac fel y gallwn orffwys ynot a disgwyl wrthyt. Trwy Iesu Grist. AMEN.

Oedfaon Ffydd

SUL Y BLODAU

Gweddi Agoriadol:
Ar Sul y Blodau tyrd yn awr,
a doed y nefol wlith i lawr,
rho help i foli Mab y nef
a rhoi'r Hosanna iddo ef.

Darllen: Sechareia 9:9–10
Marc 11: 1–11

Neges:
Gelwir y Sul hwn, sef y Sul cyn y Pasg, yn 'Sul y Blodau' oherwydd yr arfer o addurno beddau â blodau. Gellir olrhain hyn yn ôl i'r bymthegfed ganrif pan oedd hefyd yn arferiad adeg y Nadolig a'r Sulgwyn. Daeth yn fwyfwy poblogaidd ar ddechrau'r ugeinfed ganrif, yn arbennig yn Ne Cymru ddiwydiannol. Mae'n parhau'n arferiad cyffredin heddiw. Gall fod yn arwydd annwyl a chariadus, ond nid yw'n benodol Gristnogol ac ysgrythurol.

Mewn rhai eglwysi cynhelir oedfa Sul y Blodau i blant a phobl ifanc, ar adegau gwahanol, gan addurno'r capel. Oedfaon gwerthfawr, mae'n siŵr. Ond y Sul dan sylw yw hwnnw sy'n cofio am Iesu'n marchogaeth i Jerwsalem ar gefn asyn a'r bobl yn taenu eu dillad ar y ffordd ac yn chwifio dail palmwydd. Onid yw Sul y Palmwydd yn enw mwy addas arno?

Ond ei ystyr a'i arwyddocâd sy'n bwysig. Mae'n amlwg fod Iesu wedi paratoi'r orymdaith hon yn ofalus ac yn fwriadol. Mae'n weithred ddewr. Yn awr, mae'n cyhoeddi'n agored pa fath o frenhiniaeth y daeth yn enw Duw i'w sefydlu. Adfer y deyrnas i Israel oedd gobaith llawer trwy ddull milwrol, fel y Brenin Dafydd yn Jerwsalem (2 Samuel 19:15), neu trwy ddull goruwchnaturiol. Gwahanol iawn i'r disgwyl oedd ffordd Iesu o Nasareth.

Neges:

Cyhoeddi ei fuddugoliaeth ymlaen llaw a wna Iesu. Gwêl y goron heibio'r groes. Mae'n dathlu'r fuddugoliaeth cyn y frwydr. Ar Sul y Blodau mae'n bwysig cofio nodweddion y deyrnas y mae ef mor sicr o'i llwyddiant. Ni ellir ei sefydlu trwy rym milwrol. Yn ôl Sechareia, roedd Effraim wedi ymddiried mewn cerbydau a Jerwsalem mewn meirch. Dyna fu eu gobaith; ond yn awr, medd Duw, fe'u torrir ymaith. Mae yn dod i Jerwsalem ar gefn asyn, symbol diamheuol mai arfau Iesu yw tynerwch, gwyleidd-dra a heddwch. Ni ellir sefydlu llywodraeth Dduw yng nghalonnau pobl trwy ddulliau rhyfelgar. Ateb Iesu i Peilat oedd, 'Fy mrenhiniaeth i nid yw o'r byd hwn.'

Sefydlir hi trwy 'gyhoeddi'r newyddion da,' ac efe a 'lefara heddwch i'r cenhedloedd,' (Sech. 9:10); cymharer Eseia 52:7, 'Mor weddaidd ar y mynyddoedd yw traed y negesydd sy'n gyflawn wedi ei wreiddio mewn perthynas â Duw.' Adlewyrchir hyn mewn cyfiawnder ymhob agwedd ar fywyd - economaidd, gwleidyddol, biolegol a chrefyddol. Teyrnas ddiderfyn yw, a 'bydd ei llywodraeth o fôr i fôr ... ac hyd derfynau'r ddaear'. Teyrnas dragwyddol yw eiddo Duw daionus a thrugarog. 'Nid siglo mae, fel gweinion bethau'r byd.'

Gweddi:

Dduw Dad, cymorth ni i ddod yn wylaidd at yr wythnos fawr. Glanha feddyliau ein calonnau fel y bydd pob myfyrdod yn deilwng ac yn glod i ti. Diolchwn i ti mai dod i gynnig gwir heddwch a wnaeth. 'Heddwch o'n mewn, i ddifa llygredd calon; heddwch i'r byd, yn lle ei frwydrau creulon – heddwch y cymod'. Dwg ar gof i ni mai "achub nawr" yw ystyr 'Hosanna'. Dysg i ni ymuno yn yr hosanna. Achub yn awr, Arglwydd, gwared ni, Arglwydd, rho dy wir ryddid i ni, Arglwydd.

Mae angen ein gwaredu oddi wrth bob drygioni, rhag popeth sy'n diraddio ac yn ein caethiwo. Arglwydd, helpa ni i gofio nad digon yw achub rhag ein rhyddhau i wasanaethu ac i wneud dy ewyllys.

Dysg ni o'r newydd nad casáu yw'r ateb i gasineb, nad bod yn dreisgar yw'r ateb i drais, ac nad talu'r pwyth yn ôl yw'r ateb i greulondeb.

Diolchwn nad dod fel brenin daearol mewn rhwysg a gormes a wnaeth Iesu ond fel Tywysog Tangnefedd i greu perthynas newydd rhyngom a thi, ac â'n gilydd.

O! tyrd yn awr, Waredwr da,
teyrnasa ymhob calon,
ym mywyd pawb myn orsedd wen
ac ar dy ben bo'r goron.

Oedfaon Ffydd

SUL Y BLODAU

Galwad i Addoli:
Llawenha'n fawr, ferch Seion; bloeddia'n uchel, ferch Jerwsalem.
Wele dy frenin yn dod atat
â buddugoliaeth a gwaredigaeth,
yn ostyngedig ac yn marchogaeth ar asyn.
(Sechareia 9:9)

Darllen: Salm 118:1-2,19-29
Mathew 21:1-10

Gweddi:
Diolch i ti, O Arglwydd ein Duw, am ddydd fel heddiw. Dydd o lawen chwedl yw hwn. Heddiw, cofiwn am Iesu'n marchogaeth yn fuddugoliaethus i mewn i Jerwsalem.
Dathlwn yn llawen.
Heddiw, cofiwn am Iesu'n marchogaeth yn ostyngedig.
Dathlwn yn llawen.
Heddiw, cofiwn am Iesu'r brenin yn dod mewn heddwch.
Dathlwn yn llawen.

Ond maddau i ni, O Arglwydd ein Duw,
pan fyddwn yn mygu llawenydd yr Efengyl,
yn dewis y lleddf yn lle'r llon,
yn addoli heb wên yn ein calonnau, nac ar ein hwynebau.

Diolch i ti, O Arglwydd ein Duw, am ddydd fel heddiw.
Dydd i floeddio'n uchel yw hwn.
Y mae gennym Dduw i'w glodfori.
Bloeddiwn yn uchel.
Y mae gennym Waredwr i'w gyhoeddi.
Bloeddiwn yn uchel.

Y mae gennym Newyddion Da i'w rhannu.
Bloeddiwn yn uchel.

Ond maddau i ni, O Arglwydd ein Duw,
pan fyddwn yn dawedog a ninnau â chymaint o gyfoeth i'w rannu.
Os yw ein Hosanna'n ddistaw, maddau i ni.
Os nad ydym yn taenu ein cariad o flaen Iesu, fel y taenodd torf Jerwsalem ganghennau'r coed o'i flaen, maddau i ni.

Byddwn lawen.
Bloeddiwn yn uchel,
er mwyn yr un sy'n dod yn enw'r Arglwydd. AMEN.

Neges 1:
Y Mab yn dod adref
Pan ymwelodd y diwinydd Ffrengig, Henri Nouwen, â St Petersburg yn 1986 aeth i weld llun a oedd wedi creu argraff fawr arno pan welodd gopi ohono ar boster rhyw ddwy flynedd ynghynt. Gwaith gan yr arlunydd Rembrandt oedd y llun, a'r testun - *Y Mab Afradlon*. Roedd y llun yn hongian yn yr Hermitage.

Mae'n nodi'r dydd a'r awr: 2.30 y p'nawn, Dydd Sadwrn, 26 Gorffennaf. Roedd cannoedd o ymwelwyr wedi ymgasglu i weld gwaith y meistr, ond yn wahanol iddynt hwy roedd Nouwen wedi cael caniatâd i eistedd ac edrych ar y llun am faint bynnag o amser a fynnai. Bu'n syllu ar y llun am oriau, a rhyfeddu, oherwydd roedd lliwiau'r llun yn newid yn y golau naturiol wrth i'r haul symud heibio'r ffenestr gerllaw, gan amlygu agweddau gwahanol y llun.

Gweld rhywbeth newydd, gwahanol yn y cyfarwydd. Onid yw hynny, pan ddigwydd, yn rhoi gwefr?

A Story of Homecoming yw is-deitl llyfr Nouwen ar y Mab Afradlon a darlun Rembrandt. Hen stori gyfarwydd am y mab yn dychwelyd adref. Ac felly heddiw hefyd, Sul y Blodau, hanes y Mab yn dychwelyd adref. Er nad fel mab y caiff ei gyfarch yng ngeiriau'r hen broffwyd, ond fel Brenin yn dychwelyd i Seion.

Tybed, beth newydd a welwn ni yn y cyfarwydd?

Gweddi:

Ein Tad nefol, ymunwn â theulu ffydd ym mhob man heddiw i'th addoli.
Ti yw'n Creawdwr a'n Cynhaliwr.
Arglwydd Iesu, ymunwn â theulu ffydd ym mhob man i ganu 'Hosanna i Fab Dafydd'.
Ti yw'n Cyfaill a'n Gwaredwr.
Ysbryd Glân, ymunwn â theulu ffydd ym mhob man i ddeisyf dy bresenoldeb.
Ti yw'n hysgogydd a'n bywyd.

O Dduw, ein Hachubydd, ar Sul y Blodau fel hyn, y lle hwn yn awr yw'n Jerwsalem ni,
boed i'n mawl fod megis mentyll yn cael eu gosod o flaen yr Iesu,
a'n gweddïau megis palmwydd yn cael eu chwifio yn ei ŵydd,
a'n myfyrdodau megis bloedd y dorf.

O Arglwydd Iesu, ar Sul y Blodau fel hyn
diolchwn am gyffro'r dydd,
a'i lawenydd,
a'r her i ymuno â'th ymdaith fuddugoliaethus.

O Ysbryd Glân, ar Sul y Blodau fel hyn
gwared ni rhag gweiddi 'Hosanna' heddiw a 'Chroeshoelier ef' yfory;
gwared ni rhag ei gefnogi heddiw a chefnu arno yfory;
gwared ni rhag ei ddilyn heddiw a'i ddamnio yfory.
Offrymwn ein gweddïau yn enw'r Tad sydd yn ein caru, y Mab sydd wedi'n prynu, a'r Ysbryd sydd yn ein bendithio. AMEN.

Neges:

Yr oedd hi'n fore brafiach nag arfer, yr haul yn gwenu'n gynnes, yr awel yn ffres a'r awyr yn glir. Diwrnod da i fynd i lawr i'r ddinas am dro. Dyw hi ddim yn daith bell i'r ddinas.

Wrth agosáu at y ddinas gwelais dorf o bobl. Roedd hi'n amlwg fod rhywbeth wedi'u cynhyrfu. Fe gyrhaeddais ymyl y dorf a gallwn weld dyn ar gefn asyn yn eu canol. Roedd y bobl yn gweiddi'n uchel,

"Hosanna i Fab Dafydd! Bendigedig yw'r un sy'n dod yn enw'r Arglwydd. Hosanna yn y goruchaf!"

Deallais yn syth mai cyfarch y dyn ar gefn yr asyn oedden nhw, ac roedd y geiriau yn eiriau yr oeddwn wedi'u clywed yn y Synagog pan oeddwn yn blentyn.

Dechreuais innau weiddi hefyd.

Roedd y bobl yn torri canghennau o'r coed ac yn eu gosod o flaen y dyn ar gefn yr asyn. Dringais innau goeden hefyd a thorri cangen a'i thaflu o'i flaen.

Fe aeth y dyn ar yr asyn i mewn i'r ddinas, a'r dorf ar ei ôl. Fe es i nôl adref.

Methais gysgu y noson honno am fod nifer o gwestiynau yn fy mlino: ddylwn i fod wedi gwneud mwy na gweiddi, mwy na thaflu cangen ar y ffordd? Ac yn fwy na hynny, ddylwn i fod wedi troi'n ôl, neu fynd ymlaen gydag ef, y dyn yna ar gefn asyn?

Y Fendith:

'I'n Duw ni y bo'r mawl a'r gogoniant a'r doethineb a'r diolch a'r anrhydedd a'r gallu a'r nerth byth bythoedd.' AMEN! (Datguddiad 7:12)

DIODDEFAINT A CHROES CRIST

Galwad i Addoli:
    Sanctaidd Dduw,
    sanctaidd a thrugarog,
    sanctaidd a thragwyddol,
    trugarha wrthym.

Darllen: Mathew 26:1–5, 14–16, 47–50
            Marc 14:22–26

Gweddi:
Y Groes – fe'i cymerwn.
Haws dweud na gwneud, Arglwydd. Mae'r pren yn arw, heb ei drin. Hyd yn oed wrth gymryd gofal mae'n gadael ei ôl ar fy nwylo. Edrych ar y gwaed! A phan fydd y gwaed wedi peidio â llifo, fe fydd yna graith.
Y Bara – fe'i torrwn.
Wrth Fwrdd y Cymun mae'r bara wedi'i dorri'n barod. Dyna arwydd, Arglwydd. Dim ond estyn fy llaw a derbyn – derbyn a bwyta – a chofio hefyd sut y torrwyd Y Bara.
Y Boen – fe'i dioddefwn.
Ond pa boen yw hon, Arglwydd? Fy mhoen i? Poen y byd? Poen y Cariad sy'n cael ei wrthod ar y Groes? Dy boen di?
Y Llawenydd – fe'i rhannwn.
Y llawenydd a ddaw wedi'r dagrau yw hwn, Arglwydd, y llawenydd na all neb ei ddwyn oddi arnaf. Diolch am gael ei brofi. Gwared fi rhag ei gadw i fi fy hun.
Yr Efengyl – ei byw a wnawn.
Pa werth y Newyddion Da, Arglwydd, os nad wyf yn eu byw? Fy ngeiriau a'm gweithredoedd yn un. Y dweud a'r gwneud yn ddiwahân.
Y Cariad – fe'i rhoddwn.
A'i roi os gallaf, Arglwydd, fel y gwnaeth Iesu, heb ddal dim yn ôl a heb gyfrif y gost.

Y Goleuni – fe'i hanwylwn.
Cynorthwya fi, Arglwydd, i garu'r goleuni yn fwy na'r tywyllwch ac i fod yn oleuni i eraill.
Y Tywyllwch – Duw a'i dinistria.
Arglwydd, dinistria'r tywyllwch sydd ynof fi ac yn ein byd rhanedig.
AMEN.

Neges:
Roeddwn yn synhwyro o'r foment yr agorais fy llygaid y bore hwnnw y byddai'n un o'r dyddiau yna! Codi, gwisgo, cael brecwast – y patrwm dyddiol arferol. Ac yna allan o'r tŷ yr un amser ag arfer er mwyn agor y stondin yn brydlon. Mae'r stondin wedi bod yn y teulu ers cenedlaethau. Busnes bach da yw'r busnes gwerthu colomennod yn y Deml yn Jerwsalem! Does dim prinder cwsmeriaid, a does dim byd gwell i ddyn busnes na chael monopoli. Os yw'r cwsmeriaid am brynu colomennod, wel, mae'n rhaid iddyn nhw wneud hynny ar fy nhelerau i, ac mae awdurdodau'r Deml yn gosod telerau ariannol ffafriol iawn. Ond roedd gen i deimlad annifyr y diwrnod hwnnw. Digon tawel oedd hi peth cynta, yna prysuro tua chanol y bore. Ond wedyn, daeth rhyw ddyn fel corwynt i ganol y stondinau. Gweiddi i ddechrau – rhywbeth am dŷ gweddi ac ogof lladron. Ac wedyn yn troi'r byrddau, a'r adar a'r anifeiliaid a'r arian yn mynd ar chwâl i bobman. Cyrhaeddodd fy stondin i, ac fe oedodd am eiliad ac edrych arnaf – edrych i fyw fy llygaid, a minnau hefyd yn cael fy ngorfodi i edrych arno ef. Roeddwn i'n teimlo mod i'n edrych i mewn i'w enaid. Gwelais y fath dristwch a phoen. A theimlais gywilydd, oherwydd sylweddolais mai fi a'm tebyg oedd yn gyfrifol.

Gweddi:
'Fy Nuw, fy Nuw, pam yr wyt ti wedi fy ngadael?'
Daw dyddiau, Arglwydd, pan fydd geiriau Iesu ar y Groes yn fwy na geiriau.
Gweddïwn dros y rhai sy'n teimlo nad wyt ti'n rhan o'r hyn sy'n digwydd iddynt:
y rhai sydd mewn anobaith;
y rhai sydd mewn argyfwng;
y rhai sydd mewn dryswch.

Gweddïwn dros y rhai sy'n teimlo dy fod ti wedi cefnu arnynt:
y rhai sydd wedi gofyn, ac sy'n credu nad oes dim wedi'i roddi;
y rhai sydd wedi chwilio, ac sy'n credu nad oes dim wedi'i gael;
y rhai sydd wedi curo, ac sy'n credu nad oes yr un drws wedi'i agor.
Gweddïwn dros y rhai sy'n teimlo dy fod ti wedi eu gadael:
y rhai sydd yn cael eu trin yn anghyfiawn oherwydd lliw eu croen, eu hil, eu cred.
Arglwydd, pan 'ddaw'r niwl i guddio'r wybren las' yn ein hanes ni fel yn hanes Iesu, paid â gadael i'n hofnau ein gwneud yn ddall i'th bresenoldeb. AMEN.

Neges:
Gair o'r Groes
Cawn ein hunain yn troedio tir cysegredig heddiw. Mae'n anodd meddwl am domen sbwriel fel tir cysegredig, eto dyna oedd Golgotha, Lle'r Benglog. Pwy fasai'n meddwl y byddai gan Dduw le i domen sbwriel yn ei gynlluniau? Ond dyna ni, Duw'r annisgwyl fu ef erioed, ac i'r rhai sy'n effro i'r pethau hyn, mae'n medru'n synnu ni o hyd.

Dioddefaint yw un o allweddeiriau heddiw, a dyw'r hyn y mae'r gair yn ei gyfleu ddim yn ddieithr i neb ohonom. Dyma un o'r profiadau sy'n gyffredin i'r teulu dynol ym mhob man. Go brin fod neb yn ei chwennych. Mae'n dod i ran y diniwed. Gall ddod i ran y rhai sy'n digwydd bod yn y lle anghywir ar yr adeg anghywir.

Weithiau ni fydd achos dioddefaint eraill, yn fwriadol ac yn anfwriadol. Ac mewn byd nad yw eto wedi ymwrthod â chasineb, trais a rhyfel, bydd llawer yn profi chwerwedd ei flas. Ond i'w gosod ochr yn ochr â'r gair 'dioddefaint' mae yna allweddeiriau eraill, yn codi o'r un domen sbwriel, ac maen nhw'n eiriau i ni i gyd: 'O Dad, maddau iddynt, oherwydd ni wyddant beth y maent yn ei wneud.'

Y Fendith:
Bydded i Dduw eich cadw rhag pob drwg;
bydded i'r Arglwydd Iesu eich cynnal beth bynnag ddaw;
bydded i'r Ysbryd Glân eich calonogi bob cam o'r daith.
AMEN.

Oedfaon Ffydd

ATGYFODIAD AC ESGYNIAD CRIST

Galwad i Addoli:
Codwch eich pennau, O byrth!
Ymddyrchefwch, O ddrysau tragwyddol!
i frenin y gogoniant ddod i mewn.
Pwy yw'r brenin gogoniant hwn?
Arglwydd y Lluoedd, ef yw brenin y gogoniant.
(Salm 24:7,10)

Darllen: Salm 47
Effesiaid 1:15–23

Gweddi:
Hollalluog Dduw, cydnabyddwn dy allu a'th fawredd.
Y mae yn perthyn i ti lawer sydd yn ddirgelwch.
Diolch am ddod atom yn Iesu ac am ganiatáu i ni dy weld ynddo.
Diolch am ei eiriau sy'n dweud dy fod ti'n gariad, yn gyfiawnder, yn drugaredd ac yn dosturi.
Diolch am gyffwrdd ein calonnau, agor ein llygaid a goleuo'n meddyliau drwy ei weinidogaeth.
Eto, er hyn oll, nid ydym yn deall y cyfan amdanat, na chwaith yn medru ateb pob cwestiwn amdanat. Gweld mewn drych yr ydym, a hynny'n aneglur, ac yn chwilio am eiriau a darluniau i'n cynorthwyo i ddeall y dirgel.
Hollalluog Dduw, daethost yn agos atom yn Iesu –
Immanuel,
Duw gyda ni.
Diolchwn dy fod ti gyda ni bob amser – ddoe, heddiw ac yfory.
Yr wyt yn dod atom o hyd yn y Crist a fu farw, a gyfodwyd ac a ddyrchafwyd.
Deui atom yn y cyfarwydd – mewn oedfa, mewn emyn, mewn pennod ac adnod.

Deui atom yn yr anghenus y mae disgwyl i ni wrando ar eu cri.
Deui atom hefyd yn ddirgel, yn yr annisgwyl a'r anghyfarwydd, gan nad wyt yn gaeth i le nac amser.
Gwared ni rhag treulio ein dyddiau'n 'syllu tua'r nef' a chynorthwya ni i fod yn dystion i ti 'hyd eithaf y ddaear'. AMEN.

Neges:
Fe ymddangosodd y neges yma mewn ffenest siop ddillad: 'Sefydlwyd y busnes hwn dros ganrif yn ôl ac ers hynny yr ydym wedi llwyddo i blesio rhai o'n cwsmeriaid a chythruddo eraill. Yr ydym wedi gwneud arian a cholli arian, yr ydym wedi dioddef effeithiau gwladoli'r diwydiant glo, dogni dillad, rheolaeth y llywodraeth a thalwyr sâl. Buom yn destun trafod; cawsom ein melltithio; fe ddywedwyd celwyddau wrthym, mae lladron wedi dwyn oddi arnom a phobl wedi'n twyllo. Yr unig reswm dros gadw'r busnes i fynd oedd er mwyn gweld beth fyddai'n digwydd nesaf.'

Ganed Iesu. Mae awdur y Llythyr at yr Hebreaid yn sôn am y Duw a lefarodd gynt 'yn y proffwydi' yn llefaru bellach 'mewn Mab'. Beth sy'n digwydd nesaf? Mae ei fywyd yn synnu ac yn rhyfeddu ac yn cynhyrfu'r dyfroedd. Beth sy'n digwydd nesaf? Mae'n cael ei drin fel troseddwr, a daw ei fywyd i ben ar groesbren. Beth sy'n digwydd nesaf? Dridiau yn ddiweddarach caiff ei gyfeillion brofiadau rhyfeddol. Mae'n fyw! Beth sy'n digwydd nesaf? Mae'n ffarwelio â'i ddisgyblion, ond cyn eu gadael mae'n eu comisiynu i barhau â'r gwaith, gan addo bod gyda nhw 'bob amser hyd ddiwedd y byd'. Beth sy'n digwydd nesaf? 'Fe dderbyniwch nerth wedi i'r Ysbryd Glân ddod arnoch, a byddwch yn dystion i mi hyd eithaf y ddaear.' A ninnau heddiw'n cadw i fynd – er mwyn gweld beth a ddigwydd nesaf.

Gweddi:
O Grist, sanctaidd a thragwyddol, Mab y Goruchaf Dduw –
derbyn yn awr ein gweddïau.
O Grist, a fu farw ar y groes ac a gyfodwyd er ein mwyn –
clyw ein cri.
O Grist dyrchafedig –
yr ydym yn galw arnat.

O Grist, Fab Mair, yr wyt ti wedi byw ein bywyd ni –
cynorthwya ni ar daith bywyd.
O Grist, yr wyt ti wedi profi'n marwolaeth ni –
cynnal ni yn nydd profedigaeth.
O Grist, yr wyt ti wedi gorchfygu angau –
cryfha ein cred na all dim ein gwahanu oddi wrth dy gariad.

O Grist,
diolchwn i ti am dy gariad perffaith;
am dy fywyd o ufudd-dod i ewyllys Duw;
am ddatguddio i ni y ffordd, y gwirionedd a'r bywyd.

O Grist,
trugarha wrth ein methiant a'n dryswch;
trugarha wrth ein pryderon a'n hanwybodaeth;
maddau ein pechodau.

O Grist,
yr wyt ti gyda ni bob amser –
datguddia dy hunan i ni o'r newydd;
amlyga dy hunan i'r byd ym mywyd dy Eglwys;
awn ymlaen gyda'n gilydd yn dy nerth.
AMEN.

Neges:

'Beth sydd ymlaen fore o Iau ar y bronnydd?' (Saunders Lewis, *'Difiau Dyrchafael'*).

Mae Dydd Iau yn ddiwrnod pwysig i Dduw ac i ni. Dywed awdur Genesis mae'r pumed dydd oedd y diwrnod y crewyd adar yr awyr a'r holl greaduriaid sy'n trigo yn y moroedd. 'Byddwch ffrwythlon ac amlhewch' oedd anogaeth y Duw a roddodd fywyd i bob creadur. Ar bumed diwrnod yr wythnos, dydd Iau arall, dydd Iau Cablyd, miloedd o flynyddoedd yn ddiweddarach, yr oedd cwmni bychan wedi dod ynghyd mewn goruwchystafell i gynnal hen ddefod. Fe drodd yr hen ddefod yn sacrament newydd pan rannodd Iesu fara a gwin a dweud, 'Gwnewch hyn er cof amdanaf.' Y bara a'r gwin sy'n cynnal y sawl sydd wedi profi bywyd newydd yng Nghrist. Ar bumed diwrnod yr wythnos y dyrchafwyd Iesu. Dydd Iau arall. Iesu'n ymadael. 'Yn nhŷ fy Nhad y mae llawer o drigfannau. Yr wyf yn mynd i baratoi lle i chwi, er mwyn i chwithau fod lle'r wyf fi.' Bywyd tragwyddol yw'r addewid. Dydd Iau, diwrnod i ddathlu bywyd yn ei amrywiol agweddau.

    Diwrnod i ddiolch am fywyd y greadigaeth.
    Diwrnod i ddiolch am fywyd Iesu ynom ni.
    Diwrnod i ddiolch am fywyd tragwyddol, y bywyd sy'n dechrau yma.

Y Fendith:

'Oherwydd ef yw ffynhonnell, cyfrwng a diben pob peth. Iddo ef y bo'r gogoniant am byth! AMEN.'
(Rhufeiniaid 11:36)

Oedfaon Ffydd

SUL Y PASG

Galwad i Addoli:
Cydunwn oll i gadw gŵyl
yng nghwmni'r saint a llawen hwyl,
a chydfoliannwn Dduw – ein Rhi,
am roddi Crist yn Basg i ni.

Darllen: Marc 16:1–8
              Rhufeiniaid 6:3–11

Neges:
Nid diwedd oedd marwolaeth Iesu ond cychwyn rhyfeddol. Dathlu'r dechrau newydd a wnawn ar Sul y Pasg. Mae Iesu'n fyw, Haleliwia!

Ond nid yw'r efengylau yn cuddio'r ffaith nad oedd y disgyblion yn disgwyl y fath honiad nac yn ei gredu. Y profiad o'r Iesu byw a'u gorfododd i ailystyried ac arddel y fath gred.

Ofer yw ceisio profi neu wrthbrofi bod yr atgyfodiad yn ddigwyddiad hanesyddol. Ysgrifennwyd y Testament Newydd flynyddoedd wedi'r croeshoelio, ond mae'n amlygu profiad y Cristnogion cynnar o'r ffydd oedd i'w rhannu ganddynt ac o gariad Duw oedd wedi 'ei dywallt yn ein calonnau.' Cawn y mynegiant clasurol o'r profiad gan Paul (Galatiaid 2:20): 'a mwyach, nid myfi sy'n byw, ond Crist sy'n byw ynof fi. A'r bywyd yr wyf yn awr yn ei fyw yn y cnawd, ei fyw trwy ffydd yr wyf, ffydd ym Mab Duw, yr hwn a'm carodd i ac a'i rhoes ei hun i farw trosof fi.'

Mae grym cariad Crist wedi cyrraedd calonnau miliynau yn ystod bron i ugain canrif. Parhau i lefaru y mae ef.

> Na, na, nid marw fy Arglwydd a'm Duw,
> cyfododd yr Iesu: mae eto yn fyw,
> a ninnau a'i gwelsom a thystion ŷm ni,
> mai gobaith yr oesoedd yw croes Calfarî.

Neges:

Darllenais dro'n ôl am ŵr a gwraig yn mynd ar wyliau i Gaint. Prynu map a llawlyfr cyn mynd er mwyn gwybod am fannau diddorol i ymweld â nhw. Un diwrnod, daethant i dref lle'r oedd amgueddfa fechan i gofio un o enwogion yr ardal. Cawsant drafferth dod o hyd iddi oherwydd y traffig a'r strydoedd cul. Stopio'r car i gael golwg arall ar y map. Er syndod iddynt, gwelsant blismon yn cerdded yn eu hymyl. Dyma ofyn iddo eu cyfeirio at yr amgueddfa. "Mae braidd yn gymhleth," meddai, "ond rwyf ar y ffordd adref ac yn mynd i'r cyfeiriad yna os caf ddod gyda chi." Cytunwyd ar hynny, a daethant at yr amgueddfa gan ddilyn ei gyfarwyddiadau. Nid oedd y map na'r llawlyfr wedi bod yn ddigonol. Roedd yn rhaid cael rhywun oedd yn gwybod y ffordd yno i'w harwain.

Nid cyfeirio o bell a wna Duw yn ôl yr Efengyl, ond dod atom i ganol bywyd i ddangos y ffordd. Llawenhawn ar Sul y Pasg fod Iesu yn parhau gyda ni ac wedi addo ei gwmni.

'Ac yn awr, yr wyf fi gyda chwi bob amser hyd ddiwedd y byd' (Mathew 28:20).

> 'Tydi yw'r ffordd, a mwy na'r ffordd i mi,
> Tydi yw 'ngrym.'

Gweddi:

Deuwn i'th addoli, Arglwydd bywyd. Ynot ti yr ydym yn byw, yn symud ac yn bod. Daethost i ni gael 'bywyd' a'i gael yn helaethach trwy ymddiried ynot. Ar Sul y Pasg llawenhawn fod Iesu'n fyw. Gwna'r oedfa hon yn llawn o orfoledd. Llawenhawn yn yr Arglwydd bob amser. Diolch na fedr neb na dim ddwyn y llawenydd hwn oddi arnom. Diolchwn ein bod yn cydlawenhau gyda phawb o bob iaith a chenedl sy'n cyffesu Iesu Grist yn Arglwydd heb iddo ef fod yn fyw yn ein bywydau. Cofiwn mai bywydau a newidiwyd oedd y rhai a welodd y meistr wedi'r groes. Digalondid ac anobaith yn cilio, meddyliau yn agored i'w wirionedd, calonnau a daniwyd ganddo, ac awydd i rannu newyddion da yn ei enw.

> Bywha dy waith, O Arglwydd mawr,
> yn ein calonnau ninnau nawr,
> er marwhau pob pechod cas,
> a chynnydd i bob nefol ras.

Diolchwn, O Grist, dy fod ar gerdded yn ein byd blinderog. Ti sy'n rhyddhau o bob caethiwed. Defnyddia ni, O Grist y Pasg, i fod yn ddwylo a thraed i ti, er clod i'th enw. AMEN.

Gweddi:
Arglwydd, datglo ein bywydau.
Rydym mor fewnblyg:
yn anwesu bywyd;
yn ei wneud yn fach a chyfyng;
yn ei lapio o gwmpas ein pethau ni,
ein diddordebau, ein hawliau a'n heisiau;
ac felly yn ei wneud yn barsel bychan.
Mae'r gyfrinach gennyt ti:
'Pwy bynnag a fyn gadw ei fywyd, fe'i cyll,
ond pwy bynnag a gyll ei fywyd
er fy mwyn i, fe'i caiff.'
A bywyd wedyn yn agor allan
fel anturiaeth fawr.
Nid byw efo eraill yn unig
ond i eraill.

Ac yna rhyw orwelion newydd yn ymestyn,
un ar ôl y llall; wrth i ni gerdded at un,
bydd yn symud yn bellach o hyd oddi wrthym.
Rydym yn synhwyro mai dyna yw caru,
fel y ceraist ti, cariad sy'n ddiddiwedd.
Pan feddyliwn ein bod wedi gafael ynddo
mae'n mynd o'n cyrraedd.
Mae'n rhy fawr i'n dwylo ei gwmpasu.
Un peth sy'n codi'r galon
yw fod gennyt ti ddwylo digon mawr
i droi ein cariad amherffaith ni
yn fwy na'r hyn a freuddwydiwn.
Arglwydd y Pasg,
gwna'r freuddwyd yn ffaith,
fel y bydd y drysau yn agor
tuag allan.

Gras:

Iddo ef, sydd â'r gallu ganddo i'ch cadw rhag syrthio, a'ch gosod yn ddi-fai a gorfoleddus gerbron ei ogoniant, iddo ef, yr unig Dduw, ein Gwaredwr, trwy Iesu Grist ein Harglwydd, y byddo gogoniant a mawrhydi, gallu ac awdurdod, cyn yr oesoedd, ac yn awr, a byth bythoedd! AMEN.

Oedfaon Ffydd

SUL Y PASG

Galwad i Addoli:
Crist a gyfododd. Haleliwia.
Y mae'r maen wedi ei dreiglo i ffwrdd oddi wrth y bedd. Haleliwia.
Nid yw ef yma ymhlith y meirw. Haleliwia.
Y mae'r Un Byw yn mynd o'n blaen. Haleliwia.
Awn gydag ef. Haleliwia.
Addolwn ef. Haleliwia.

Darllen: Salm 66
Datguddiad 1:12–18

Gweddi:
Grist Bendigedig,
yr wyt ti'n sefyll yn ein mysg.
Agorwn ein llygaid, edrychwn o'n hamgylch a gwelwn y cyfarwydd –
wynebau cyfarwydd y rhai sy'n bererinion ar y ffordd gyda ni.
Clywn leisiau cyfarwydd –
lleisiau cyfarwydd y rhai sy'n moli gyda ni.
Synhwyrwn bresenoldeb cyfarwydd –
megis garddwr yn yr ardd,
megis cwmnïwr difyr ar y daith,
megis cyfaill sy'n ein gwahodd i frecwasta.

Mae ddoe, bore'r trydydd dydd, yn bell yn ôl,
ond drwy ffydd daw'n fyw yn ein dathlu yma'n awr.
Gad i ni weld y byw ymhlith y meirw;
gad i ni glywed ein henwau'n cael eu galw;
gad i'n calonnau gael eu cynhesu.

Grist Bendigedig,
yr wyt ti'n mynd o'n blaen;

maddau ein hamharodrwydd i'th ddilyn.
Yr wyt ti'n dangos y ffordd;
maddau ein hoffter o lwybrau eraill.
Yr wyt ti'n ein gwahodd i ddod atat;
maddau ein harafwch yn derbyn dy wahoddiad.

Grist Bendigedig,
gad i oleuni'r Pasg gyrraedd y mannau mwyaf tywyll ynom ni ac yn ein cymdeithas:
gad i ni weld ein hangen amdanat;
gad i ni weld y gwacter sydd ym mywydau eraill y gallwn ni a'r Efengyl ei lenwi;
gad i ni weld holl bosibiliadau ffydd ynot ti. AMEN.

Neges:
Mair

Roedd rhaid mynd allan o'r tŷ. Ie, rhaid. Doeddwn i ddim yn teimlo fel gwneud hynny, ond dyletswydd yw dyletswydd. Dyna olwg oedd arna i. Doeddwn i ddim wedi gwneud dim ond crio ers tridiau. Roedd fy llygaid fel dwy soser fawr goch. Fe ddaeth ac fe aeth pob pryd bwyd, ond doedd dim chwant bwyd arna i. Roedd cwsg, ar wahân i ryw eiliadau digon anesmwyth, yn amhosibl. Roedd fy meddwl yn ferw gwyllt. Fedrwn i ddim credu, ac eto, roeddwn wedi gweld â'm llygaid fy hun. Fuo'na ddim amser na chyfle i ddweud ffarwel. Fe ddigwyddodd y cyfan mor sydyn - roedd e gyda ni un funud, a'r funud nesaf ...

Mae ei weld e'n hongian ar groes yn waeth na hunllef. Ofer yw cau fy llygaid - dw i'n dal i'w weld e.

Sefyll, edrych, ac yn methu gwneud dim.

Roedd hi'n fendith pan ddaeth y diwedd. Roedd hi'n hwyr yn y dydd. Roedd rhaid prysuro i'w gladdu, ond doedd dim amser i wneud popeth. Gorffen y gwaith yw fy nyletswydd.

Fedra i ddim credu hyn. Dyw e ddim yn y man lle y cafodd ei roi i orwedd. Ydw i'n dychmygu'r peth? Ydw i'n colli ar fy hun? Be' sy'n digwydd? Ble mae e?

Falle fod y garddwr yma'n gwybod yr ateb?

Dim ond un gair ddwedodd e.

Roedd yr un gair yna'n ddigon.

Gweddi:
O Arglwydd ein Duw, y mae cwpan pob un ohonom yn orlawn.
Y mae'n llawenydd yn gorlifo.
Cododd Iesu – bendigedig fyddo d'enw di.

Ni wnaethom ddim i haeddu hyn;
ni allem fod wedi gwneud dim i haeddu hyn.
Dy waith di yw hyn – bendigedig fyddo d'enw di.

Yr ydym yma i ddathlu dy fuddugoliaeth.
Yr ydym yma i gael ein cyffwrdd gan dy fuddugoliaeth.
Yr ydym yma i gyhoeddi dy fuddugoliaeth.

Cofiwn a chyflwynwn i ti y rhai sydd â'u cwpanau'n wag:
y rhai sydd heb brofi dim ond tristwch;
y rhai sydd heb brofi dim ond anobaith;
y rhai sydd heb brofi dim ond anghyfiawnder.

Gweddïwn y bydd i neges y Pasg ganiatáu iddynt brofi rhyw fesur o lawenydd, rhyw fesur o obaith, a'u nerthu i wrthsefyll pob anghyfiawnder.

Boed i'r hyn a ddywed heddiw wrthym ni ein hysbrydoli yn ein haddoliad, ein calonogi yn ein tystiolaeth, a bywhau ac adnewyddu'n ffydd
fel y gallwn ei rhannu er clod i'th enw ac er mwyn dy Deyrnas. AMEN.

Neges:
Un o bregethwyr mawr yr ugeinfed ganrif oedd W. E. Sangster. Yr oedd wedi gwneud enw iddo'i hun cyn dechrau ei weinidogaeth yn y Methodist Central Hall yn Llundain yn 1939. Ar wahân i'w bulpud yn y capel enwog hwnnw, cafodd gyfle fwy nag unwaith i gyhoeddi'r Gair yn y llochesi yr heidiai pobl y brifddinas iddynt pan oedd y Blitz ar ei waethaf.

    Yr oedd yn bregethwr dylanwadol ac yn ysbrydoliaeth i genhedlaeth o bregethwyr ei enwad. Ond torrodd ei iechyd, a chafodd hynny effaith nid yn unig ar ei symudedd corfforol ond hefyd ar ei allu i lefaru. Er na allai bregethu, fe ymroes i ysgrifennu a gweddïo. Yn un o'i weddïau mae'n apelio ar Dduw i ganiatáu iddo barhau yn y frwydr. 'Nid oes gwahaniaeth gennyf,' meddai, 'os na allaf fod yn gadfridog, dim ond i ti roi catrawd i mi i'w harwain.'

Fe gollodd ei lais yn llwyr cyn y diwedd. Ar fore Sul y Pasg, ychydig wythnosau cyn ei farw, ysgrifennodd lythyr at ei ferch â'i law sigledig. Meddai yn y llythyr, 'Peth ofnadwy yw dihuno ar fore'r Pasg heb lais i fedru gweiddi, "Efe a gyfododd." Gwaeth o lawer fyddai bod â llais ond heb yr awydd i weiddi.'

Y Fendith:
Boed i Dduw a gyfododd Iesu oddi wrth y meirw ein cyfodi ninnau hefyd fel y gallwn fod yn fendith i eraill. AMEN.

Oedfaon Ffydd

BRENHINIAETH CRIST

Gweddi Agoriadol:
Down ger dy fron yn awr, O Dad, gan blygu'n isel. Rydym yn ymwybodol iawn o'th fawredd ond yn gwybod dy fod yn ein derbyn, yn enw Iesu Grist. AMEN.

Darllen: Salm 24
Luc 19:28–44

Gweddi:
Ein Tad hollalluog, nesawn atat gan wybod dy fod yn wrandawr gweddïau. Diolchwn iti am anfon Iesu Grist i'n byd, yn frenin y Brenhinoedd. Fe wyddom, O Dad, iti roi addewid i'th bobl, dy fod yn mynd i sefydlu 'brenhiniaeth nas difethir byth, brenhiniaeth na chaiff ei meddiannu gan eraill', ac iti gadw dy addewid. Wrth inni gofio amdano'n marchogaeth i Jerwsalem ar Sul y Palmwydd, a'r bobl yn ei dderbyn fel brenin, helpa ninnau hefyd i'w dderbyn, a helpa ni i agor ein calonnau iddo. Rydym yn ymwybodol iawn, ein Tad, fod ein calonnau yn aml yn gaeedig i'w ddylanwad a'i alwad, a bod pethau eraill yn mynd â'n bryd. Agor ein calonnau heddiw i'w dderbyn fel brenin, a rhoi ein bywydau iddo. Do, cafodd groeso brenin ar Sul y Palmwydd, ond anghofio wnaeth y dorf, a gweiddi 'Croeshoelier ef' ymhen ychydig. Maddau inni, O Dad, os dyna a wnawn ninnau hefyd. Mae hi'n haws gwneud hynny'n aml, yn haws mynd i ganlyn y dorf. Rho hyder newydd yn ein calonnau, gad i'r brwdfrydedd ein llenwi, a gwna ni'n bobl obeithiol, fel y gallwn ninnau ddylanwadu ar bobl eraill, i dderbyn y Brenin i'w bywydau. AMEN.

Gweddi:
Mae llawer o bobl y dyddiau hyn, O Dad, yn cael yr enw 'brenin' gennym, a phobl yn addoli'r rhain ac yn barod i ymgrymu iddynt. Mae yna frenin y byd pop, brenin y byd adloniant, a llawer i fyd arall, ond fe

wyddom ni, ein Tad, nad oes ond UN brenin, sef Brenin y Brenhinoedd, Iesu Grist ein Harglwydd. Gweddïwn heddiw, O Dad, y bydd pobl eto'n ei arddel yn Frenin, ac y bydd ei deyrnas yn cael ei lle yn ein hardaloedd. Bydd gwlad yn codi yn erbyn gwlad yn aml, a phobl ddiniwed yn cael eu lladd, felly gweddïwn am i arweinwyr y gwledydd ddod i sylweddoli nad oes lladd yn nheyrnas ein Brenin ni. Petai Iesu yn cael 'teyrnasu'n grwn, o godiad haul hyd fachlud hwn' byddai heddwch dros yr holl fyd, a gwyddom, O Dad, y bydd bendith, a chymorth i bawb lle bynnag y teyrnasa ef. Maddau inni heddiw nad ydym yn sylweddoli ein bod yn gadael i bopeth ac eithrio'r Brenin mawr ei hun deyrnasu ar ein bywydau. Rydym wedi mynd yn bell o'r deyrnas. O Dad, tyn ni'n ôl i addoli yr un sy'n haeddu ein clod, yr un y byddwn yn dyrchafu ei enw, goruwch pob enw arall, ac yn ei goroni ef yn ben. Yn ei enw ef. AMEN.

Neges:

Yn amser yr Hen Destament roedd y brenin yn ddyn pwysig iawn yng ngolwg y genedl. Ef fyddai'n arwain y genedl i ryfel; ac yn deddfu ar ei chyfer, felly byddai pawb yn edrych i fyny ato ac yn ufuddhau i'w orchmynion. Wrth gwrs, nid y frenhines yn ein hamser ni sy'n trefnu'r pethau hyn ond y llywodraeth, ond yn aml bydd hi'n rhoi sêl ei bendith ar yr hyn sy'n digwydd yn ein gwlad. Dywed y Beibl wrthym ninnau mai Iesu Grist sy'n ein harwain a'n cynghori. Yn ei ffordd ef y dylem fyw. Ers talwm, pan fyddai ffermwr yn aredig gyda cheffylau gwedd, byddai'n gosod nod iddo'i hun, megis edrych ar rywbeth gyferbyn ag ef yn y cae, er mwyn cael ei gŵys yn syth, ac wrth fynd ar hyd y cae, byddai'n cadw'i lygaid ar y nod hwnnw. Mae hynny'n wir hefyd am fywyd. Os yw'n bosibl aredig yn syth drwy edrych ar ryw nod yr ochr arall, yna mae'n bosibl llwyddo mewn bywyd hefyd, os yw'r nod hwnnw yr un ddoe, heddiw ac yn dragywydd, sef Brenin y Brenhinoedd. Mae Llyfr y Diarhebion yn ein dysgu i ddilyn llwybr syth, hynny yw peidio â chilio oddi wrth ei eiriau; gwneud daioni; disgyblu'r tafod; dysgu sut i gyd-fyw â phobl eraill; a bod yn ddoeth. Nid dweud wrthym i geisio gwneud ein gorau yn unig a wna'r Beibl, ond gwrando ar yr hyn sydd gan y Brenin i'w ddweud. Nid dysgu'r gwirionedd a wna ef: ef yw'r gwirionedd. Yr unig ffordd i ddilyn llwybr syth drwy fywyd yw cadw'n llygaid arno ef.

Neges:

Roedd athrawes Ysgol Sul yn ceisio cael y plant i actio rhannau o'r Beibl, ac ar Sul y Palmwydd, wedi dweud y stori, dyma gymeriadu'r plant, ac un bachgen bach eisiau bod yn asyn. Ni feddyliodd y byddai neb yn actio'r asyn, ond cydsyniodd i'w gais. Dechreuwyd drwy gael Iesu i anfon dau ddisgybl i gyrchu'r asyn. Dywedodd y bachgen bach, "Pam ydych chi fy eisiau i?", ac wedi cael y neges, ychwanegodd, "Hwrê, dw i wedi bod yn disgwyl yn hir i chi ddŵad. Hen ful digon digalon ydw i, a neb yn gwneud llawer o ddim efo fi, ond dyma chi wedi dŵad yma, a rhoi cyfle imi fod yn bwysig. Mi ga'i gario Brenin drwy strydoedd y ddinas fawr a bydd pawb yn fy nghanmol i. Aethpwyd ymlaen â'r ddrama a phawb yn gwneud eu rhan yn dda, ac ar ddiwedd yr Ysgol Sul gofynnodd y bachgen i'w athrawes, "Petawn i wedi bod yn asyn, ac wedi cario Iesu Grist, mi fuaswn yn bwysig, oni faswn, ond be fedra i wneud rŵan i Iesu, fel y bydda i'n bwysig, achos does neb arall yn cymryd llawer o sylw ohona i?" Meddai'r athrawes wrtho, "Does dim eisiau i ti wneud dim; mi wyt ti a phawb arall yn bwysig i Iesu Grist am ei fod o wedi marw drosom ni. Os wyt ti'n fodlon rhoi dy galon iddo, mi fydd yn fodlon dy dderbyn."

> Er dy fod yn frenin
> mawr mewn parch a bri,
> nid yw calon plentyn
> yn rhy fach i ti.

CRIST Y CEIDWAD

Gweddi:
Ein Tad, down atat, gan ofyn iti ein cynorthwyo i ymdawelu ger dy fron. Helpa ni i ganolbwyntio arnat ti, ac i roi ein hunain yn dy law. Cadw ni rhag i'n meddyliau grwydro i bobman, a gad inni sylweddoli mai yma i'th addoli di yr ydym. Yn enw Iesu Grist. AMEN.

Darllen: Actau 13:13–41
1 Pedr 1:13–25

Gweddi:
Ein Tad, down yn edifeiriol ger dy fron, gan gyffesu ein pechodau. Pechaduriaid ydym, sydd yn methu ac yn disgyn, dro ar ôl tro; ond yr wyt ti, yn Iesu Grist, wedi ein hachub o'n pechodau. Helpa ni yn awr, O Dad, i blygu ger dy fron; gwna ni'n ymwybodol o'n pechodau, ac o'r angen i'n glanhau. Diolch iti am Iesu Grist, ein Ceidwad, a aeth i groes Calfaria, ac a fu farw er mwyn i ni gael byw. Helpa ni i sylweddoli ein dyled i ti. Gwnaeth marw aberthol Iesu Grist y ffordd yn glir i ni dderbyn y fath fendithion gennyt ti. Gad inni felly ddod atat, a phlygu ger dy fron, gan ddweud fod yn ddrwg gennym am ein pechodau, a chan dderbyn Iesu Grist yn Geidwad personol inni, fel y gwyddom ein bod wedi ein hachub.

> Wel dyma Un sy'n maddau
> pechodau rif y gwlith;
> does mesur ar ei gariad
> na therfyn iddo byth.

Drwy ei farwolaeth ar y groes a'i atgyfodiad, daeth â bywyd newydd i rai fel ni. Diolch i ti, ein Tad, am 'ffordd y Cadw', a rho nerth ynom i ddweud wrth eraill am 'werth y groes'. Maddau ein bod yn aml yn rhy dawel, a ninnau'n gwybod ac wedi profi fod Iesu Grist yn Geidwad inni.

Gwna ni'n gyhoeddwyr y gair, fel y bo eraill yn gallu teimlo'r maddeuant sydd i'w gael ynot ti. Er mwyn Iesu Grist. AMEN.

Gweddi:
Diwrnod du oedd y diwrnod hwnnw,
O Arglwydd, pan groeshoeliwyd Iesu.
Cafodd y gelynion eu ffordd,
a rhoi ffrind pechadur, yr athro a'r meddyg,
i farwolaeth ar bren garw dan hoelion.
Ond diolch i ti, buddugoliaeth dros angau
oedd y diwrnod tywyll hwnnw,
a phan atgyfodaist ti Grist o'r bedd,
roedd ei waith wedi gorffen,
roedd Iesu'r Ceidwad yn fyw,
a byw fyddwn ninnau hefyd.
Down atat yn awr, O Dduw,
gan ddiolch am yr hyn a wnaethost
drosom ni a'th blant i gyd.
Rydym wedi ein cadw rhag colledigaeth,
ein cadw yn dy gariad di,
ac y mae ein dyled yn enfawr.
Gwnaeth y digwyddiad hwnnw
wahaniaeth i ddynoliaeth;
rhoddodd obaith i gredadun.
Down felly atat, O Dad,
i gyffesu ein pechodau,
gan wybod i sicrwydd
fod ein dyled wedi ei thalu,
heb i ni orfod gwneud dim byd.
Mae'n fraint inni gael bod
yn blant i ti.
Gallwn bwyso yn awr ar dy gyfiawnder
fel na fydd eisiau dim arnom byth.
O Dad, mae hi mor braf arnom!
Derbyn ni, a chadw ni,

a diolch fod Iesu Grist yn Geidwad
i bobl fel ni. AMEN.

Neges:
'Mae'r Iesu yn geidwad i mi' oedd byrdwn emyn y buom yn ei ganu lawer gwaith pan oeddem yn blant a phrin fod gwell neges na honno. Os ydym yn wironeddol yn credu bod Iesu yn geidwad inni, gwyn ein byd. Fe roes Iesu Grist ei fywyd er mwyn i ni gael byw. Fe roes ei fywyd er mwyn y pechadur pennaf. Mae yna stori am ferch fach yn Affrica a roddodd anrheg Nadolig i'w hathrawes. Cragen brydferth oedd hi. "Lle cefaist ti hon?" gofynnodd yr athrawes iddi, ac meddai hithau, "Ar draeth sydd yn bell o bobman, nad oes llawer o bobl yn gwybod amdani." Dychrynodd yr athrawes fod y ferch fach wedi cerdded mor bell i chwilio am y gragen, ac meddai, "Doedd dim eisiau i ti fynd mor bell i chwilio am anrheg i mi." Gwenodd y ferch fach ac meddai, "Roedd y siwrnai'n rhan o'r anrheg." Onid dyna'r gwir am Iesu Grist? Daeth ag anrheg o fywyd tragwyddol i bawb sy'n credu ynddo. 'Y mae pechod yn talu cyflog, sef marwolaeth; ond rhoi yn rhad y mae Duw, rhoi bywyd tragwyddol yng Nghrist Iesu ein Harglwydd' (Rhufeiniaid 6:23). Fe wnaeth yr anrheg a roddodd Duw i ni yn Iesu Grist ddechrau mewn siwrnai. Gadawodd ochr ei Dad, i ddod i'n byd pechadurus ni. Daeth y 'Gair yn gnawd', a cherddodd yr holl ffordd i'r groes, gan gymryd ein pechod arno ei hun, ac os dywedwn ni wrtho, "O Iesu, doedd dim eisiau iti gerdded mor bell er fy mwyn i," fe ddywedai, "roedd y siwrnai'n rhan o'r anrheg"' (D.C.E.).

> Er dy fwyn ei Fab a roddodd:
> cofia'r groes
> ddyddiau d'oes:
> "Canys felly carodd."

Neges:
Roedd hi'n bnawn poeth, a phobman yn dawel, ac roedd Iesu'n eistedd wrth ffynnon Jacob. Ymddangosodd gwraig, ac ystên ar ei phen, ond safodd wrth weld Iesu.

Y wraig: Pwy yw hwn tybed? Be' mae o'n ei wneud yma? O, Iddew ydy o! Wel, mi fentra i ato. (Yn mynd at y ffynnon ac yn codi dŵr.)
Iesu: Ga i ddiod gennyt ti?
Y wraig: (yn edrych yn syn) Be? Iddew yn gofyn i Samariad am ddŵr, a hithau'n wraig?
Iesu: Petaet ti'n gwybod am yr hyn y mae Duw'n ei roi, a phwy ydw i, mi fuaset ti wedi gofyn i mi am ddiod, ac wedi cael dŵr bywiol.
Y wraig: (braidd yn flin) Ond does gen ti ddim byd i godi dŵr, mae'r ffynnon yn ddwfn iawn. Sut alli di roi dŵr bywiol imi felly? Wyt ti'n fwy na Jacob, a roddodd y ffynnon inni?
Iesu: Mae pawb sy'n yfed y dŵr sydd yn y ffynnon yn mynd yn sychedig eto, ond mae'r dŵr sydd gen i yn ffrydio o'r tu mewn ac yn para am byth.
Y wraig: O tyrd â'r dŵr yna imi, er mwyn imi gael peidio â sychedu eto.
Iesu: Dos adref, a thyrd â'th ŵr yma.
Y wraig: (yn edrych yn syn) Ond ... does gen i ddim gŵr!
Iesu: Na, mi wn i hynny, mae yna bump o wŷr wedi bod yn byw efo ti, a hwn sydd gen ti nawr, nid gŵr iti ydy o.
Y wraig: Wel, mi wela i dy fod ti'n broffwyd. Dwed wrtha i, ble mae angen addoli, yma neu yn Jerwsalem?
Iesu: Nid oes gwahaniaeth, addoli o'r galon sy'n bwysig.
Y wraig: Pan ddaw'r Meseia, mi gawn wybod popeth.
Iesu: Fi yw hwnnw. Yr un sy'n siarad efo ti.
Y wraig: (yn gollwng ei hystên ac yn rhedeg i'r dref) Dowch bawb i weld un sy'n gwybod fy hanes i gyd. Ai hwn yw'r Meseia, tybed? Mae hwn wedi rhoi bywyd newydd imi, ni fydd dim yr un fath eto!

> Roedd syched arno yno
> am gael eu hachub hwy;
> mae syched arno eto
> am achub llawer mwy.

Oedfaon Ffydd

BYWYD AC ESIAMPL IESU

Gweddi: O na bawn yn fwy tebyg i Iesu Grist yn byw...
Byw fel Iesu, dilyn Iesu, dyna nefoedd teulu Duw. AMEN.

Darllen: Mathew 6:25–34

Neges:
Rwy'n cael llawer o broblemau gyda'r cyfrifiadur; pan oeddwn ym Mhatagonia, roedd un broblem yn llai. Ar gyfrifiaduron â rhaglen i ysgrifennu yn Saesneg bydd pob 'i' ar ei phen ei hun yn troi'n 'I'. Pan ddywedais hyn wrth Gymry'r Wladfa fe wnaethant chwerthin yn iach, a dweud "Dim ond Sais fydde'n rhoi Fi Fawr iddo'i hun."

Er mai Cymry ydym ni, ac yn gallu dewis yr iaith Gymraeg ar raglen gyfrifiadurol bellach a chael gwared ar yr 'I', y mae cael gwared ar y Fi Fawr Faglog yn ein calonnau yn fwy o broblem! Rwy'n ofni mai hoff weddi pob un ohonom yw:

'O Dduw, bendithia fi,
bendithia fy ngwraig a'm plant a'm hwyrion.
Rho iddynt iechyd, llwyddiant a phob cysur.
Bendithia hwy
a dim mwy.'

Dyna ddrama a ddisgrifir yn Llyfr Job.

Darllen: Job 1:1,2,10

Gweddi:
Diolch am Iesu a ddaeth i wasanaethu ac i roi ei einioes yn bridwerth dros eraill. Diolch am ei esiampl.
Gad inni gerdded yn ôl ei draed.
Chollodd neb y ffordd i'r nefoedd drwy ei ddilyn ef erioed.

Er bod anhunanoldeb yn gwbl groes i natur, eto, y mae'n bosibl, trwy ras a nerth oddi uchod. Dyro i ni y nerth hwnnw. Gad inni edrych ar ddarlun Albrecht Dürer, *Dwylo mewn Gweddi*, a chofio fel y portreadodd ddwylo'r un a aberthodd ei ddwylo hardd mewn llafurwaith i Albrecht gael mynd i goleg.
AMEN.

Darllen: Mathew 20:20–28; 25:31–46

Gweddi:

O Iesu da, rho i minnau agwedd gwas,
gad imi fod yn barod trwy dy ras
i wneud y gwaith di-nod nas gwêl y byd
a dal ati i roi help llaw o hyd.

Gad imi fod â llygad effro yn fy mhen
i weld y cyfle a dwyn y gwaith i ben,
gan gofio beunydd nad i ni bo'r clod
ond i dy enw, gan helpu'r Deyrnas ddod.

N'ad inni flino yn y gwaith drwy'r dydd,
na chenfigennu wrth y rhai a fydd
yn segur hyd yr hwyr, ac yna nawr
yn derbyn nef, fel ni, ddaeth gyda'r wawr.

O cadw'n golwg beunydd arno ef
a ddaeth yn ddioddefus was o orsedd Nef
i gario'r Groes a gwisgo'r goron ddrain;
ble gwelwn fyth rinweddau fel y rhain?

Gweddi:
Boed fy nod i fod fel efe. AMEN.

Oedfaon Ffydd

CRIST YR EIRIOLWR

Gweddi Agoriadol:
Deuwn ger dy fron yn awr, O Dad, i'th addoli. Rhown ein hunain yn dy law ar ddechrau'r oedfa hon. Arwain ni â'th Ysbryd, a gwna ni'n ymwybodol o'th bresenoldeb yn ein plith. Er mwyn Iesu Grist. AMEN.

Darllen: Eseia 63:7–19
Rhufeiniaid 8:18–30

Gweddi:
Ein Tad, wrth ddod atat fe deimlwn yn ymwybodol iawn o'n ffaeleddau a'n pechodau. Pobl sydd wedi methu ydym, ac o dan y ddeddf nid oes gobaith i'r un ohonom, ond fe wyddom, O Dad, ein bod wedi ein hachub rhag dy ddigofaint dwyfol trwy farwolaeth aberthol ein Gwaredwr Iesu Grist. Prynodd ef ryddid i ni drwy ei aberth ar bren y groes. Felly diolchwn yn awr, ein Tad, am iddo ddod i'r ddaear yn ddyn, a chymryd arno'i hun agwedd gwas, i'n hachub o afael pechod. Rwyt ti wedi trefnu i ni gael ein cyfiawnhau, a'n hachub rhag digofaint, a derbyn dy fendithion di. Gwna ni'n bobl edifeiriol; helpa ni i sylweddoli ein pechodau, i roi ein hunain ar dy drugaredd di, O Dad, ac i dderbyn maddeuant. Trwy waed Iesu Grist y cawsom brofi maint dy gariad di, ac y mae ef yn deilwng o'n mawl. Rydym hefyd yn gwybod, O Dad, ei fod yn eiriol drosom ar dy ddeheulaw di. Down felly ger dy fron yn awr â chalonnau diolchgar am iti drefnu'r fath achubiaeth i'r fath drueiniaid a gobaith yn ei waed.

   Tragwyddol glod i'r cyfiawn
   fu farw dros fy mai;
   fe atgyfododd eilwaith
   o'r bedd i'm cyfiawnhau;
   ar orsedd ei drugaredd
   mae'n dadlau yn y ne'
   ei fywyd a'i farwolaeth
   anfeidrol yn fy lle.

Gweddi:

Ein Tad, fe ddown o'th flaen yn awr
gan wybod am dy gariad mawr,
anfonaist ti dy Fab i'r byd
Er mwyn ein hachub ni i gyd.
Penliniwn ger dy fron, O Dad,
gan ddiolch am ein llwyr lanhad,
am gofio rhai mor wael â ni
anghofiodd am dy aberth di.
O derbyn, derbyn ni, ein Iôr,
mae gennyt drugareddau'n stôr,
ar groesbren arw Calfarî,
fe dalwyd ein holl ddyled ni.
Down ninnau atat ti, O Dduw,
yn wylaidd am na allwn fyw
heb i'n dyledion mawrion, du
gael eu dileu trwy'th gariad di.
Fe dalwyd drosom ni yn llawn,
ar fryn Calfaria, un prynhawn,
ac felly, O ein Tad, O clyw
ein diolch am ein cadw'n fyw.
Roedd marw drosom un ac oll,
yn ddigon, rhag inni fynd ar goll,
yn ddigon, oedd am byth yn siŵr,
ein Tad, fe rown ein hun i'r gŵr
ddioddefodd drosom ar y groes,
O canwn iddo drwy ein hoes. AMEN.

Neges:

'Fe dalodd ein holl ddyled, ar fynydd Calfarî'
Pan aiff troseddwr o flaen llys barn am dorri'r gyfraith, os ceir ef/hi'n euog, bydd yn rhaid iddo/iddi dalu dirwy neu fynd i garchar. Nid oes dianc rhag hynny. Os aiff rhywun i'r llys hwnnw, a thalu dros y troseddwr, ni fydd yn rhaid iddo boeni o gwbl, bydd y ddyled wedi ei thalu. Dyna'n union sydd wedi digwydd i ni. Rydym ni, oherwydd ein pechod, yn euog ond mae Duw wedi dod i'r byd ym mherson ei Fab Iesu Grist, ac

wedi talu'r ddyled drosom, sef ei fod ef ei hun yn gyfiawn, a hefyd yn cyfiawnhau'r sawl sy'n pwyso ar ffydd yn Iesu' (Rhufeiniaid 3:26). Pe na bai Iesu Grist wedi talu'r ddyled ein cosb fyddai marwolaeth, a thalodd honno drwy farw yn ein lle. Yr hyn sy'n dda yw y gallwn ddweud iddo dalu'r ddyled drosof fi, ie, dros bob un ohonom ni yn bersonol. Pe na bai neb ond y fi neu chithau yn y byd, fe fyddai Iesu Grist wedi marw drosom. Os gwelwn y groes mewn termau personol, caiff ein bywydau eu trawsnewid. Mae'r teimlad o fod yn rhydd am fod ein dyledion wedi eu talu yn deimlad da, felly rhown ein hunain o'r newydd iddo ef, heddiw!

> Ac yn nyfnder grym ei boenau
> dan ergydion angau loes,
> fe weddïodd am faddeuant,
> maddau i MI ar y groes.

Neges:

Mae'r gair 'aberth' yn cael ei ddefnyddio'n aml iawn, yn enwedig os bydd teulu yn dlawd neu mewn trafferthion. Mae llawer i deulu yn gorfod gwneud aberth i'w plant allu mynd i goleg. Mae angen cymaint o arian y dyddiau hyn i fyfyrwyr allu byw a thalu eu ffordd, nes bod rhieni yn gorfod byw heb rywbeth er mwyn talu am addysg uwch. Mae bywyd fel petai wedi dod yn ei ôl mewn cylch, rywsut. Byddai sôn am deuluoedd yn yr 1920au a'r 1930au yn gorfod byw yn dlodaidd iawn er mwyn anfon y plant i goleg neu am brentisiaeth, ac yr oedd yr aberth yr adeg honno yn fwy o aberth na heddiw hyd yn oed. Âi llawer i fam weddw allan i weithio er mwyn cadw ei phlant mewn addysg. Roedd hi'n aberth, ond am fod y fam a'r tad yn caru eu plant roedd hi'n aberth werth ei gwneud. Gwnaeth ein Gwaredwr aberth drosom ninnau ar groes Calfaria. Aberth unigryw oedd hon. Dioddefodd Iesu, a bu farw dros ein pechodau, a thros bechodau yr holl fyd, 'ac ef sy'n foddion ein puredigaeth oddi wrth ein pechodau, ac nid puredigaeth ein pechodau ni yn unig, ond hefyd bechodau'r holl fyd' (1 Ioan 2:2), ac oherwydd yr aberth hon, a'i atgyfodiad, mae pawb sy'n derbyn ei gynnig o iachawdwriaeth yn cael llwyr faddeuant a bywyd tragwyddol. A ydym ni'n barod i'w dderbyn?

A gymerwn ni'r cyfle?

> Fy nghysur oll oddi wrtho dardd;
> mae'n Dad, mae'n Frawd, mae'n Briod hardd;
> f'Arweinydd llariaidd tua thref,
> f'Eiriolwr cyfiawn yn y nef.

Oedfaon Ffydd

IESU GOLEUNI'R BYD

'Gyda thi y mae ffynnon bywyd, ac yn d'oleuni di y gwelwn oleuni.'

'Y mae dy Air yn llusern i'm troed, ac yn oleuni i'm llwybr.'

Darllen: Genesis 1:1–5
Ioan 1:1–9

Neges:
Wrth oedi ar ran o lwybr arfordirol De Dyfnaint rhyw fin nos un haf, i ryfeddu at y golygfeydd ysblennydd, tynnwyd fy sylw at fflach o oleuni allan ar y môr. Ar hysbysfwrdd cyfagos darllenais mai Goleudy Eddystone (sy'n tywys llongau'n ddiogel i borthladd Plymouth) oedd yn bwrw'i belydrau bob deg eiliad i'r hwyrddydd hwnnw, fel y gwnaethai ddydd a nos yn ddi-dor ers ei godi yn 1882. Mae'n debyg mai ar yr union safle hwnnw y codwyd y goleudy cyntaf erioed, allan ar y môr, a hynny mor bell yn ôl ag 1698. Meddyliais yn syth am agoriad efengyl Ioan a'i ddymuniad mawr i gyflwyno Iesu, Goleuni'r Byd. Daeth Iesu i fyd wedi ei dywyllu gan bryderon ac ofnau, drygioni a phechod, amheuon ac anghrediniaeth, ac yr oedd 'goleuadau mawr' crefyddol a gwleidyddol y byd hwnnw a oedd wedi arwain pobl gynt eisoes yn cyflym bylu. I nos o anobaith y daeth Iesu, y goleuni sy'n llewyrchu yn y tywyllwch, sydd â'i belydrau'n torri'r caddug, ac sy'n ein goleuo. Y goleuni nad oes modd i'r tywyllwch ei drechu fyth. Ynddo ef y mae ein diogelwch ni.

Gweddi:
O Dduw, y goleuni tragwyddol, mentrwn ger dy fron a bendigwn di am roddi i ninnau ac i'n byd lewyrchiadau dy wyneb. Yn y dechrau'n deg llewyrchaist yn y tywyllwch, a throist nos yn ddydd. Gogoneddwn di am wawr ryfeddol y bore cyntaf hwnnw ac am rym y goleuni a heriodd y tywyllwch, a'i ymlid a'i ddileu. Bendigwn di, y Duw a ddywedodd, 'Llewyrched goleuni o'r tywyllwch', am y rhodd o oleuni a ddaeth i ni

ym mherson Iesu, dy Fab. Diolchwn i ti amdano ef, sy'n oleuni'r byd ymhob oes. Gofynnwn i ti, Dduw grasol, lewyrchu'n gryf i nos ein dyddiau ni, a pheri bod y pelydrau nefol yn torri drwy gaddug ein hanghrediniaeth a'n hofnau, ein balchder a'n beiau.

Wrth sefyll yn d'oleuni di, sylweddolwn nad oes dim ynom yn ddirgel na chuddiedig. Yn wylaidd, erfyniwn dy faddeuant a chrefwn arnat i ddatod gafael y tywyllwch arnom, a'n symud i oleuni Iesu Grist, fel y byddwn fyw fel plant goleuni. 'O aed, O aed yr hyfryd wawr ar led; goleued ddaear lydan, Haleliwia. AMEN.'

'Goleuni yw Duw, ac nid oes ynddo ef ddim tywyllwch.'

'Y bobl oedd yn rhodio mewn tywyllwch a welodd oleuni mawr; y rhai a fu'n byw mewn gwlad o gaddug dudew a gafodd lewyrch golau.'

Darllen: Mathew 5:1–16
Ioan 9:1–25

Neges:
Byddaf yn hoff iawn o gerdded, ac ar brydiau caf yr hyfrydwch o ddilyn llwybr hen reilffordd segur. Un tro, deuthum ar draws llwybr arbennig iawn. Roedd yn arwain i mewn i dwnnel o ryw hanner milltir o hyd. Wrth sefyll yn ymyl ceg y twnnel a syllu i'r tywyllwch dudew, sylweddolais fod y daith drwyddo yn un syth, oherwydd yn y pellter gwelwn lygedyn o oleuni. Mentrais i mewn yn hyderus gan wybod o leiaf fod ffordd allan. Ond yr oedd hi'n fenter hefyd. Cyn mynd fawr o ffordd roedd y tywyllwch a'r gwlybaniaeth yn dechrau gafael yn dynn amdanaf. Edrych a syllu o'm cwmpas, ond gweld dim byd, dim ond tywyllwch du, oer a bygythiol. Clywed lleisiau ac adleisiau cerddwyr eraill, a synhwyro'u presenoldeb yn unig. Teimlo symudiadau'r peli cerrig, garw dan draed a chlywed eu crensian protestiol. Aros ac oedi am funud a chwilio amdanaf fy hun. Roeddwn i yno, ac eto yn anweledig, yn anhysbys, yn neb. Cefais ofn! Dacw'r golau yn y pellter. Mae yno o hyd yn fy nenu, yn fy nhynnu ato'n gynnes, groesawgar. Dacw'r nod, dyma'r cyfeiriad, diolch amdano. Y mae i fywyd pob un ohonom ei gyfnodau tywyll, bygythiol. Nid yw'r Cristion yn fwy na neb arall yn

rhydd rhag ofnau a phryderon. Ond pa mor dywyll bynnag y bo'r daith, y mae gennym gydymaith yn Iesu, Goleuni'r Byd. Os collwn ein hunain yn y tywyllwch, down o hyd i'n hunain yn ei oleuni ef.

Gweddi:
Mae'n dywyll, Arglwydd, a minnau'n methu gweld.
Mae'n nos, ac mae arnaf ofn.
Arferwn weld, roedd popeth mor olau a chlir i mi.
Ond, nawr, dim ond tywyllwch dudew, oer sy ym mhobman.
Daw'n olau yn y man.
O mor aml y dywedais y geiriau hyn, a'u credu.
Ni ddaeth yn ddydd, eto.
Dan warchae'r nos sy'n fy llyncu a'm difa y gwaeddaf arnat, Arglwydd.
Arglwydd y nos, clyw fy llefain ac ateb fi.

Mi wn yn awr nad oes goleuni ynof fi
ond digon i ddyheu am ddydd dy gariad di.

Fy ngweddi fo am gael yr Iesu'n arglwydd im,
ac ef yn bopeth mwy a mi fy hun yn ddim,
yn ddim ond llusern frau i ddal ei olau ef,
i'm tywys heibio i'r nos at fore claer y nef.

Oedfaon Ffydd

IESU'R ATHRO DA

'Gwrando arnaf, bydd dawel, a dysgaf ddoethineb i ti.'

'Dewch, esgynnwn i fynydd yr Arglwydd, i deml Duw Jacob, er mwyn iddo ddysgu inni ei ffyrdd ac i ninnau rodio yn ei lwybrau.'

Darllen: Deuteronomium 6:1–9
Mathew 11:25–30

Neges:
Peth prin iawn bellach, mae'n debyg, yw'r brentisiaeth a gâi darpar grefftwyr slawer dydd, sef cael treulio rhai blynyddoedd yng nghwmni crefftwyr profiadol a dysgu eu crefft, ochr yn ochr â'r bobl hyn wrth eu gwaith bob dydd. Roedd y dull hwn o addysgu a dysgu yn ddihafal, am fod mwy o lawer i grefft na'r wybodaeth a geir amdani mewn llyfr. Nid mater o wybod y ffeithiau a deall damcaniaethau yw ymarfer crefft. Y mae bywyd yn grefft y mae'n rhaid ei dysgu. Nid oes prinder athrawon y blynyddoedd hyn. Daw hyn yn amlwg mewn unrhyw siop lyfrau, lle y gwelir degau a mwy o lyfrau ar y silffoedd yn cynnig bywyd gwerth ei fyw a'r cyfrinachau a berthyn iddo. Daeth Iesu yn awdur bywyd i'n plith, a buan iawn y sylweddolwyd ei fod yn un a oedd yn dysgu'r bywyd arbennig hwnnw.

Cafodd y disgyblion wersi'r bywyd drwy bregeth a sgwrs, trwy ddarlun a phortread, trwy ddrama a gweithred. Ond, sylwer mai'r pennaf peth yng nghwrs addysg y disgyblion oedd iddynt gael bod gyda'u hathro, a gweld hwnnw wrth ei waith. Os meithrin cariad oedd y wers, cawsant weld yn eu hathro berson cariadus. Os gwers am faddeuant ydoedd, bu Iesu fyw'n faddeugar. Grym Iesu fel athro oedd ei fod ef yn ei neges. Yn wir, onid ef oedd y neges?

Gweddi:

Nefol Dad, diolchwn i ti am dy awydd i wneud dy hun yn hysbys ymhob cenhedlaeth. Drwy amrywiol ffyrdd y peraist i ddynion wybod amdanat a'th adnabod. Ond, o'r holl ffyrdd a ddewisaist i'th ddatguddio dy hun i ni, canmolwn dy enw am ddanfon dy Fab Iesu atom, yn ddatguddiad perffaith ohonot dy hun. Ynddo ef, Arglwydd, y cawn ni wir olwg arnat. Ynddo ef y down i'th adnabod yn iawn. Canmolwn di am waith Iesu'n hathro, ac am yr holl wersi a ddysgodd i ni. Wrth ei draed y daethom i wybod cyfrinachau'r bywyd sydd fywyd yn wir. Fe'n dysgodd amdanat ti, O Dduw, a dangos i ni ryfeddod dy ogoniant. Dangosodd i ni mai Tad wyt ti, sy'n caru dy blant ac sy'n dymuno i'w blant ei garu. Diolchwn i ti am i ni gael gweld y cariad hwn ar waith ym mherson Iesu. Bu fyw yn ein plith, fel un yn ymwybodol o'th gariad mawr tuag ato. Bu fyw i'th garu di, O Dduw, a'n caru ninnau dy blant. Erfyniwn arnat i'n gwneud ni, sy'n cael y fraint o fod gydag ef, yn debyg iddo. AMEN.

Oedfaon Ffydd

IESU'R ATHRO DA

'Gwrandewch arnaf, dewch ataf; clywch, a byddwch fyw.'

'Gwyn fyd y dyn a ddisgybli, O Arglwydd, ac a ddysgi allan o'th gyfraith.'

Darllen: Mathew 5:1–16
Luc 4:16–30

Neges:
Gofynnwyd i ddarpar athro un tro a oedd e'n hoff o blant? Cwestiwn gwirion, meddech chi, i un â'i fryd ar dreulio oes yn addysgu plant! Tybed? Wedi'r cyfan, nid peth i'w gymryd yn ganiataol mohono. Dichon i aml un sylweddoli'n fuan ar y dechrau eu bod wedi dewis gyrfa nad oedd yn addas ar eu cyfer, gan gynnwys ambell i athro. Nid felly Iesu. O'r diwrnod cyntaf hwnnw y galwodd y deuddeg ato, gwelwn mor arbennig ydoedd fel athro iddynt, ac mae nifer o resymau dros ddweud hynny. Nid y lleiaf ohonynt oedd y ffaith fod ganddo hoffter mawr ohonynt, a'i fod yn wir yn eu caru'n fawr. Nodwedd anhepgorol i athro da, mae'n siŵr, ac yn arbennig i Iesu, o gofio mai cariad oedd gwers fawr ei fywyd. Heb y cariad hwn, a oedd mor amlwg ynddo, sut yn y byd y gallai fod mor amyneddgar wrth ddisgyblion oedd mor araf i ddysgu? Bu i'r disgyblion fethu droeon. Methu caru a methu maddau bai. Methu tosturio a methu trugarhau. Bu hyn yn achos tristwch i Iesu, wrth gwrs, ond nid byth y cafodd hynny'n achos i'w gollwng o'u gwersi a'u gadael yn eu methiant. Na, roedd ganddo gariad tuag atynt, ac yr oedd am eu gweld yn llwyddo. Ac er eu holl arafwch, ac ar waethaf eu methiannau mynych, llwyddodd disgyblion Iesu, ymhob oes, i gyflawni gwaith y Deyrnas yn rhyfeddol drwyddo ef a'u carodd gymaint.

Gweddi:
Rhyfeddwn atat, Arglwydd, yn meddwl amdanom ni yn bartneriaid i ti yng ngwaith dy Deyrnas. Mor wahanol yr ydym i ti. Anodd gennym

gredu fod cydweithio'n bosibl rhyngom.

Rwyt ti'n ffyddlon a chyson, a ninnau mor wamal. Rwyt ti'n gywir a pherffaith, a ninnau mor dwyllodrus. Gweision anfuddiol ydym, hyd yn oed ar ein gorau. Pa fodd y goddefi ni, O Arglwydd? Ond trugarog wyt, a maddeugar. Yn Iesu fe'th gawsom yn amyneddgar a graslon. Pwy yn wir fel ef i'n dysgu? Er i ni fod yn araf i ddysgu, ni adewaist ni. Er cael digon o achos i'n gollwng, mynnaist ein cadw. Gweddïwn am dy ras, O Arglwydd, i'n gwneud yn well disgyblion, yn barotach i wrando, ac yn ufudd i weithredu, er mwyn i ni dy wasanaethu'n ffyddlonach ac i'n tystiolaeth fod yn ogoniant i'th enw. AMEN.

Oedfaon Ffydd

IESU'R MEDDYG DA

'Myfi yw'r Arglwydd, dy iachawdwr.'

'O Arglwydd fy Nuw, gwaeddais arnat, a bu i ti fy iacháu.'

Darllen: Jeremeia 8:18–22
Mathew 8:1–13

Neges:
Sut rai ydych chi am ymweld â chleifion? Rhaid i mi gyfaddef na chaf i'r gwaith hwn yn hawdd bob amser. Beth yw'r rheswm am hyn? 'Dwn i ddim. Gwn i mi gael cryn dipyn o gymorth i gyflawni'r gwaith drwy ddarllen sylwadau un arbenigwr yn maes gofal.

Bu'r arbenigwr hwn yn ymchwilio i ymddygiad ymwelwyr â chleifion mewn ysbyty, a daeth i'r casgliad fod un diffyg amlwg a chyffredinol yn eiddo i nifer ohonynt, sef eu bod yn methu dod i gysylltiad uniongyrchol â'r cleifion, a methu wedyn â ffurfio perthynas agos â hwynt. Synnai, er enghraifft, at nifer yr ymwelwyr a safai wrth droed y gwely, gan edrych i bob cyfeiriad ond at y claf ei hun. Ond eu diffyg mawr oedd eu hamharodrwydd i gyffwrdd â'r claf, e.e. trwy ysgwyd llaw. O gael ymwelwyr felly, teimlai'r claf yn ynysig ac unig, yn esgymun a gwrthodedig. Sefyllfa afiach yw honno, sy'n porthi afiechyd, ac nid oes angen hynny ar neb, heb sôn am un yn dioddef afiechyd. Mor wahanol oedd Iesu, yn ei ymwneud â phobl. Gwelwn ef yn hoelio'i holl sylw ar bwy bynnag a ddôi ato. Roedd ei ddiddordeb ynddynt yn fawr. Roedd meithrin perthynas iach â phobl yn bwysig iddo. A chofiwn yn arbennig am gyffyrddiad iachusol ei law, hyd yn oed â'r bobl a gyfrifid yn eu dydd yn anghyffyrddadwy, a hynny yn dwyn iechyd a bywyd iddynt.

Gweddi:
Canmolwn di, Arglwydd, am gael Iesu i'n byd, ac am ei fywyd daionus ar y ddaear. Am iddo fynd o amgylch gan wneud daioni, clodforwn di,

O Dduw. Diolch i ti am ei gariad mawr tuag atom, ac am ei ymwneud grasol â ni. Diolchwn i ti am ei barodrwydd i gyfeillachu â phobl o bob gradd a chefndir, ac yn arbennig y rhai oedd ar lawr: y claf a'r clwyfus, yr unig a'r amddifad, y llesg a'r gwan. Bendigwn di am y berthynas iachusol fu rhyngddo a'r bobl hyn ac â phawb, yn wir, a welodd yn dda i ddod ato. Rhyfeddwn, Arglwydd, at dy allu i iacháu. Iachawdwr byd wyt ti, ac nid da gennyt weld byd poenus a dioddefus.

Maddau i ni am greu sefyllfaoedd sy'n rhoi cyfle i ddioddefaint ffynnu, ac afiechyd gynyddu. Bu dy fywyd di, Iesu, yn frwydr yn erbyn pob dioddef, a thrwy dy ddioddefaint erchyll dy hun, enillaist y frwydr.

Dyro i ni gredu, Arglwydd, ym muddugoliaeth Iesu, ac ildio'n hunain iddo, i ninnau hefyd fod yn iach, a dod yn dy law yn gyfryngau iechyd i eraill. AMEN.

Oedfaon Ffydd

IESU'R MEDDYG DA

'Y mae Duw yn iacháu'r rhai drylliedig o galon, ac yn rhwymo eu doluriau.'

'Anfonodd ei Air, ac iachaodd hwy.'

Darllen: Mathew 9:9–13
Actau 3:1–10

Neges:
Maes sy'n newid a datblygu'n gyflym yw maes meddygaeth. O ddydd i ddydd, bron, cymerir camau breision tuag at wella ac effeithioli triniaethau, er sicrhau iechyd i nifer gynyddol o bobl. Yn ogystal â darganfod triniaethau newydd, aethpwyd ati i ailddarganfod hen driniaethau a fu'n reit effeithiol unwaith, ond a osodwyd o'r neilltu yn sgil dyfodiad ymchwil a gwybodaeth wyddonol. Ymhlith y triniaethau hyn y mae triniaeth gyfannol (*holistic*), sef ffordd o iacháu sy'n dwyn i ystyriaeth iechyd y person cyfan. Bu tuedd, mae'n debyg, i edrych ar bobl yn nhermau eu symptomau afiach yn unig. Os byddai gan berson gur pen, dyweder, rhoddid iddo feddyginiaeth i'w ddofi a'i glirio, a byddai'r driniaeth yn effeithiol. Ond ffordd o drin symptomau ydoedd, yn fwy felly na ffordd o drin claf. Ar y claf, y person afiach, y mae pwyslais yr iacháu cyfannol, a hwnnw'n iechyd i'r person cyfan. Nid digon difa'r cur pen, rhaid holi beth sydd y tu cefn iddo: tensiwn, pryder, ofn, blinder, unigrwydd? Rhaid dod i adnabod y person a'i ffordd o fyw cyn cynnig meddyginiaeth iddo. Nid ffordd newydd mohoni. Onid dyma ffordd Iesu o drin cleifion? Er y croesawn yn llawen bob ymchwil a datblygiad ym myd meddygaeth, cofiwn nad ar sail wyddonol yn unig y mae adfer iechyd i neb. Cofiwn i Iesu, wrth iddo iacháu, adfer y cleifion i fywyd llawn, sef eu dwyn i berthynas fywiol â Duw, ac â phobl. Heb y berthynas fywiol hon, go brin fod iechyd llawn yn eiddo i neb.

Gweddi:

Molwn di, Arglwydd, am gael Iesu Grist i'n plith, yn ddatguddiad byw a pherffaith ohonot dy hun. Dygodd i'n daear, O Dduw, bortread ohonot ti, ac ynddo cawsom gipolwg arnat. Gwelwn ynddo fywyd sanctaidd a glân, pur a gonest, a sylweddolwn mai dyma'r bywyd sydd wrth dy fodd di. Cyffeswn ein methiant i fyw fel Iesu, a chydnabyddwn yn edifeiriol fod ein bywydau mor amddifad o'r rhinweddau hynny sydd mor amlwg yn ei fywyd ef. Dygodd Iesu iechyd i'n daear, a chyhoeddodd iachawdwriaeth i ddynion. Y mae angen ein gwneuthur ninnau'n iach, Arglwydd, yn iach yn ein perthynas â thi, yn iach yn ein perthynas â'n hunain ac â'n gilydd, yn iach yn ein perthynas â'r greadigaeth. Yr ydym yn ddolurus, Arglwydd, a heb dy gyffyrddiad iachusol yn ein bywydau, dioddef a wnawn. Tyrd atom, Arglwydd, a thrugarha wrthym. Clyw ein cri, ac adfer ni i'r iechyd sydd ynot.
      Crea galon lân ynof, O Dduw,
      rho ysbryd newydd, cadarn ynof.
      Dyro imi eto orfoledd dy iachawdwriaeth,
      a chynysgaedda fi ag ysbryd ufudd. AMEN.

Oedfaon Ffydd

IESU'R CYFAILL DA

Meddai Iesu, 'Chwi yw fy nghyfeillion.'

'Ni feddaf neb fel Iesu,
y mae'n bob peth i mi.'

Darllen: Luc 11:1–13
Ioan 11:1–16,28–37

Neges:
Y mae i Iesu nifer o deitlau a phob un ohonynt yn cyfleu rhyw gymaint o'r gwirionedd amdano. O'r holl deitlau hyn, go brin fod un yn anwylach i ni na 'chyfaill', neu, a bod yn fanylach, 'cyfaill pechaduriaid'. Dichon mai hwn sy'n cyfleu orau agosrwydd Iesu atom, a chan mai cyfaill ydyw, ei awydd i'n cael ni yn agos ato ef.
    Disgwylir i ffrindiau gael rhywbeth yn gyffredin. Wedi'r cyfan, adar o'r unlliw a hedant i'r un lle. Ond nid felly cyfeillgarwch Iesu, am nad oedd tir cyffredin rhyngddo a physgotwyr Galilea, er enghraifft, i adeiladu cyfeillgarwch arno. Eto, roedd Iesu'n ddyn, fel hwythau. Yn wir, onid oedd yn fwy o ddyn na'r un arall y gwyddom amdano? Roedd Iesu yn dalp o ddynoliaeth gynnes, lydan, hawddgar, braf. Onid oedd person fel Iesu yn rhwym o greu posibilrwydd o berthynas gyfeillgar â'r sawl a ddeuai ar ei draws? Os oedd Iesu yn un hawdd nesu ato, ac yn gyfaill parod i bechadur, rhaid cofio nad aeth neb yn hy arno. Cofier mai Iesu oedd yn penderfynu natur y cyfeillgarwch, nid y pechadur. Cyfeillgarwch ar ei delerau ef ydyw o'r dechrau. Cyfeillgarwch sy'n dyrchafu'r pechadur, nid ei ddarostwng ef.

Gweddi:
Down yn hyderus atat, ein Duw, oherwydd y mae dy Fab, Iesu, ein Harglwydd yn gyfaill i ni. Rhyfeddwn atat ti, sy'n byw mewn prydferthwch sanctaidd, yn ymostwng atom yn Iesu, i'n hanwylo a'n caru. Mor rasol wyt, O Dduw, yn gwneuthur dy hunan yng Nghrist yn

gyfaill i bechaduriaid fel ni. Bendigwn di am y modd y daethost mor agos atom yn Iesu. Cawsom ef yn ein plith, yn gwmni mor hawddgar a serchog, a'i bersonoliaeth hyfryd, lawen mor swynol atyniadol fel na allem wrthsefyll. Rhown glod i ti am ei ddynoliaeth lydan, braf a chynnes, ac am i ni gael ynddo batrwm o gyfeillgarwch. Diolchwn i ti am i ni ei gael yn un ffyddlon a theyrngar, a chwbl ddibynadwy. Ofnwn, Arglwydd, ein bod ni mor annhebyg iddo. Gwamal ac oriog fyddwn ni yn fynych. Gweddïwn am dy ras i'n cynorthwyo i'w arddel bob amser ac i werthfawrogi'n wastadol ei gwmnïaeth a'i gyfeillgarwch. AMEN.

Oedfaon Ffydd

IESU'R CYFAILL DA

'Y mae Mab y Dyn ... yn gyfaill publicanod a phechaduriaid.'

'O'r fath gyfaill ydyw'r Iesu.'

Darllen: Marc 5:1–10
Luc 24:13–35

Neges:
Faint o ffrindiau, gwir ffrindiau, sydd gennym? Beth sy'n eu gwneud yn ffrindiau? Beth a ddisgwyliwn ganddynt, a hwythau gennym ni, wrth gwrs? Rhaid iddynt fod yn agos atom, yn garedig, yn gymwynasgar, yn gariadus, yn faddeugar, yn bopeth, yn wir, yr ydym ni eisiau iddynt fod ar ryw amser arbennig, mewn rhyw le arbennig yn ein hanes. O, mor anodd yw hi i gael ffrindiau da! Ond gall cymydog a chydnabod, neu hyd yn oed ddieithryn fodloni'r holl ofynion hyn. Nid ein cymwynasau, er eu pwysiced, sy'n ein gwneud yn gyfeillion i neb. Hanfod pob cyfeillgarwch yw'r cyfeillion eu hunain. Nid mater o gyflawni yw cyfeillgarwch ond mater o fod. Roedd y disgyblion yn dra diolchgar am gymwynasau Iesu. Roeddent yn gwbl ddibynnol arnynt. Ond pennaf cymwynas Iesu oedd iddo fod gyda hwy. Dyma oedd sail eu cyfeillgarwch ac nid oedd dim a allai gymryd ei le. Yn araf deg, os o gwbl hefyd, y deallodd y disgyblion fod yn rhaid i Iesu eu gadael, a bu hynny yn achos poen a gofid nid bychan iddynt. Ond nid un i'w gadael yn amddifad mohono. Dychwelodd yn bresenoldeb byw, bythol na allai un dim eu gwahanu oddi wrtho.

Gweddi:
Rwyt ti, O Dduw, yn bresenoldeb bythol, y nesaf atom o bawb, ac wrth law o hyd i wrando cri. Maddau i ni'r troeon mynych yn ein hanes pan na fuom yn ymwybodol ohonot. Bu i ni feddwl amdanat yn aml fel un pell, os nad absennol o'n bywydau. Bu i ni dy geisio fel un nad oedd

modd dy gael a'th fwynhau.

Wrth ddod atom, deui'n fynych fel dieithryn, hawdd dy osgoi a'th anwybyddu. Collasom gymaint, Arglwydd, oherwydd ein dallineb ysbrydol a'n diffyg ffydd, a barodd inni fyw mor anystyriol ohonot. Tyrd atom, O Dduw, a donia ni'n helaeth â'r bendithion angenrheidiol i fyw yn bobl i ti, yn rhodio gyda thi ym mhobman ac yn dy gwmni'n byw.

Rho i ni lygaid i'th ganfod a chlustiau digon main i glywed dy sibrydion. Yn fwy na dim, rho i ni galonnau mawr i'th garu a'th wasanaethu. AMEN.

Oedfaon Ffydd

YMBIL AM YR YSBRYD GLÂN

Gweddi Agoriadol:
Ysbryd y tragwyddol Dduw, disgyn arnom ni:
plyg ni, trin ni, golch ni, cod ni:
Ysbryd y tragwyddol Dduw, disgyn arnom ni. AMEN.

Darllen: Eseia 32:15–18
Eseciel 37:1–14
Actau 1:1–11

Gweddi:
Arglwydd, heb rym dy Ysbryd di y mae'r eglwys megis
hwyl heb wynt,
melin heb ddŵr,
cwch heb lanw,
ffurfafen heb haul,
cannwyll heb fflam,
lamp heb drydan,
peiriant heb danwydd.
Gwêl hi heddiw yn llesg a diweledigaeth,
yn tindroi'n yr unfan heb weld yn glir y ffordd ymlaen.
Trugarha wrthi yn ei gwendid, ac atgyfnertha hi trwy nerth dy Ysbryd,
fel y byddo eto'n gyfrwng effeithiol i gyhoeddi'r newyddion da am Iesu Grist, ac i ddwyn pobl, o bob oed a chyflwr, i adnabyddiaeth fywiol ohono.

Ymbiliwn arnat i ymweld yn rymus â chynulleidfaoedd ein heglwysi. Rhyddha dy bobl o afael pob math o anobaith a difrawder; una hwy mewn cariad, a'u codi uwchlaw'r mân raniadau sydd mor aml yn andwyol i lwyddiant dy Deyrnas; dyro iddynt frwdfrydedd newydd a'u galluoga i fentro a deffro hwy i'r mawr gyfrifoldeb a osodwyd arnynt o fod yn dystion i Grist yn y Gymru gyfoes.

O Ysbryd Glân, rhoddwr bywyd, deffröwr y meirw, symbylydd y rhai a fyn arloesi yn dy enw, anogwr y rhai a wêl weledigaethau, adnewydda ffydd a chenhadaeth dy bobl, a bedyddia hwy â'th dân, trwy Iesu Grist ein Harglwydd. AMEN.

Gweddi:
Tydi, gynt, a beraist i esgyrn y lladdedigion ddod ynghyd,
asgwrn at asgwrn,
ac a'u gwisgaist â gewynnau a chroen
ac anadlu arnynt nes peri iddynt fyw
a sefyll ar eu traed, yn dorf luosog ac yn fyddin gref.
Gwêl eto dy bobl mewn dyffryn tywyll,
yn llonydd a digyffro.
Cyffeswn, Arglwydd, ein bod yn gaeth
i gyfundrefnau a sefydliadau ddoe;
i batrymau enwadol nad ydynt yn tycio dim heddiw;
i adeiladau anaddas sy'n llyncu ein hadnoddau a'n hegnïon, ac sy'n faich ac yn fwrn ar ysgwyddau'r ffyddloniaid;
i draddodiadaeth gaethiwus sy'n ein dallu i wir ryddid a golud ein hetifeddiaeth.
Aethom yn fewnblyg, gan dybio mai ein priod dasg yw cynnal yr achos a chadw drws yn agored
yn hytrach nag edrych allan ar y byd, ac o ganfod ei angen a'i argyfwng,
ei herio â neges Crist.
O anadl, tyrd o'r pedwar gwynt
ac anadla arnom drachefn,
fel y byddom effro a byw,
yn agored i gael ein harwain gan gymhellion yr Ysbryd,
yn barod i dorri allan o'n rhigolau sefydlog, cysurus,
ac yn awyddus i gamu ymlaen i'r yfory yr wyt tithau eisoes yn ei greu.
O fendigaid Ysbryd Duw,
planna ynom hiraeth am yr awel gref a'r tafodau tân,
a'r ewyllys i fod yn rhan o chwyldro cynhyrfus
y peth byw sy'n symud yn ein plith. AMEN.

Neges:

Ar gofeb y Deon David Howell (1831–1903) ar fur Cadeirlan Tyddewi, dyfynnir y geiriau hyn o'i eiddo: 'Dalier sylw pe gwybyddwn mai hyn yw fy nghenadwri olaf i'm cydwladwyr ar hyd a lled Cymru, cyn fy ngwysio i'r farn, a goleuni tragwyddoldeb eisoes yn torri droswyf, dyma hi, sef mai prif angen fy ngwlad a'm cenedl annwyl ar hyn o bryd yw adfywiad ysbrydol trwy dywalltiad neilltuol o'r Ysbryd Glân.'

Yn y modd hwn yr ysgrifennodd Ann Griffiths, Dolwar Fach (1776 –1805) at y Parch. John Hughes, Pontrobert:'Y mae yr olwg isel sydd ar achos Duw mewn amryw fannau y dyddiau hyn yn gwasgu yn ddwys ar fy meddwl. Y mae rhwymau mawrion ar bob enaid deffrous i ymdrechu llawer â Duw mewn taer weddi am iddo anfon y gwyntoedd i chwythu drachefn ar ei ardd wywedig, fel y gwasgarer ei pheraroglau fel y byddo Satan a had deiliaid ei deyrnas yn colli eu hanadl gan rym y peraroglau.' Bydded geiriau'r 'danbaid, fendigaid Ann' yn weddi i ninnau heddiw.

Rhoddodd Iesu orchymyn i'w apostolion i 'beidio ag ymadael o Jerwsalem ond disgwyl am yr hyn a addawodd y Tad' (Actau 1:4). A olygai hyn, felly, nad oeddent i wneud dim yn y cyfamser ond disgwyl yn amyneddgar a diymdrech am ymyrraeth yr Ysbryd? O ddarllen pennod agoriadol Llyfr yr Actau gwelir mai'r gwrthwyneb oedd yn wir. Ynghyd â 'dyfalbarhau yn unfryd mewn gweddi' aeth y disgyblion ati i ethol Mathias yn olynydd i Jwdas yn y rhengoedd apostolaidd, gan sicrhau, felly, nad oedd bwlch ymhlith y Deuddeg a allai andwyo gwaith yr Ysbryd. O ganlyniad, roedd popeth yn barod o'u tu hwythau ar gyfer chwyldro'r Pentecost, a chenhadaeth arloesol yr eglwys.

Cyn i ogoniant yr Arglwydd ddisgyn ar y tabernacl yn yr anialwch, dywedir i Moses gyflawni'n fanwl holl gyfarwyddiadau Duw ar gyfer cynllun y cysegr a'r addoliad a oedd i ddigwydd ynddo. Onid ar ôl iddo drwsio allor Iawe, 'a oedd wedi ei malurio' ar fynydd Carmel, a gosod arni goed a darnau bustach yn offrwm, y gweddïodd Elias i dân ddisgyn o'r Nefoedd? Ac onid ar ôl i Solomon gwblhau'r Deml, a chyrchu'r arch i'w lle priodol a 'gorffen gweddïo' y daeth tân i lawr o'r nefoedd gan lenwi'r tŷ â gogoniant yr Arglwydd?

Rhaid i'r pysgotwr baratoi ei offer cyn mynd at lan yr afon; rhaid i'r gwesteiwr lanhau'r llestr cyn tywallt y gwin; rhaid i'r morwr godi hwyl cyn y gall y gwynt yrru ei gwch ar ei daith. Yr un modd rhaid i ninnau baratoi ein calonnau, a gosod ein tŷ mewn trefn, cyn y gallwn ddisgwyl i'r Ysbryd ymwneud â ni. Rhaid inni holi'n ddwys a yw'r gyfundrefn grefyddol fel ag y mae yn y Gymru hon yn offeryn addas i waith yr Ysbryd. Rhaid glanhau'r ysgubor yn lân cyn y gellir storio ynddi ŷd y cynhaeaf newydd.

Y Fendith:

Ac iddo ef, sydd â'r gallu i wneud yn anhraethol well na dim y gallwn ni ei ddeisyfu na'i ddychmygu, trwy'r gallu sydd ar waith ynom ni, iddo ef y bo'r gogoniant yn yr eglwys ac yng Nghrist Iesu, o genhedlaeth i genhedlaeth, yn oes oesoedd, AMEN.

Oedfaon Ffydd

YMBIL AM YR YSBRYD GLÂN

Gweddi Agoriadol:
'Ysbryd y tragwyddol Dduw, disgyn arnom ni!' AMEN.

Ar ei wely angau mewn ysbyty yng Nghaerdydd, cyfansoddodd y diweddar James Kitchener Davies ei gerdd radio ysbrydoledig, 'Sŵn y Gwynt sy'n Chwythu'. Gŵr o Lwynpiod ger Llangeitho oedd y bardd a'r cenedlaetholwr pybyr, a bywyd amaethyddol cylch Tregaron fu yn ddylanwad trwm ar ei fynegiant o'r hyn oedd yn gwasgu ar ei enaid. Bu'n gweithio'n ddygn yn y Rhondda i achub yr iaith Gymraeg a'r bywyd Cymreig. Roedd y mewnlifiad i'r cymoedd glo yn sarnu popeth oedd yn annwyl iddo. Ar ddiwedd ei oes, gwelodd gymhariaeth rymus sy'n awgrymu bod brwydr ei dad a'i fferm yng Ngheredigion wedi'i hailadrodd yn ei brofiad yntau yn y cymoedd glo.

Bu ei dad yn ddiwyd yn codi cloddiau ac yn meithrin perthi ar ei fferm, i gadw gwynt oer y gaeaf rhag brathu ei braidd. Bu yntau'n llafurio yn Nhrealaw a'r fro i warchod 'yr ardd' a roddwyd i'w ofal, ac i adfer y 'pethe' a gollwyd yn y Rhondda.

Cerdd feiblaidd, a cherdd yn ymbil am yr Ysbryd Glân yw hon. Gweld a chyfleu'r dadysbrydoli a welodd ac a welir yn y cymoedd y mae'r bardd a fagwyd ar fferm yng ngolwg cartref y diwygiwr a'r pregethwr mawr, Daniel Rowland. Ac mae'n cymhwyso cymhariaeth y 'berth' i rybuddio'i gyd-Gymry, ddoe a heddiw, y gellir codi cloddiau a meithrin perthi trwchus i gadw allan yr Ysbryd Glân. Gellir troi'r aelwyd, y capel, a'r genedl, a llu o bethau da eraill yn berthi a chloddiau i gadw'r Ysbryd Sanctaidd draw. Dyma fu brad materoliaeth y rheiny ohonom a fu'n ddedwydd ein byd, yn 'rhy esmwyth, rhy hunanddigonol'.

Gweddi:
Arglwydd, ti wyt wrandawr gweddïau, ac atat ti y daw pob cnawd. Gwyddost, ein Tad, fel y mae'r cnawd a'r byd yn llethu ein hysbrydoedd, ac mor anodd ydyw i rai daearol fel ni i droi atat, a dyrchafu'n calonnau briw.

Yn isel ein hysbryd ac yn gymysglyd ein meddwl, anturiwn atat mewn hyder gostyngedig, gan gofio bod Iesu Grist yn ein cymell i ddod, ac yn eiriol ar ein rhan.

Ac mae cymaint o'r Ysbryd Glân a geir ynom yn ocheneidio am yr egni dwyfol yr wyt ti yn ei gynnig i ni. Yn wir, credwn fel yr Apostol Paul fod yr Ysbryd Glân ynom i weddïo, ac i ddymuno ychwaneg o nerth inni fyw bywyd Iesu yn y byd.

Heb dy Ysbryd Sanctaidd, aneffeithiol iawn yw'n gwaith a'n tystiolaeth ni yn y byd. Weithiau, bydd arnom angen dy wynt nerthol i'n dihuno a'n codi, ac ar adegau, dy awel gynnes i'n cysuro, i godi'n gobaith ac i egino'n cariad. Pan fydd ein ffydd yn wan, digalondid yn ein hwynebu, a llesgedd yn ein lladd, deuwn ynghyd i gymdeithasu o gwmpas dy fwrdd a'th Air ac i naws dy anadl ogleisiol.

Dirion Dad, dyro i ni yn awr dy Ysbryd i'n tywys ac i'n dwysbigo. Hebddo, baglu a wnawn a diffygio, ac anghofio dy addewidion a'th fuddugoliaeth. Bydded i'th Ysbryd di drigo yn ysbryd y rhai sy'n dy addoli yma heddiw, a'n tywys ni allan i'r byd i gyflawni'r tasgau a roddodd dy Ysbryd Sanctaidd i ni. Na fydded i berth na chlawdd na sedd ein cysgodi ni rhag dy Ysbryd byw.

Gweddïwn y bydd yr Ysbryd Glân, heddiw a phob amser, yn dwyn Iesu'n agos ac yn nythu yng nghalon y rhai sy'n caru'r Gwaredwr, ac yn ei wasanaethu yn y byd. AMEN.

Darllen: Eseciel 37:1–14

Neges:
Lle nad yw Duw a'i Ysbryd, marwolaeth sy'n teyrnasu, a diflastod ac anobaith sy'n gorthrymu. Gwyddai proffwydi'r Hen Destament hyn, a neb yn well na'r offeiriad a drodd yn broffwyd, Eseciel, a gaethgludwyd i Fabilon gyda'i bobl. Yn y flwyddyn 587 CC, ymosododd Nebuchadnesar a'i fyddin gref ar Jerwsalem. Dinistriwyd y deml ysblennydd, maluriwyd y brifddinas, ac alltudiwyd y brenin a phobl alluocaf y wlad i'r rhan honno o'r byd lle bu Saddam Hussein yn tra-arglwyddiaethu hyd yn ddiweddar. Am fwy na degawd, eisteddodd Eseciel a'i bobl ar lan afon Chebar yn y gwres llethol, yn hiraethu am yr hen wlad. Roedd y Babiloniaid yn dymuno iddynt ganu eu salmau yn y

gaethglud (Salm 137), ond ni allent.

Yn y gaethglud fe welodd Eseciel arfer cyffredin ym Mabilon, sef taflu cyrff y meirw dros ddibyn i ddyffryn cul neu geunant, a'u gadael yno yn fwyd i adar y nefoedd. Yn nyffryn Chebar, neu mewn cwm cyfagos, roedd ysgerbydau wedi'u pentyrru yn yr haul, ac yn naturiol, roeddent yn 'sychion iawn'.

Ac yntau'n ystyried enbydrwydd angau biolegol uwchben y fath olygfa, trodd Eseciel i feddwl am gyflwr enbyd ei bobl ei hun, yn farw yn ysbrydol. Rhoddodd T. S. Eliot, y bardd, ddisgrifiad byw o'r cyflwr hwn: 'byw, ond lled-fyw'(cyfieithiad y Dr Thomas Parry, *Lladd wrth yr Allor*). Gellir gweled pobl sy'n farw i bob pwrpas yn cerdded o gwmpas! Ymadrodd yr athronwyr am hyn yw 'marwolaeth ddirfodol'.

Rhoddir gorchymyn i'r proffwyd bregethu i'w gynulleidfa farwaidd. O ganlyniad, daw'r esgyrn ynghyd, cysylltir hwy'n gyrff, ac fe orchuddir yr ysgerbydau â gewynnau, a gwisgir hwy â chnawd. Ond mae angen rhywbeth mwy na chnawd a gïau i'w dadebru. Rhaid rhoi anadl ynddynt. Rhaid ymbil am yr Ysbryd Glân. Geilw'r proffwyd am anadl iddynt, nid o'r gwynt, ond 'o'r pedwar gwynt'. Mae ar y ddynoliaeth angen help o bob cyfeiriad. Dyma alw i gof stori'r creu a'r adnod honno yn Llyfr Genesis (2:7): 'Yna lluniodd yr Arglwydd Dduw ddyn o lwch y tir, ac anadlodd yn ei ffroenau anadl einioes; a daeth y dyn yn greadur byw.' Rhoddi bywyd mae'r Ysbryd Glân. Gall adnewyddu pobl yn ogystal â'u hatgyfnerthu.

Y stori fwyaf yn nechrau'r Beibl yw honno am y waredigaeth a ddaeth yn nyddiau Moses i'r genedl oedd yn y gaethglud yn yr Aifft. Ac mae'r proffwyd Eseciel am ddwyn stori'r ecsodus i gof ei bobl, a dyma'r esboniad ar ei eiriau yn nyffryn yr esgyrn: 'O fy mhobl, yr wyf am agor eich beddau a'ch codi ohonynt, ac fe af â chwi'n ôl i dir Israel ... Rhoddaf fy Ysbryd ynoch, a byddwch fyw, ac fe'ch gosodaf yn eich gwlad eich hunain.'

Gall Duw ddadebru a gwaredu ei bobl. Wrth ymbil am yr Ysbryd Glân, mae'n rhaid i ni fod yn barod i gael ein codi i fywyd uwch ganddo, a chyflawni'r hyn a gais gennym. Mae'r gymdeithas newydd yn codi allan i genhadu.

Darllen: Ioan 20:19–23

Neges:
Yn nechrau Llyfr yr Actau, ail draethawd Luc, nodir mai byw iawn oedd dydd y Pentecost, gyda'r apostolion ynghyd yn yr oruwchystafell. Digwyddodd y tywalltiad noson y Pasg yn fersiwn Ioan ac roedd Thomas yn absennol ar ôl y profiad enbyd o weld Iesu ar y groes.

Mae adroddiad Ioan yn un llawer mwy dof na'r un a geir gan Luc yn Llyfr yr Actau. I Ioan, mae sôn am yr Ysbryd Glân fel anadl yn fwy cydnaws â'i natur a'i gred. Tawel a digynnwrf yw'r mân dywalltiadau achlysurol i Ioan. Fe ddychwel Arglwydd yr un ar ddeg, heb gyfeiliant y gwynt grymus a heb siglo'r ystafell, i anadlu sicrwydd a gobaith yn eu plith. Dywed Llyfr Genesis (2:7) fod Duw wedi creu dyn o lwch y ddaear, 'ac anadlodd yn ei ffroenau anadl einioes, a daeth y dyn yn greadur byw'. Ac ar ddydd yr atgyfodiad, a chysgodion nos yn cau am yr un ar ddeg yn eu lloches oleuedig, yr oruwchystafell, daeth Iesu byw a sefyll yn eu canol.

Ei gyfarchiad cyntaf oedd y gair cyforiog ei ystyr i Iddewon, 'Shalom' (Tangnefedd i chwi). A hwn oedd ei ail gyfarchiad. Sylwer mai at y rhai a fu'n ffyddlon iddo y dychwelodd wedi'r Pasg. Anadlodd arnynt gan ddechrau eu llanw'n dyner â'i Ysbryd a fyddai'n bopeth iddynt ar gyfer y dasg a'u hwynebai. Pa ryfedd iddynt lawenhau ar ôl ei gael yn ôl i'r ystafell lle bu'n dysgu cymaint iddynt, yn gweddïo ac yn torri'r bara yn eu gŵydd, ac, yn ôl Ioan, yn golchi eu traed fel petai'n gaethwas. Yna daw'r her sy'n cyfiawnhau pob ymgyrch genhadol: 'Fel y mae'r Tad wedi fy anfon i'r byd, yr wyf i hefyd yn eich anfon chwi.' Ac ar ôl dweud hyn, anadlodd arnynt a dweud: 'Derbyniwch yr Ysbryd Glân.' Ac yna, gorchmynnodd iddynt faddau er mwyn derbyn maddeuant. I'r Iddewes, Hannah Arendt, y gair 'maddeuant' yw'r arf mwyaf sydd gan y Cristion yn ei eirfa. Yr atgyfodiad sy'n rhoi cychwyn i'r eglwys, ac yn rhoi iddi'r nerth i fyw bywyd Iesu yn y byd. Daw ag ysbryd tangnefeddus a maddeugar i'r eglwys, a thrwy'r eglwys i'r byd.

Mae eicon enwog a baentiwyd yn Rwsia yn y bymthegfed ganrif yn cyfleu'r ysbryd cymdeithasol dwfn oedd yn yr oruwchystafell rhwng y Pasg a'r Pentecost. Nid yw'r sawl a brofodd rym yr Ysbryd Glân i anwesu'r profiad iddo'i hun, ond ei rannu â'i gyfeillion, a chyfranogi o'r distawrwydd a'r harmoni sy'n llifo i'r ystafell yn belydrau o'r nenfwd. Cymeriadau a stori Luc sydd yn yr eicon, ond gwirioneddau Ioan a'i ddiwinyddiaeth ef sy'n amlwg ynddo. Y genadwri yw fod Duw yn medru bod ynom yn gynhaliaeth ac yn nerth. Duw yw Ysbryd y Crist byw sy'n llenwi'r deuddeg â gobaith a hyder, ac yn bresennol fel cariad sy'n drech na holl bŵerau'r byd a groeshoeliodd Iesu Grist. Pa ryfedd fod y fath unoliaeth iach ymhlith y cwmni sy'n gwrando, nid ar ei gilydd, ond ar Dduw ei hun.

Yn yr efengylau fe bortreadwyd y disgyblion fel dynion tra gwahanol i'w gilydd, ond mae'r Ysbryd Glân yn cyflyru'r wir eglwys i hybu unoliaeth ar waethaf pob amrywiaeth.

Gweddi:

Ti Ysbryd sanctaidd sy'n dal i ymsymud yn ein plith,
weithiau fel awel ysgafn, dro arall fel corwynt grymus,
ar adegau, yn llef ddistaw fain, ond gan amlaf fel anadl dawel,
cynorthwya ni i geisio dy gyfarwyddyd a'th gynhaliaeth,
ac i ymbil am dy egni a'th nerth y dyddiau dyrys hyn
ym mlynyddoedd sychder ac oerfel, diffrwythder a marwolaeth.

Ar drothwy mileniwm newydd a chanrif gythryblus yn ei bore,
argyhoedda ni fod addewidion Duw yn aros yr un,
bod y Crist byw yn parhau i ddychwelyd atom,
ac yn parhau i gynnig i'w eglwys y tangnefedd sydd uwchlaw deall dyn,
y maddeuant sy'n abl i feddiannu'n byd o grafangau'r diafol a'i lu,
a chymod drud y groes a anadlwyd ymysg yr apostolion y Pasg hwnnw,
wedi iddynt golli pob breuddwyd a derbyn na allai'r wawr dorri mwyach.

Cadw ni bellach yng ngwres cariad Iesu.
Dysg ni i fawrhau cymdeithas yr eglwys,
a byw i fod yn gytûn, ac yn un yn ein gobaith a'n cenhadaeth.

Ym mhob helynt a helbul, cadw ni fel gweddill Israel a chwmni'r deuddeg,
yn eiddgar yn ein hymbil, yn frwd yn ein gwasanaeth,
ac yn fuddugoliaethus yng nghynnwys yr efengyl a ymddiriedwyd i ni.

O Ysbryd Duw, goleua ein tywyllwch, llefara ym mhob distawrwydd, a chaniatâ i ni anadlu'r bywyd tragwyddol sydd ynot.

Yr ydym yn gofyn hyn yn enw Iesu Grist,
a addawodd i ni yr eiriolwr mawr, yr Ysbryd Glân. AMEN.

Oedfaon Ffydd

Y PENTECOST A'R SULGWYN

Gweddi Agoriadol:
Hwn yw y dydd, hwn yw y dydd
daeth yr Ysbryd Glân, daeth yr Ysbryd Glân,
cydlawenhawn, cydlawenhawn
â gorfoledd mawr, â gorfoledd mawr;
hwn yw y dydd daeth yr Ysbryd Glân,
cydlawenhawn â gorfoledd mawr;
hwn yw y dydd, hwn yw y dydd daeth yr Ysbryd Glân. AMEN.

Gweddi:
O Arglwydd, ein Duw a'n Tad, ti yw awdur bywyd, a thi a fu'n rhoi nerth i ni fyw o ddydd i ddydd. Daethom ynghyd heddiw i gydnabod dy ddaioni a'th ffyddlondeb ac i ddiolch i ti am y fendith o gael addoli ar ddydd y Pentecost. Cofiwn am ddiolchgarwch cyson cenedl Israel yn ei hanes cynnar, ac wrth ystyried ein hamharodrwydd i gydnabod dy roddion hael, cywilyddiwn o gofio bod gan yr Iddewon dair gŵyl flynyddol i ddiolch, gan gynnwys Gŵyl y Pentecost, i ddiolch am gynnyrch y maes.

Un tro ar ŵyl y Pentecost, rhyw saith wythnos wedi'r atgyfodiad, roedd yr un ar ddeg ynghyd yn yr un lle, yn diolch i ti am eu bendithion. Ychydig cyn hynny, yn yr un ystafell yr oedd eu Harglwydd wedi cymryd torth, ac roedd yr atgof am ei farw trannoeth a'i atgyfodiad buan wedi dwyn dimensiwn newydd i'w mawl – ac yn raddol, consýrn byw am dlodion Jerwsalem a'r byd.

Heddiw, wrth inni ddod 'i'th byrth â diolch, ac i'th gynteddau â mawl', bydded i ninnau gael ein codi i'r byd ysbrydol wrth ddiolch am roddion tymhorol. Llanwa ni â rhyfeddod mawr wrth i ni ystyried grym dy Ysbryd sanctaidd, a gwna ni'n sianeli glân i'w weithgarwch mewn byd lle mae prinder.

Ein Tad, gŵyl y nerthoedd sy'n newid dynion a merched yw'r Pentecost, ac er bod arnom ofn pob newid, gwna ni heddiw'n ddewr i dderbyn dy arweiniad.

Bu'n rhaid i'r apostolion ddysgu ar ŵyl a drefnwyd i ddiolch am ffrwythau'r maes fod Duw'n disgwyl 'ffrwythau'r ysbryd', a'r pennaf ohonynt 'hunanaberth drud'.

Ac wedi i ni dderbyn dy Ysbryd unwaith, gad i ni gofio fel yr apostolion gynt fod angen i ni ddal ati i weddïo a gofyn am dy nerth yn ddyddiol.

'Ac wedi iddynt weddïo, ysgydwyd y lle yr oeddent wedi ymgynnull ynddo, a llanwyd hwy oll â'r Ysbryd Glân, a llefarasant air Duw yn hy.' O Dduw ein Tad, 'rho'r hyder anorchfygol gynt' ynom ninnau, er mwyn yr eglwys a'i Harglwydd. AMEN.

Neges:

Un o dair gŵyl i ddiolch am y cynhaeaf oedd y Pentecost. Dyma sut y mae awdur Llyfr Deuteronomium yn gosod trefn y gwyliau diolchgarwch ar gof a chadw: 'Teirgwaith y flwyddyn y mae dy holl wrywod i ymddangos gerbron yr Arglwydd dy Dduw yn y man y bydd ef yn ei ddewis, sef ar ŵyl y Bara Croyw, ar ŵyl yr Wythnosau ac ar ŵyl y Pebyll. Nid yw neb i ymddangos gerbron yr Arglwydd yn waglaw, ond dylai pob un roi yn ôl ei allu, yn ôl y fendith a roddodd yr Arglwydd dy Dduw iti' (Deuteronomium 16:16).

Daw'r gair 'Pentecost' yn uniongyrchol o'r iaith Roeg. Ystyr *pentekostos* yw hanner cant o ddiwrnodau, sy'n cyfateb fwy neu lai i saith wythnos. Dyna pam y gelwid yr ŵyl o dro i dro yn ŵyl yr wythnosau. Yn y calendr santaidd y Pasg a ddeuai gyntaf, dydd i ddathlu 'geni' y genedl yn yr Aifft ar achlysur ei gollwng i ryddid dan arweiniad Moses. Saith wythnos yn ddiweddarach, ar ŵyl yr Wythnosau, arferid diolch am gynhaeaf 'blaenffrwyth dy lafur'(Exodus 23:16). Ac felly, gŵyl amaethyddol ydoedd i gychwyn, ac achlysur dedwydd i ddathlu diwedd y cynhaeaf llafur neu ŷd. Yn ddiweddarach, rhoddwyd i'r ŵyl gynnwys crefyddol trwy ddatgan bod yr Iddewon wedi derbyn eu cyfraith ar lethrau mynydd Sinai hanner can diwrnod ar ôl iddynt adael yr Aifft am y Môr Coch a'r anialwch.

Ar yr ŵyl boblogaidd hon roedd pob gwryw i gario torth gyhwfan, a'i chyhwfan gerbron Duw yn y deml ysblennydd. Tyrrai teuluoedd i Jerwsalem i fwynhau pererindod ac addoliad, ac i ddwyn eu hoffrwm i Dŷ Duw. Ac nid oes amheuaeth na pharhaodd yr Iddewon i fynychu'r ŵyl hon drwy'r canrifoedd hyd ddydd geni'r eglwys Gristnogol.

Gadewch i ni wrando unwaith eto ar ddisgrifiad bythgofiadwy Luc, cenedl-ddyn a Groegwr, o'r hyn a ddigwyddodd yn Jerwsalem ar y Pentecost unigryw hwnnw pan ddaeth yr Ysbryd Glân yn nerthol ar yr apostolion. Do, fe gafodd yr Hen Israel ei geni yn fuan ar ôl y Pasg hwnnw yn yr Aifft, ac yr un mor fuan ar ôl Pasg 33 OC fe ddaeth yr Israel Newydd i fodolaeth.

Cyfareddwyd pobl Dduw drwy'r canrifoedd wrth wrando ar enwau'r cenhedloedd a'r llwythau a ddaeth, yn ôl eu harfer, i Jerwsalem. Yr oedd cynrychiolaeth dda, yn ôl yr arfer. Ond gŵyl go anarferol fu hon, a'i chanlyniadau'n anhygoel.

Darllen: Actau 2:1–13

Neges:

Dilynwyr Iesu oedd y deuddeg yn yr oruwchystafell ar ddydd y Pentecost. Rhaid eu bod wedi byw trwy gyfnod anodd a rhwystredig. Ond roedd yr Atgyfodiad a'r Esgyniad yn ysbrydoliaeth ac yn obaith iddynt. Yr oedd eu Harglwydd yn un â'u Duw, ac am y profiad hwnnw yr hiraethai'r cwmni bach. Dyma ddyhead pob un sy'n dilyn Iesu – bod yn un â'r bywyd sydd yn Nuw. Heb yr undeb ysbrydol hwn ceir anniddigrwydd ac annedwyddwch dybryd.

Mae Llyfr yr Actau yn agor gyda'r profiad a oedd yn un anhepgorol i'r apostolion – daw'r Ysbryd Glân â bywyd helaeth Duw i'w canol. Agor y ffordd i'r Ysbryd Glân ddod atynt a wnaeth yr Atgyfodiad a'r Esgyniad. Collodd angau ei rym, a daeth grym mwy i gymryd ei le. Cyn y Pentecost roedd y deuddeg yn teimlo'n annigonol, a'r her yn ormod iddynt yn eu gwendid sylfaenol. Ar ôl Sulgwyn cyntaf yr eglwys newydd nid oes dim yn ormod iddynt yn 'nerth mawr yr Ysbryd Glân'. Duw ei hun ar waith yw'r Ysbryd Glân; y Duw pell yn dod i blith dynion i'w nerthu. 'Yn uchder y nefoedd' y mae Duw'r Beibl, ac ato yr esgynnodd Iesu Grist. Cenadwri'r Sulgwyn yw fod y 'Tri yn Un' wedi ymuno â ni i'n cynnal yng ngwaith yr eglwys a'r deyrnas. Cyn y Sulgwyn roedd Jerwsalem yn ormod i'r apostolion, ond wedi derbyn Ysbryd Duw, eu nod oedd ennill y byd i Grist.

Yn nechrau Llyfr yr Actau, a thrwy gydol yr hanes a gawn ynddo, mae'r apostolion yn cenhadu ac yn galw, fel y gwnaeth Pedr ar ddydd y Pentecost, am edifeirwch. Wedi iddo bregethu, mae Pedr yn annog y rhai sydd am fod yn aelodau o'r eglwys i edifarhau, a dywed, 'bedyddier pob un ohonoch yn enw Iesu Grist er maddeuant eich pechodau, ac fe dderbyniwch yr Ysbryd Glân yn rhodd'.

Mewn gwisg wen hyd y llawr y bedyddid y dychweledigion yn yr Eglwys Fore, a hynny ar y Sul. Y dillad gwyn ar y Sul a roddodd i'r eglwys enw newydd am y Pentecost – y Sulgwyn.

Rai blynyddoedd yn ddiweddarach, byddai'r Apostol Paul yn gorchymyn i aelodau'r eglwys ifanc yn Rhufain wisgo amdanynt yr Arglwydd Iesu Grist (Rhufeiniaid 13:14). Mae'n debyg iddo ysgrifennu'r geiriau hyn atynt ar achlysur bedydd-trochiad ym mhrifddinas yr Ymerodraeth Rufeinig. Fe gofiwn i Ioan Fedyddiwr weinyddu'r un bedydd yn yr Iorddonen, a bedyddio ei gefnder o Nasareth yn yr un modd, ond dan brotest.

Parhaodd y traddodiad a adleisir yn llythyr Paul at y Rhufeiniaid fod Iesu wedi gadael mantell anfarwoldeb yn yr Iorddonen y diwrnod y'i bedyddiwyd. Braint Cristnogion yr oesoedd, trwy eu bedydd, yw gwisgo'r fantell hon. Heb wisgo'r 'hunan arall', sef Iesu Grist, nid oes iachawdwriaeth, ac os nad yw'r 'Adda newydd' yn byw ynom rydym yn brin o'r adnoddau ysbrydol, ac yn gorfforol, yn noeth, yn llygredig ac yn ddarfodedig.

Mae gan y Rwsiaid eicon byd-enwog sy'n portreadu'r deuddeg disgybl yn yr oruwchystafell. Paentiwyd y darlun hwn (Yr Ysbryd Sanctaidd yn Disgyn) yn niwedd y bymthegfed ganrif. Defnyddiodd yr arlunydd ei ddychymyg a gosod Paul o Darsus gyda Pedr. Yr oedd Jwdas wedi gadael sedd wag. Rhoddodd osgo, llun a lliw annisgwyl i'r gymuned sy'n eistedd mewn hanner cylch. Yn lle olion cynnwrf a llwch storm y tywalltiad, ceir tawelwch syber. Mae'r arlunydd wedi cyfleu llonyddwch dwys â'i frws a'i liwiau llachar, a myfyrdod ystyriol, bodlonrwydd llwyr a chariad sy'n llifo o fynwes Duw ei hun trwy bersonoliaethau a fu'n cynnal gweledigaeth a chenhadaeth yr Eglwys Fore. Mae digon o ofod i'r cymeriadau oll, a lle iddynt anadlu'n rhydd a derbyn o'r pelydrau a ollyngir arnynt o'r nenfwd. Ymddengys fod pob un ohonynt uwchben eu digon, ac mae mwy na digon o'r tangnefedd uwch a'r gobaith bywiol i bawb yn y darlun. Yr hyn a gaiff ei gyfleu yw hyfrydwch y bywyd uwch pan fydd Ysbryd Duw ynom.

Heddiw, mor anodd yw perswadio'r rhai a drodd eu golygon yn gyfan gwbl oddi wrth yr hyn sydd uchod at yr hyn sydd isod, gan fyw bywydau cwbl fydol, fod digon i'w gael yn y byd a'r bywyd ysbrydol. Yno, mae digon i'w gael i'r rhai a fyn gefnu ar bryder ac ofn.

> Cod ni, O Dduw, o wacter byd materol,
> rho ynom flys am brofi'r maeth ysbrydol;
> cawn wrth dy fwrdd ddanteithion gwledd dragwyddol
> arlwy y Bywyd.

Arlwy y bywyd hwn yw hyder, dewrder, nerth, llawenydd a gorfoledd, a'r hyn a alwodd Paul yn 'ffrwythau'r Ysbryd'.

Ond pennaf rhoddion yr Ysbryd Glân yw'r *coinonia* (y gair Groeg am gymdeithas yr Eglwys); a'r *cerwgma* (y gair Groeg am genadwri, tebyg i'r un a draddododd Pedr ar ddydd y Pentecost).

Wedi'r Pentecost daeth y deuddeg i weld mor fawr oedd eu hangen am gymdeithas ac am ei gilydd, ac mor ddwfn oedd angen y byd am y neges a roddwyd iddynt gan eu Harglwydd. A ninnau'n gyfarwydd â'r Efengylau, gwyddom mor annhebyg oedd yr apostolion i'w gilydd, ac mae'r eicon hwn yn tanlinellu hynny; mae'r Ysbryd Glân yn eu cadw ynghyd, ac yn rhoi pwrpas i'w bywydau. Islaw'r hanner cylch mae ogof ddu, ac yng ngenau'r ogof mae brenin yn sefyll, gyda choron am ei ben a lliain yn ei ddwylo. Dadleuwyd mai cynrychiolydd y 'byd materol, dienaid' yw hwn, ffigur i'n hatgoffa bod y byd a oedd yn drech na'r deuddeg cyn y tywalltiad yn gwahodd yr apostolion trwy ddrws y cyfle newydd i fywyd y byd. Bellach, maent hwythau'n gwybod bod ganddynt addewid ac anogaeth eu meistr, ac arfogaeth Ysbryd Duw.

Gweddi:

Ti Dduw ydwyt gariad pur,
agor ein calonnau
fel y gallwn deimlo anadl a symudiad dy Ysbryd di.

Agor ein dwylo
fel y medrwn estyn ein dwylo'n agored i'n gilydd,
i gyffwrdd ein gilydd a chael iachâd.

Agor ein gwefusau
er mwyn i ni fedru yfed yr hyn sy'n wyrthiol mewn bywyd.

Agor ein clustiau
fel y gallwn glywed sŵn dy ddioddefiadau yn ein byw annynol ni.

Agor ein llygaid
er mwyn i ni weld Iesu Grist mewn cyfaill a dieithryn.

Anadla dy Ysbryd ynom ni, a chyffwrdd ein bywydau â'th fuchedd dy hun.

Er mwyn dy enw, AMEN.

GWAITH YR YSBRYD GLÂN

Galwad i Addoli:
Gwahoddwyd Iesu Grist, ac yntau yn y synagog yn Nasareth 'yn ôl ei arfer', i ddarllen o lyfr y proffwyd Eseia. Mae'r darn a ddewiswyd ganddo yn crynhoi agwedd bwysig ar yr hyn a ystyriai'r Arglwydd Iesu yn WAITH YR YSBRYD GLÂN. Gadewch i ni wrando ar y geiriau hyn yn awr, yn eiddgar a gweddigar, gan ofyn i'r Ysbryd ein paratoi a rhoi'r ddawn i ni oll i wneud ein gorau i gyflawni'r tasgau hyn fel y gwnaeth Iesu Grist wrth fyw a marw. Dylanwadodd y geiriau hyn yn drwm ar ddiwinyddiaeth diwedd yr ugeinfed ganrif, a theimlwyd effeithiau 'diwinyddiaeth rhyddhad', fel y'i gelwid, yn y Trydydd Byd ac ymhlith y tlodion. Luc sy'n cofnodi'r digwyddiad hwn yn ei Efengyl:
Y mae Ysbryd yr Arglwydd arnaf,
oherwydd iddo f'eneinio
i bregethu'r newydd da i dlodion.
Y mae wedi f'anfon i gyhoeddi
rhyddhad i garcharorion,
ac adferiad golwg i ddeillion,
i beri i'r gorthrymedig gerdded yn rhydd,
i gyhoeddi blwyddyn ffafr yr Arglwydd.

> Tyrd, Ysbryd Glân, i'n c'lonnau ni
> a dod d'oleuni nefol;
> tydi wyt Ysbryd Crist, dy ddawn
> sy fawr iawn a rhagorol.

Gweddi:
Atat ti, ein Duw a'n Tad, y dyneswn yn awr gan ddiolch i ti am gael bod yn y tŷ gweddi hwn yn ôl ein harfer.

    Byddai dy Fab annwyl, ein Harglwydd Iesu Grist, yn ceisio nerth a grym dy Ysbryd Glân yn gyson, ac ar ddechrau ei weinidogaeth yn Nasareth, ac ar lan Môr Galilea ac yn Afon Iorddonen, rhoddaist iddo arwyddion amlwg a diogel o waith a doniau'r Ysbryd. O gofio'i angen ef am nerth yr Ysbryd, sylweddolwn gymaint mwy yw ein hangen ni.

Prif dasg yr Ysbryd yw'n deffro ni, a rhoi i ni olwg ar ein cyflwr, a golwg hefyd ar anghenion dy deulu mawr ar draws y byd i gyd. Yr Ysbryd Glân sy'n agor ein llygaid i weld, ein clustiau i glywed, ein calonnau i dosturio, a'n dwylo i weithredu. Yr Ysbryd Glân yw'r hyn fyddai Iesu i ni petai'n medru bod yma o hyd.

Aeth ef ymaith, er mwyn i'r Ysbryd fod yn agos at bawb ymhob oes. Addawodd ef i ni fywyd yn ei gyflawnder, ac fe rydd yr Ysbryd Glân i ni y bywyd hwn a mwy. Rhydd i ni ddoniau i ganfod cyfrinach ac ystyr bywyd, a gweledigaeth o ddydd i ddydd ar y daith sydd o'n blaen, gan wneud bywyd yn gyfle i'th garu di ein Tad, ac i garu'n gilydd.

Ufuddhaodd yr apostolion i orchymyn eu Harglwydd i ddisgwyl yn ddyfal am yr Ysbryd Glân ac i weddïo'n daer amdano. Credodd y cwmni dethol ei addewid, a chofio'i eiriau yn yr oruwchystafell: 'Hebof fi ni ellwch chwi wneuthur dim.' Gyda chymorth yr Ysbryd, gallodd yr apostolion gyflawni eu gwaith, a chyda doniau'r Ysbryd, bregethu'n danbaid ac athrawiaethu'n effeithiol, arwain a phroffwydo, cenhadu a chysuro, a pharhau gwaith y Meistr mawr, o ymgeleddu ac iacháu, caru a gofalu, a dysgu gostyngeiddrwydd ac amynedd, haelioni a goddefgarwch, cymwynasgarwch a chymdogaeth dda. Cynorthwya ninnau i ddwyn ffrwythau da i edifeirwch, ac arddangos yn ein bywydau yr hyn a eilw'r Gair yn 'ffrwythau'r Ysbryd'. Gwared ni rhag i ni gredu nad yw hyn yn ymarferol bosibl, a thrwy hynny bechu yn erbyn yr Ysbryd Glân ei hun. Maddau i ni bob pechod a bai, a chadw ni rhag y drosedd fwyaf, sef tristáu dy Ysbryd Sanctaidd, a methu byw i ryngu dy fodd.

Fe ofynnwn hyn yn enw'r Arglwydd Iesu, ein Gwaredwr da. AMEN.

Darllen: Salm 51

Mae'r Ysbryd Glân ar waith yn ein profiadau crefyddol, ac mae llawer o bobl yn ceisio dadansoddi'r profiadau hyn er mwyn deall ffordd Duw o weithio yn yr enaid. Mae beirdd a llenorion wedi creu llenyddiaeth fawr ar hyd y canrifoedd wrth ddisgrifio'u profiadau mewnol. Mae'r emynwyr mawr, gyda'u sensitifrwydd a'u dychymyg byw, wedi cydnabod gwaith yr Ysbryd Glân yn eu caneuon ysbrydol, a chawsom ninnau fel cenedl gynhaeaf helaeth. Ychydig o emynau a ganodd William Williams, Pantycelyn ac Ann Griffiths yn uniongyrchol i'r Ysbryd Glân, ond mae'r Ysbryd yn gweddïo ac yn gweithio trwy eu holl emynau. Ac yn rhyddiaith rhywun fel Morgan Llwyd, mae'r Ysbryd Glân ar waith ac yn tystio. Yn ein dyddiau ni mae llawer o ddarllen ar farddoniaeth R. S. Thomas, offeiriad a garai sôn am 'labordai'r Ysbryd' – y mannau dirgel hynny lle mae'r awen a'r awel ddwyfol yn ymgordeddu. Disgrifiwyd Llyfr y Salmau gan un Cristion yn 'Llyfr am Dduw a'i Ysbryd ym mhrofiad dyn'. Ac mae'r Salm a ddarllenwyd (Salm 51) yn enghraifft nodedig o hyn.

Dafydd, y bugail a ddewiswyd i fod yn frenin ei genedl, yw'r awdur. Fel R. S. Thomas yn ei hunangofiant, gallai yntau ei alw ei hun yn 'neb'. Ef oedd yr wythfed mab mewn teulu mawr, ac yn grwt o fugail yn y diffeithwch. Bygythiadau croch Goliath a ddeffrôdd ei enaid dewr, ac er i'r cawr o Philistia gael ei arfogi o'i gorun i'w sawdl, aeth y dieithryn bach, crwtyn bochgoch o'r wlad, i ymrafael ag ef a'i ladd. Dros nos daeth Dafydd yn arwr, ac ymhen amser fe'i gwnaed yn frenin yn lle Saul. Dyma stori arall sy'n gefndir i'r salm hon. Dyn tanbaid oedd y bugail a ddaeth yn frenin ac yn fardd, ac nid yw'r unfed bennod ar ddeg yn ail lyfr Samuel yn celu dim o'r hyn a wnaeth Dafydd i gael Bathseba, gwraig Ureia y milwr, i'w balas a'i phriodi. Cafodd ei geryddu gan Nathan y proffwyd, a theimlodd gywilydd yn ei euogrwydd. Daeth Ysbryd Duw i'w gyhuddo, ac yn ei gyflwr enbyd teimlai fod ei galon a'i ysbryd yn ddrylliedig, ac edifarhaodd. Ef yw'r cyntaf o gymeriadau mawr y Beibl i sylweddoli mai un agwedd ar waith yr Ysbryd yw deffro'r gydwybod, a rhoi i'r pechadur sicrwydd maddeuant a bywyd. Addawodd Iesu (Ioan 16:8) y byddai'r Ysbryd Glân (yr Eiriolwr) yn 'argyhoeddi'r byd ynglŷn â phechod'.

Mewn 'calon lân' y mae'r Ysbryd Glân yn nythu. Meddai Pantycelyn: 'Ni thrig awelon nef / mewn dyfnder pydew cas ...' Ac felly, cyn iddo drigo ynom, rhaid i ni weddïo fel y brenin Dafydd: Crea galon lân ynof, O Dduw, rho ysbryd newydd cadarn ynof. Daw doniau'r Ysbryd yn amlwg i'r sawl sy'n edifarhau, a'r doniau hyn sydd yn adfywio'r pechadur ac yn dwyn gorfoledd i'w galon. Ac i ddilyn, daw'r alwad a'r awydd i genhadu, ac i wneud hynny trwy rannu profiad o faddeuant gyda throseddwyr a phechaduriaid (Salm 51:13). A gwaith unigryw yr Ysbryd Glân yw ein plygu a'n codi i addoli'r Gwaredwr: Arglwydd, agor fy ngwefusau, a bydd fy ngenau yn mynegi dy foliant (Salm 51:15). Ac fe rydd i ni, fel i gredinwyr y canrifoedd, y ddawn honno o addoli mewn 'ysbryd a gwirionedd'.

Darllen: Actau 4:32–7
Actau 15:36–41

Neges:
Yn y Testament Newydd, yn enwedig yn Llyfr yr Actau, ceir tystiolaeth gadarn i holl weithgarwch yr Ysbryd Glân, ac i'r nerth a rydd i'r apostolion a'r Eglwys Fore.

Fe gofiwn fod Luc wedi ysgrifennu dau lyfr. Yn ei Efengyl, hanes bywyd a gwaith Iesu o Nasareth a gawn, ac yn Llyfr yr Actau, sy'n draethawd am actau'r Ysbryd Glân, stori'r Ysbryd a gawn, yn symbylu'r Eglwys Fore i waith cenhadol trwy roi i'r apostolion a'r lleygwyr yn y cwmni ddoniau'r Ysbryd Glân yn helaeth.

Cynrychiolydd teilwng o'r Ysbryd Glân ar waith yw 'Joseff, a gyfenwid Barnabas gan yr apostolion (sef, o'i gyfieithu, Mab Anogaeth), Lefiad, Cypriad o enedigaeth ...' (Actau 4:36). Roedd yn ewythr i Ioan Marc, ac yn frawd i'w fam a roddai fenthyg yr oruwchystafell i'r apostolion. Hawdd credu ei fod yn gwybod llawer o gyfrinachau, fel Ioan Marc, a roddodd i ni yr efengyl gyntaf i'w hysgrifennu tua 65 OC.

Mae'r ymadrodd 'Mab Anogaeth' mewn cromfachau, ond nid yw'r disgrifiad i'w ddibrisio. Un o ddoniau'r Ysbryd Glân yw medru annog a chalonogi, ac roedd gwir angen pob cefnogaeth yn y dyddiau cynnar hyn. Roedd gelynion yn gryf, a'r eglwys ifanc yn wan a phryderus. Gallai maint ei thasg a'r erlid cyson fod wedi ei dinistrio'n llwyr. Gyda'r awdurdodau'n bygwth o'r tu allan, roedd cael gŵr i annog o'r tu mewn yn hanfodol bwysig. Ac yn ein sefyllfa heddiw yng Nghymru, gyda'r eglwysi'n gwanychu, mae mawr angen meibion a merched i roi anogaeth i'n cymell i ddal ati a pheidio â diffygio.

Rhoddwyd dawn arall amhrisiadwy i Barnabas gan yr Ysbryd Glân, sy'n rhannu ei ddoniau, sef HAELIONI. Yr oedd yn un o'r cyntaf i werthu tir o'i eiddo, gan gyflwyno'r arian a gafodd i'r eglwys yn Jerwsalem, heb ddal dim yn ôl fel Ananias a Saffeira. Heddiw, a chymdeithas yn meithrin ysbryd cystadleuol ac yn cyhoeddi'r genadwri boblogaidd, 'pawb drosto'i hun', da yw darllen yn Llyfr yr Actau am esiampl o 'ddyn da, yn llawn o'r Ysbryd Glân ac o ffydd', un a oedd yn annog yr eglwys yn Antioch i gyfrannu at borthi'r newynog. Ond mae math arall o haelioni – yr HAELFRYDIGRWYDD hwnnw nad oes angen arian i'w gynnal. Mae Barnabas yn hael ei ysbryd, yn groesawgar, ac yn barod i dderbyn a maddau. Ef, yn fwy na neb arall, sy'n swcro cynhesrwydd yn yr Eglwys Fore, a GODDEFGARWCH, sy'n rhinwedd i'w chymeradwyo mewn eglwys. Cymerodd gam beiddgar i gyflwyno Paul i'r eglwys yn Jerwsalem ac mewn mannau eraill, a'r aelodau yn cofio'r gŵr hwn o Darsus yn erlid cymdeithas yr Arglwydd Iesu.

Mewn tref o'r enw Pamffylia, cefnodd Ioan Marc ar Paul a Barnabas a chreu anghydfod rhwng y ddau apostol ar eu taith genhadol gyntaf. Awgrymwyd mai hiraeth am ei fam yn Jerwsalem a barodd i Marc adael ei ewythr Barnabas a Paul. Nid oedd yr Apostol Paul am ei gymryd ar daith genhadol arall, 'ond cymerodd Barnabas Marc, a hwylio i Gyprus'. Dyma fesur ei oddefgarwch, ei amynedd a'i gariad. Dyn yr ail filltir oedd Joseff Barnabas.

Mae gwaith yr eglwys yn dibynnu i raddau helaeth ar bobl eangfrydig, ac fe fendithiwyd Barnabas yn ddiamheuol gan yr Ysbryd Glân â'r ddawn hon. Cafodd rhai o'r apostolion drafferth derbyn pobl nad oedd yn Iddewon i'r eglwys, ac fe gymerodd amser i'w hystwytho ac i newid eu barn. Ond ni fynnai Barnabas gau'r drws ar neb. Yr oedd cariad Duw yn cymell y rhai oedd yn ddisgyblion i Iesu Grist i dderbyn, fel Iesu, y publicanod a'r pechaduriaid, y gwrthgilwyr a'r gwrthwynebus. Dyma ddawn fawr yr Ysbryd, dawn a welwyd yn amlwg ym mywyd Barnabas.

Yng ngoleuni'r galaethau oll, dim ond sbeciau ydym yn y bydysawd, a rhai bychain iawn, a bregus. Ond, o syllu i mewn i ni'n hunain, gwelwn fod yn y sbecyn hwn ddyfnder sy'n anfesuradwy ond a gydnabyddir mewn dwyster mawr am fod iddo'r fath ehangder a dyfnder, na allwn ni er pob ymdrech ei lenwi. Gallwn dywallt gwybodaeth iddo, a phrydferthwch a chariad, ond saif y newyn, y syched a'r gwacter. Ac fe ddaw moment arbennig pan sylweddolwn mor anferthol yw'r gofod, ac y bydd yn parhau'n wacter oni ddown o hyd i rywbeth arall. Mae ynom wacter ar ffurf a siâp Duw, ac ni all dim na neb arall ei lenwi ond Duw ei hun. Ac yn hyn o beth, er yn ofnadwy o fach a di-nod yn allanol, yn fewnol mae ein mesuriadau cyfled â'r cariad sydd ynom.

DONIAU'R YSBRYD

Gweddi Agoriadol:
Hollalluog Dduw,
i ti y mae pob calon yn agored,
pob dymuniad yn hysbys,
ac nid oes dim dirgel yn guddiedig:
glanha feddyliau ein calonnau
trwy ysbrydoliaeth dy Lân Ysbryd,
er mwyn i ni dy garu'n berffaith
a mawrhau'n deilwng dy Enw sanctaidd:
trwy Iesu Grist ein Harglwydd. AMEN.

Darllen: Actau 10:34–48
Actau 19:1–6
Corinthiaid 12:1–30; 13:1–13; 14:6–19

Gweddi:
Ysbryd y Duw tragwyddol
a fu'n ymsymud ar wyneb y dyfroedd
gan droi tryblith yn drefn
a'r tywyllwch yn oleuni,
mawrygwn di am dy waith creadigol.

Ti a fu'n ysbrydoli'r proffwyd i lefaru'n eofn yn enw'r Arglwydd.
Ti a fu'n rhoi i'r bardd ei awen, i'r cerddor ei ysbrydoliaeth, i'r artist ei athrylith.
Ti a fu'n arwain y gwyddonydd i bob gwybodaeth newydd, gan ddatguddio iddo ryfeddodau dirifedi dy greadigaeth.
Ti a fu'n gyfrifol am bob datblygiad yn hanes gwareiddiad, ac am bob cam a gymerwyd er sefydlu tecach a charedicach byd.

Yr wyt yn parhau i loywi a chyfoethogi meddwl dyn, a'i annog i symud ymlaen i gyfeiriadau newydd, ac i gyflawni posibiliadau newydd ym mhob maes a chylch.
Ym mhob datblygiad, a phob darganfyddiad, dyro inni ddilyn dy gyfarwyddyd, fel y byddo'n gwaith yn llesol ac yn adeiladol, yn hytrach nag yn ddinistriol a bygythiol.
Clodforwn di am dy fod heddiw wrth dy waith achubol ym mywydau a thrwy fywydau meibion eraill a merched dynion sy'n gwasanaethu cyd-ddyn trwy:
liniaru ofn;
diwallu eisiau;
adeiladu pontydd rhwng dieithriaid a'r sawl sy'n elynion i'w gilydd;
torri i lawr bob canolfur gwahaniaeth;
ymgeleddu'r gwannaf a'r truenusaf, Ysbryd cariad a thangnefedd.
Ysbryd cymod a chyd-ddeall,
cadw ni rhag y temtasiwn i ddefnyddio grym a thrais i ddatrys ein problemau, ac i geisio cael y gorau ar ein gilydd.
Llanwer ni oll ag ysbryd Crist, ysbryd maddau i elynion,
heb ddim dial yn ein calonnau.
Hyn oll a ofynnwn yn enw Tywysog ein
Tangnefedd, Iesu Grist ein Harglwydd. AMEN.

Gweddi:

Sanctaidd Ysbryd Duw, mawrygwn di am dy ddoniau, sy'n fodd i gynysgaeddu'r eglwys â phob gallu angenrheidiol, a'i hadeiladu yng nghorff Crist.

Helpa ninnau, sy'n aelodau o'i gorff ef, i ddefnyddio dy ddoniau'n ddoeth a gostyngedig, gan gofio mai rhodd oddi wrthyt ti yw pob dawn, ac nad oes gennym achos, wrth eu hymarfer, i ymffrostio yn ein galluoedd a'n cyraeddiadau ein hunain.

Gweddïwn yn arbennig am y ddawn i gyfathrebu'r ffydd yn fwy effeithiol, ac i dystio iddi yn fwy eofn a hyderus. Mewn oes pan fo anwybodaeth ynghylch hanfodion yr efengyl yn beth cyffredin, ac yn rhwystr mawr i ledaenu'r newyddion da am Grist a'i groes, rho inni'r gallu i roi ateb i bwy bynnag a ofynno gennym am y gobaith sydd ynom. Na fydded arnom gywilydd o efengyl Crist, ond boed inni ymfalchïo ynddi, gan roddi diolch beunydd am y fraint aruchel o'i chael yn ein meddiant. Dyro inni fanteisio ar bob cyfle i'w rhannu ag eraill, ac i wahodd câr a chymydog, cyfaill a chydweithiwr, i dderbyn Iesu i'w galon.

Yn anad dim, dyro inni gael ein llenwi â'th gariad, y pennaf o'th ddoniau. Boed inni gael ein meddiannu gan feddwl Crist, fel y byddo'n amlwg i bawb ein bod yn ceisio patrymu ein bywyd ar ei esiampl a'i ddysgeidiaeth ef. Na fydded yn ein plith na rhwyg na rhaniad, gwag ymffrost na chenfigen, ond yn hytrach, yr ewyllys i ddiogelu â rhwymyn tangnefedd yr undod y mae'r Ysbryd yn ei roi.

Pâr fod ffrwyth yr Ysbryd yn cael ei gynhyrchu ynom, a bod pob gair a gweithred o'n heiddo, ac ansawdd ein hymddygiad a'n hymarweddiad, yn brawf ein bod wedi ein gwareiddio yng Nghrist, a bod bywyd sydd ynddo ef yn llifo allan i'r byd drwom ni. Boed i'n bywyd fod yn yr Ysbryd, fel y byddo'n buchedd ynddo hefyd. Dyro inni wisgo amdanom addfwynder a graslonrwydd, tosturi a goddefgarwch, a boed i eraill, trwom ni, adnabod cariad Duw. Hyn oll a ofynnwn yn enw'r hwn a fu'n byw a marw er amlygu cariad Duw i'r byd, sef Iesu Grist, ein Harglwydd, AMEN.

Neges:

Nid un Pentecost a geir yn Llyfr yr Actau, ond tri. Yn ychwanegol at yr adroddiad am yr hyn a ddigwyddodd ar 'ddydd cyntaf cyflawni cyfnod y Pentecost' (ym mhennod 2), darllenir ym mhennod 10 am yr Ysbryd yn 'syrthio ar bawb a oedd yn gwrando'r gair', a hynny o enau Pedr yn nhŷ Cornelius. Synnodd y credinwyr Iddewig fod dawn yr Ysbryd wedi ei dywallt yn awr ar y Cenhedloedd. Yna, ym mhennod 19, adroddir am Paul yn cyfarfod â deuddeg o ddisgyblion Ioan Fedyddiwr yn Effesus, rhywrai nad oeddynt erioed wedi clywed 'hyd yn oed fod yna Ysbryd Glân'. Yn dilyn hyfforddiant pellach gan yr apostol fe'u bedyddiwyd i enw'r Arglwydd Iesu, 'a phan roddodd Paul ei ddwylo arnynt daeth yr Ysbryd Glân arnynt, a dechreuasant lefaru â thafodau a phroffwydo'.

Nid unwaith yn unig y disgynnodd yr Ysbryd. Yn wir, fe fu'r Ysbryd wrth ei waith ar hyd canrifoedd hanes, ac y mae'n dal wrth ei waith heddiw. Un o'r pethau arwyddocaol am Lyfr yr Actau yw'r ffaith mai llyfr anorffenedig ydyw. Mae'r diweddglo iddo yn un cwta, ac mac'n amlwg fod Luc yn bwriadu ysgrifennu cyfrol arall a fyddai'n adrodd am yr hyn a ddigwyddodd i Paul, a hynt a helynt yr eglwysi yn dilyn cyfnod ei ferthyrdod. Fel y saif, y mae Actau'r Apostolion (gwell teitl fyddai Actau'r Ysbryd Glân) yn anghyflawn. Onid felly y dylai fod gydag unrhyw gyfrol sy'n cofnodi gweithgarwch yr Ysbryd? Rhaid gosod ar ei thudalen glo y geiriau 'I'w pharhau ...'

Felly, fe all pawb ohonom offrymu'r weddi a offrymwyd gan y gŵr croenddu hwnnw, a oedd yn aelod selog o Fyddin yr Iachawdwriaeth, wrth iddo benlinio o flaen cofeb William Booth, a dwyn i gof weinidogaeth rymus y gwron hwnnw: 'Arglwydd, gwna'r un peth eto!'

> Tyrd eto, Iôr, deued tân,
> gafael yng Nghymru gyfan.

Bu doniau'r Ysbryd Glân yn bwnc llosg, ac yn achos rhwygiadau blin ymhlith aelodau eglwys Corinth. O'r naw dawn a briodolwyd i'r Ysbryd Glân, sef (i) llefaru doethineb; (ii) llefaru gwybodaeth; (iii) ffydd; (iv) doniau iacháu; (v) cyflawni gwyrthiau; (vi) proffwydo (=pregethu), (viii) gwahaniaethu rhwng ysbrydoedd, (viii) tafodau (siarad yn ecstatig mewn seiniau dieithr); (ix) dehongli tafodau, – ystyrid y ddwy olaf yn rhagorach doniau na'r gweddill. Yr oedd pawb yn eu chwennych ac yn cenfigennu wrth y rhai oedd yn eu meddiannu. Y mae ateb Paul i'r broblem yn gwbl bendant: er bod amrywiaeth doniau, yr un Ysbryd sy'n eu rhoi; felly, nid yw un ddawn arbennig i'w hystyried yn ddisgleiriach na'r lleill. Ac fe roddir pob dawn, nid er boddhau uchelgais neu falchder personol, ond er adeiladu'r eglwys gyfan, sef corff Crist.

Yng nghyd-destun y ddadl ynghylch y doniau cyhoeddus y lluniodd Paul ei emyn mawr i Gariad (1 Corinthiaid 13). O bob dawn, y bwysicaf o ddigon yw dawn cariad. Heb gariad nid yw hyd yn oed y sawl sy'n llefaru â thafodau yn fwy nag offeryn cerdd aflafar. Yn wahanol i'r doniau eraill y mae'r ddawn i garu i'w chwennych; hynny yw, dylai pob Cristion fod ag uchelgais i'w galon gael ei llenwi gan gariad Duw. Ac y mae'n ddawn y mae'n bosibl i bawb (nid yr un neu ddau breintiedig) ei meddiannu.

O fendigaid Geidwad,
clyw fy egwan gri;
dyro ddawn dy gariad
yn fy nghalon i.

Weithiau y mae perygl inni bwysleisio doniau'r Ysbryd ar draul ei ffrwyth, sef cariad, llawenydd, tangnefedd, goddefgarwch, caredigrwydd, daioni, ffyddlondeb, addfwynder, hunan-ddisgyblaeth (Galatiaid 5:22). Meddai'r Prifathro D. Eirwyn Morgan am y Pab Ioan XXIII: 'Credai mai cael cariad Crist yn y galon yw'r peth blaenaf yn y Gristnogaeth.' Pwy feiddiai anghytuno? Un tro, yn ôl y chwedl, awgrymodd Mihangel Sant wrth Dduw iddo wneud camgymeriad trwy roi i ddyn y gallu i lefaru. Wedi'r cyfan, onid yw'r rhan fwyaf o weddïo dynion yn syrffedus ac amleiriog? 'Paid â gofidio,' meddai Duw wrth y sant, 'ni fyddaf yn gwrando ar eu geiriau ond ar eu bywydau.'

Y Fendith:
'A bydded i Dduw, ffynhonnell gobaith, eich llenwi â phob llawenydd a thangnefedd wrth i chwi arfer eich ffydd, nes eich bod, trwy nerth yr Ysbryd Glân, yn gorlifo â gobaith.' AMEN.
(Rhufeiniaid 15:13)

Oedfaon Ffydd

MAWL I'R YSBRYD GLÂN

Darllen: Salm 150

Gweddi Agoriadol:
O Dad, fe'th garwn; addolwn, gogoneddwn, molwn d'enw di drwy'r byd i gyd. AMEN.

Gweddi:
Greawdwr nefoedd, môr a daear, a'r cyfan sy'n byw ynddynt, deuwn ger dy fron heddiw, i'th foli a'th glodfori, ac i gydnabod dy ragluniaeth a'th ofal am dy fyd.

Ynot ti, O Arglwydd, yr ydym yn byw, yn symud ac yn bod, a'th Ysbryd yw'n cynhaliaeth i gyflawni dy waith yn effeithiol a'r egni angenrheidiol i gyflwyno dy raglen waith i'n byd.

Diolchwn i ti am fyd mor hardd, ac am dy ragluniaeth fawr. Mae dy drefn yn destun rhyfeddod i ni o ddydd i ddydd, a gwaith dy Ysbryd Glân yn destun cân y cenedlaethau.

Yn y gwasanaeth hwn, llanwa ni â'th Ysbryd i gynhesu'n calonnau fel y byddo'n mawl yn gymen, ein herfyniadau'n adlais o lais yr Ysbryd, ein haddoliad yn llawn ystyr, a'n dyheadau mor llydan â'r byd.

> Rho imi galon lân, O Dad,
> i foli d'enw di,
> calon yn teimlo rhin y gwaed
> dywalltwyd drosof fi.
>
> Calon fo wedi'i meddu'n glau
> gan Iesu iddo'i hun,
> calon fo'n demel i barhau
> i'r bythol Dri yn Un. AMEN.

Darllen: Salm 8

Darllen: Genesis 1:1–5

Neges:
Stori i bori ynddi yw Hanes y Creu; esboniad yr oes gyn-wyddonol i gyfleu natur profiadau pobl oedd yn byw yn y Dwyrain Canol bron i ddeg ar hugain o ganrifoedd yn ôl. Bryd hynny, fel heddiw, roedd dynion a merched yn gofyn cwestiynau dwys ac anodd.

Ar hyd y canrifoedd bu pobl yn cynnig eu damcaniaethau ynglŷn â'r modd y crewyd y byd, a chan nad oedd yr un newyddiadurwr yno, na'r un camera, rhaid cydnabod athrylith a chyfraniad, dychymyg a dyfais yr hen storïwr cynnar. Cafodd ef a'i debyg brofiadau byw o Dduw ym mhrif ddigwyddiadau hanes eu cenedl. Dylanwadodd y profiad o fod yn yr Aifft ar sylwedd Llyfr Exodus, sy'n hŷn na Llyfr Genesis ac sy'n drwm dan ddylanwad y gaethglud ddiweddarach honno i Fabilon. Yr oedd y Babiloniaid wedi ystyried mater y creu o flaen pawb, a'u cosmoleg gynnar yn hysbys i'r storïwr hwn o Iddew.

Yn ôl y gosmoleg hon, yn y gofod gwag yr oedd Duw a'i Ysbryd creadigol. Mae nifer wedi cyffelybu'r darlun oedd gan yr hen awduron cynnar i'r llwyfan a godir heddiw uwchben y moroedd i dyllu am olew. Islaw, ar 'wyneb y dyfroedd' yr oedd peryglon lu yn bygwth. Ond, gwelai'r hen storïwr y gallai 'Ysbryd Duw' a oedd yn ymsymud ar wyneb y dyfroedd ddwyn trefn allan o anhrefn.

Nid 'ymsymud' yw gair James Moffatt, ond 'hofran' – gair sy'n awgrymu aderyn o ryw fath. Ar ddechrau gweinidogaeth Iesu o Nasareth, yn ôl efengyl Ioan, disgynnodd yr Ysbryd Glân arno fel 'colomen', ac aros arno. Bydd y rheiny ohonom a fu ar Ynys Iona yn cofio mai aderyn - hwyad wyllt - a gynrychiolai'r Ysbryd Glân i hen Geltiaid yr Alban. Ac yn y darlun cyntefig hwn sy'n cyfleu gerwinder y cychwyn, mae'n haws meddwl am yr Ysbryd Glân fel yr hwyad wyllt! Ac uwchben y gwacter gwyllt mae Duw a'i Ysbryd yn cynllunio. Ac yn sydyn, megis storm o fellt a tharanau, daw gorchymyn Duw'r creawdwr, 'BYDDED GOLEUNI'. Mae Haydn, y cerddor mawr, wedi llwyddo i gyfleu'r distawrwydd cyn y creu, y paratoad dyfal cyn y digwyddiad ei hun, a'r cynnwrf, gyda chymorth yr offerynnau, pan ddywed y Creawdwr

'Bydded goleuni'. (Yma, gellir chwarae tâp o Greadigaeth Haydn neu'r darn hwnnw a genir gan gôr meibion sy'n dilyn yr un ddyfais.)

Rhaid i ni ymateb i Dduw a'r Ysbryd sy'n creu â MAWL. Dyma yw ymateb y Salmydd dro ar ôl tro (Salm 8, 19, 93, 95, 96, 100, 104, 138, 146–150). Rhoddodd Duw lwyfan hyfryd i ni fyw arni, a rhoddodd ei anadl ynom. Galwodd arnom i weithio gydag ef i gadw anhrefn sy'n ein bygwth allan o'r cosmos. Bwriad Duw, a welodd mor dda i greu'r greadigaeth, oedd ein gosod ni yn warchodwyr ei fyd. Yn ei gywydd i'w fam (Angharad) mae Waldo Williams yn cyfeirio at y wraig gariadus a defosiynol, cymwynasgar a gweddigar, sydd trwy ei mawl yn creu byd newydd. Mae'n 'Ymorol am Ei olud, Ailgreu â'i fawl ddilwgr fyd'. Lle mae'r Ysbryd Glân, mae'r golau yn drech na'r tywyllwch, mae bywyd yn drech na marwolaeth. Dyma galon yr Efengyl, dyma fuchedd Angharad. Pa ryfedd i'r Salmydd adael i ni ei gyfarwyddyd ymarferol: 'Pob perchen anadl, molwch yr Arglwydd.'

Rhaid ymateb i Dduw a'r Ysbryd sy'n creu mewn UFUDD-DOD. Gan fod a wnelo'r Ysbryd Glân â'r creu, rhaid i ni ufuddhau i Dduw ac ymwrthod â phob ymgais heddiw i ddadysbrydoli ein byd. Trodd dyn, a grewyd ar ddelw Duw, yn fod seciwlar, ac ar ôl iddo gefnu ar Dduw, collodd y weledigaeth a oedd yn eiddo i'r awduron beiblaidd hyn. Dywedodd un gŵr ar ôl darllen y bennod gyntaf yn y Beibl, gyda'i dafod yn ei foch, 'Diolch byth fod Duw wedi creu dyn yn olaf. Petai wedi'i greu yn gyntaf, byddai wedi hawlio mai ef a greodd y cyfan!' Yn ei falchder, mae dyn wedi colli'i ffordd, ac wedi amharu ar fyd Duw. Fel y dywedodd y nofelydd mawr, Franz Kafka: 'Yn lle dewis y llwybr at bren y bywyd, mae dyn wedi cerdded y llwybr at bren gwybodaeth.'

Darllen: Actau 3:1–10
2 Corinthiaid 5:17–20

Neges:
Bydd llawer ohonom sydd yma heddiw yn cofio'r ffilm *Little Voice*. Merch ifanc, croten ysgol, yw'r prif gymeriad. Mae'n byw a bod yn ei hystafell wely, wedi ei chau ei hun i mewn yn ei swildod, yn ofnus a

chwbl ddihyder. Rhwng ei 'chyfyng furiau' mae'n destun tosturi, ond ychydig o help sydd ar gael yn y cartref. Mae ei mam yn wraig anghynnes fel ei haelwyd, ac nid yw'n cymryd y diddordeb a ddylai yn ei merch sy'n brwydro yn ei hunigrwydd. Mae'r tad wedi marw, ond mae ei recordiau yn llofft ei ferch hiraethus sy'n treulio oriau o'i hamser yn gwrando ar y caneuon, gan geisio'r un pryd eu canu. Gwan yw llais y ferch, fel yr awgryma teitl y ffilm, ond trwy ddal ati i ganu'r hen ganeuon, mae'r llais yn cryfhau, ac yn raddol daw iddi hyder, digon i adael ei llofft henffasiwn a chanfod rhyddid iddi'i hun.

Arwyddlun o'r rhyddid newydd a'r bywyd newydd a ddaw iddi yw'r darlun hwnnw sy'n dal i loetran yn y cof. Mae'n cario colomen ar draws ei hystafell, yn agor y ffenestr, ac yn ei gollwng yn rhydd i ffresni awyr yr hwyr. Mae'r gantores ar ei thwf, ac wedi byw trwy ei ffantasïau y mae bellach yn greadur newydd neu, yng ngeiriau'r Apostol Paul, yn 'greadigaeth newydd'. Ynddi a thrwyddi daw lle'r Ysbryd Glân yn ein bywydau yn amlwg, ac mae ei chân, sydd yn huotlach erbyn hyn, yn wers i bawb a wêl y ffilm. Mae'r greadigaeth newydd, neu'r 'bod newydd' fel y geilw un diwinydd y sawl sydd yng Nghrist, yn cynyddu'r mawl a'r gân i'r Ysbryd Glân sy'n berson creadigol o fewn cymdeithas y Drindod.

Fel y clywsom, mae Paul yn sôn am y greadigaeth newydd, ac yn achlysurol (fel yn 1 Corinthiaid 15:22), yn dwyn i gof ddarllenwyr hanes y creu yn nechrau'r Beibl: 'Oherwydd fel y mae pawb yn marw yn Adda, felly hefyd y gwneir pawb yn fyw yng Nghrist.' Gyda dyfodiad Iesu Grist a'i atgyfodiad, mae cyfle arall i greaduriaid fel ni. Ymadrodd Ioan am y broses hon yw 'ailenedigaeth' (Ioan 3:1-6). Meddai Iesu wrth Nicodemus, Pharisead dysgedig a hyddysg yn yr ysgrythurau: 'Yr hyn sydd wedi ei eni o'r cnawd, cnawd yw, a'r hyn sydd wedi ei eni o'r Ysbryd, ysbryd yw.' Credai'r Eglwys Fore fod yr Ysbryd Glân fel y gwynt 'yn chwythu lle y myn', ac yn creu pobl a chymdeithas newydd. Gwyddom oll y daw chwa o wynt, pwff o egni, ton o rym i'n codi ni oll yn achlysurol o'r diffrwythder mwyaf, a'n hadfywio, yn wir, ein hatgyfodi 'i obaith bywiol'. Dyma'r genadwri a gawn yn yr emyn a fu'n help i lawer un a fu'n ddigalon:

O Arglwydd, dyro awel,
a honno'n awel gref,
i godi f'ysbryd egwan
o'r ddaear hyd y nef;
yr awel sy'n gwasgaru
y tew gymylau mawr;
mae f'enaid am ei theimlo:
o'r nefoedd doed i lawr.

Stori sy'n cyplysu mawl a gwaith yr Ysbryd Glân yw honno yn nechrau Llyfr yr Actau am y dyn cloff oedd yn orweddiog a diegni wrth Borth Prydferth y Deml (Actau 3). Mae'n ddarlun o ddiymadferthedd yr hen eglwys oedd yn bod cyn y Pentecost, yr Hen Israel. Gofyn am geiniog a wna, ond rhydd Pedr ac Ioan nerth yr Ysbryd iddo, egni i'w godi ar ei draed, a grym mawl a ddisgrifir mor gofiadwy trwy ddefnydd Luc o ferfau: 'Ac yn y fan, cryfhaodd ei draed a'i fferau; neidiodd i fyny, safodd, a dechreuodd gerdded, ac aeth i mewn gyda hwy i'r deml dan gerdded a neidio a moli Duw. Gwelodd yr holl bobl ef yn cerdded ac yn moli Duw.'

Fel y ferch â'r llais egwan yn y ffilm, mae yntau'n greadigaeth newydd, ac wedi profi o rymusterau'r Ysbryd Glân dan weinidogaeth yr apostolion. A'r tro hwn, mae hen gân y geiniog yn troi'n gân newydd y tu mewn i'r deml.

Gweddi:

Ein Tad, ti yw pensaer y Cread, awdur pob dirgelwch fel yn y dechreuad; rwyt ti o hyd yn creu ac yn dymuno i bopeth fod yn dda. Cofiwn i ti greu dyn yn goron ar dy greadigaethau, a'i fendithio, ac ar ôl gosod dy ddelw arno, a'th anadl ynddo, ymddiried iddo dy fyd. Datguddiaist i ni dy fwriad grasol, a threfnu yn dy ddoethineb dy gynhaliaeth i bawb, a chyfrifoldeb am ddefaid ac ychen, anifeiliaid gwylltion, adar y nefoedd a physgod y môr. Arglwydd, mor ardderchog yw dy enw ar yr holl ddaear!

Cyffeswn ger dy fron, gyda chywilydd, i ni amharchu dy ddeddfau, bychanu dy eiriau, camliwio dy feddyliau, camarfer dy roddion, a byw yn afradlon. Pechasom, gan anufuddhau i'th lais, lladd ein gilydd ar draws y canrifoedd, llygru dy fyd, camddefnyddio dy ddoniau hael i ni, a thristáu dy Lân Ysbryd.

Trwy esiampl y Patriarchiaid a'r Barnwyr, a thrwy eiriau dy feirdd a'th broffwydi, cawsom gyfle ar ôl cyfle i newid ein buchedd, ac i fod yn ufudd i ti. Ond, megis praidd dy fynyddoedd, crwydrasom yn bell, a cholli dy ffordd a'th olau.

Diolchwn i ti heddiw am i ti roddi Iesu Grist i ni, y Ffordd, y Gwirionedd a'r Bywyd. Ynddo ef, fel yn ein tad Abraham, yr wyt ti'n rhoi cyfle newydd i ni, a maddeuant.

Ar ddechrau ei weinidogaeth yn Nasareth, cyhoeddodd fod Ysbryd yr Arglwydd arno, a gwelwyd ef yn pregethu i'r tlodion, yn rhoi rhyddid i garcharorion, adferiad golwg i'r deillion, a rhwyddineb i'r cloff i gerdded yn rhydd. Trwy ei weinidogaeth yn dy hael Ysbryd, ei farwolaeth ar y groes, ei atgyfodiad o blith y meirw, ei ddyrchafiad i'th orsedd a'th dywalltiad di o'i Ysbryd ar yr Eglwys Fore, rhoddaist i bawb ohonom ran yn dy greadigaeth newydd. Dysg ni i obeithio am nef newydd a daear newydd, ac yn y dyddiau rhyfelgar hyn, dyro i ni y Jerwsalem newydd, a dail pren y bywyd i iacháu'r cenhedloedd. Dirion Dad, er mwyn i ni gael cread newydd, cynorthwya ni i gyhoeddi'r newyddion da, a thrwy ein mawl i'r Tad a'r Mab a'r Ysbryd Glân, greu byd dilygredd yn grud i'n plant.

Yr ydym yn gofyn hyn yn enw Iesu Grist, a oedd yn ymgorfforiad o'r Ysbryd Glân, a'i fywyd a'i weddi yn esboniad ar waith yr Ysbryd, ac yn fawl tragwyddol iddo. AMEN.

Y Fendith:
Lle bynnag wyt, O Grist,
mae bywyd pur ei flas,
mae ysbryd yno'n rym
a gloyw ffrydiau gras.

Oedfaon Ffydd

Y DRINDOD

Gweddi Agoriadol:

Rhown glod i Dduw,
bendithiwn ei enw,
Tri yn Un,
Un yn Dri,
yn Dad,
Mab,
ac Ysbryd Glân.
Cawn grëwr yn Geidwad,
cawn Geidwad yn gynhaliwr.
Mwy ni allwn ei ddymuno.
Rhown glod i Dduw,
unwn ninnau i ddiolch am ryfeddol,
dragwyddol gariad Tri yn Un.
AMEN.

Darllen: Effesiaid 2:11–22

Neges:
Clywsom amdanat, O Dduw ein Tad,
ti, a greaist y byd o'th gariad rhyfeddol,
yn rhwygo trefn allan o anhrefn.
Pob un ohonom wedi ein creu ar dy lun.
Mae ôl dy fysedd ar enaid pob un ohonom.
Felly fe'th addolwn;
molwn di, Greawdwr nef a daear.

Clywsom amdanat, Iesu Grist,
asgwrn ein hesgyrn,
cnawd ein cnawd,
yn cyffwrdd y gwahanglwyfus,

yn cymdeithasu â'r gwrthodedig,
yn croesawu'r esgymun,
yn maddau, trugarhau, caru, cofleidio,
yn rhoi gwerth ar y diwerth,
yn marw er mwyn i ni gael byw.
Felly fe'th addolwn;
clodforwn di, Arglwydd byw a bendigedig.

Clywsom amdanat, Ysbryd Sanctaidd,
yn bywhau ein heneidiau,
yn meddiannu ein calonnau,
yn goleuo ein meddyliau.
Felly fe'th addolwn;
canmolwn di, Ysbryd bywyd.

Do, clywsom amdanat
yn Un yn Dri a Thri yn Un.
A chlywaist tithau amdanom ni;
nid o wrando ar yr hyn a ddywed eraill amdanom
ond am i ti wrando pob curiad calon o'n heiddo,
am i ti glywed holl sibrydion ac ocheneidiau ein heneidiau.
Felly, nid ydym am ddweud wrthyt yr hyn a wyddost yn barod, ond
mewn tawelwch
deisyf arnat yn dy drugaredd
i faddau'r hyn a fuom,
i sancteiddio'r hyn ydym,
i drefnu'r hyn a fyddwn.

Gweddi:
Cariad Tri yn Un
at yr euog ddyn,
cariad heb ddechreuad arno,
cariad heb ddim diwedd iddo;
cariad gaiff y clod
tra bo'r nef yn bod.

Cariad Duw y Tad,
rhoes ei Fab yn rhad
a'i draddodi dros elynion
i'w gwneud iddo yn gyfeillion;
cariad gaiff y clod
tra bo'r nef yn bod.

Cariad Iesu mawr,
daeth o'r nef i lawr
i gyflawni hen amcanion
gras yn iachawdwriaeth dynion;
cariad gaiff y clod
tra bo'r nef yn bod.

Cariad Ysbryd Duw;
mawr, anfeidrol yw;
gwneuthur cartref iddo'i hunan
yn y galon euog, aflan;
cariad gaiff y clod
tra bo'r nef yn bod. AMEN.

Y Fendith:
Gogoniant i'r Tad
a greodd y byd;
gogoniant i'r Mab
a'n prynodd mor ddrud;
gogoniant i'r Ysbryd
a'n pura'n ddi-lyth:
i'r Drindod mewn undod
rhown foliant dros byth.
AMEN.

Oedfaon Ffydd

Y DRINDOD

Darllen: Colosiaid 3:17

Darllen: 1 Pedr 1:3–12

Neges:
'Yn y dechreuad creodd Duw y nefoedd a'r ddaear. Yr oedd y ddaear yn afluniaidd a gwag, ac yr oedd tywyllwch ar wyneb y dyfnder, ac ysbryd Duw yn ymsymud ar wyneb y dyfroedd.' (Genesis 1:1-2)

Tynnwch y llen yn ôl oddi ar act gyntaf y ddrama.
Mentrwch trwy ddirgelwch amser i ymyl y gwacter afluniaidd –
Ysbryd Duw, gwidwith bywyd yn magu trefn a goleuni.

'Pan oedd Mair ei fam wedi ei dyweddïo i Joseff, cyn iddynt briodi fe gafwyd ei bod hi'n feichiog o'r Ysbryd Glân.' (Mathew 1:18b)

Tynnwch y llen yn ôl oddi ar y llety llwm a'r preseb tlawd. Mentrwch trwy'r tinsel i ymyl realiti – Immanuel – Duw yn y byd yn ddyn bach.

'Heb ddameg ni fyddai'n llefaru dim wrthynt.' (Mathew 13:34b)

Tynnwch y llen yn ôl oddi ar bob dameg,
mentrwch i blith y geiriau cyfarwydd –
wrth wraidd pob stori seml – cyfrinachau teyrnas Dduw.

A dyma len y deml yn cael ei rhwygo yn ddwy o'r pen i'r gwaelod.

Tynnwch y llen oddi ar y Sanctaidd,
mentrwch rwygo'r llen yn ddwy –
gan ehangu cylch y cysegredig i gynnwys popeth mewn bywyd.

Pam yr ydych chi'n ceisio ymhlith y meirw yr hwn sy'n fyw?

Tynnwch y llen oddi ar y dirgelwch terfynol,
mentrwch ddymchwel ofn ac amheuaeth –
daeth Iesu yn ôl dros riniog y tywyllwch.

Gweddi:
'A dyma air i'w gredu, sy'n teilyngu derbyniad llwyr: "Daeth Crist Iesu i'r byd i achub pechaduriaid." A minnau yw'r blaenaf ohonynt. Ond cefais drugaredd, a hynny fel y gallai Crist Iesu ddangos ei faith amynedd' (1 Timotheus 1:15). Derbyniwn wirionedd y gair. Taflwn ein hunain ar drugaredd amynedd maith Crist Iesu ein Harglwydd.
'Rwy'n dweud wrthych, y mae llawenydd ymhlith angylion Duw dros un pechadur sy'n edifarhau' (Luc 15:10).
Yn y tawelwch sy'n dilyn, edifarhawn.
Tawelwch
Trown yn ôl at Dduw, a pheri llawenydd mawr ymhlith holl angylion Duw.
'Os cyffeswn ein pechodau, y mae ef yn ffyddlon ac yn gyfiawn, ac fe faddeua felly ein pechodau, a'n glanhau o bob anghyfiawnder.' Taflwn i ffwrdd ein hesgusodion, a derbyn ein cyfrifoldeb – y cyfrifoldeb am ein gwendidau, yn y sicrwydd fod goleuni ei faddeuant yn tywynnu arnom ac yn ein glanhau o bob anghyfiawnder. 'Ein dolur ni a gymerodd, a'n gwaeledd ni a ddygodd' (Eseia 53:4a). O ddyfnder ei gariad, ein dolur ni a gymerodd a'n gwaeledd ni a ddygodd. O ddyfnder ei gariad fe gymer oddi arnom ein gofid a'n poen, ein tristwch a'n siom.
Mawrygwn dy enw Arglwydd, am i ti ein rhyddhau ni,
yn ostyngedig, derbyniwn y rhyddid newydd hwn,
rhyddid i droi tudalen newydd,
rhyddid i ddechrau eto, wedi ein llwyr adnewyddu.
Sylweddolwn y daw gyda rhyddid gyfrifoldeb.
Ac meddai Iesu, 'Dos a gwna dithau yr un modd.'
Wedi ein llenwi â'th faddeuant, boed iddo, yn dy nerth, lifo a gorlifo ohonom ni, yn gysur a chymorth i fyw i eraill.
Yn enw Iesu, ein Harglwydd byw a bendigedig, clyw ein gweddi.
AMEN.

Oedfaon Ffydd

Y DRINDOD

Gweddi agoriadol:
Rhown glod i Dduw,
Bendithiwn ei enw,
Tri yn Un,
Un yn Dri.
Yn Dad,
Mab,
ac Ysbryd Glân.
Cawn Grëwr yn Geidwad,
Cawn Geidwad yn Gynhaliwr.
Mwy ni allwn ei ddymuno.
Rhown glod i Dduw,
Unwn ninnau i ddiolch am ryfeddol,
dragwyddol gariad Tri yn Un.
AMEN.

Darllen: Effesiaid 2:11–22

Neges:
Clywsom amdanat ... O Dduw, ein Tad,
Ti, a greaist y byd o'th gariad rhyfeddol,
Yn rhwygo trefn allan o anrhefn.
Pob un ohonom wedi ein creu ar dy lun.
Mae ôl dy fysedd ar enaid pob un ohonom.
Felly, fe'th addolwn,
Molwn di, Greawdwr nef a daear.

Clywsom amdanat ... Iesu Grist,
Asgwrn ein hesgyrn,
Cnawd ein cnawd,
Yn cyffwrdd y gwahanglwyfus,
Yn cymdeithasu â'r gwrthodedig, tra bo'r nef yn bod.

Yn croesawu'r esgymun, Cariad Duw y Tad –
Yn maddau ... trugarhau ... caru ... cofleidio ... Rhoes ei Fab yn rhad
Yn rhoi gwerth ar y diwerth, a'i draddodi dros elynion,
Yn marw er mwyn i ni gael byw. I'w gwneud iddo yn gyfeillion –
Felly, fe'th addolwn. Cariad gaiff y clod.
Clodforwn di, Arglwydd byw a bendigedig. Tra bo'r nef yn bod.
Cariad Iesu mawr –

Daeth o'r nef i lawr
Clywsom amdanat ... Ysbryd Sanctaidd. I gyflawni hen amcanion,
Yn bywhau ein heneidiau, Gras yn iachawdwriaeth dynion –
Meddiannu ein calonnau,
Goleuo ein meddyliau.
Cariad gaiff y clod,
Felly, fe'th addolwn, tra bo'r nef yn bod.
Canmolwn di, Ysbryd bywyd. Cariad Ysbryd Duw –
Mawr anfeidrol yw.

Gwneuthur cartref iddo'i hunan
Do ... clywsom amdanat yn y galon euog aflan –
Yr un yn dri a'r tri yn un.
A thithau wedi clywed amdanom ni;
Nid o wrando ar yr hyn a ddywed eraill amdanom
Cariad gaiff y clod
Ond am i ti wrando pob curiad calon o'n heiddo,
Tra bo'r nef yn bod. AMEN.
Am i ti wrando holl sibrydion ac ocheneidiau ein heneidiau.
Felly, nid ydym am ddweud wrthyt beth a wyddost yn barod, ond ...

Gweddi i gloi:
mewn tawelwch ... Gogoniant i'r Tad,
Deisyf arnat yn dy drugaredd, A greodd y byd;
Maddau'r hyn a fuom, Gogoniant i'r Mab,
Sancteiddia'r hyn ydym, A'n prynodd mor ddrud;
Trefna'r hyn a fyddwn. Gogoniant i'r Ysbryd,
A'n pura'n ddilyth;

I'r Drindod mewn Undod
Cariad Tri yn Un, Rhown foliant dros byth.
At yr euog ddyn. AMEN.

Cariad heb ddechreuad arno,
Cariad heb ddiwedd iddo –
Cariad gaiff y clod.

Darllen: 1 Pedr 1:3–12

Neges:
"Yn y dechreuad creodd Duw y nefoedd a'r ddaear. Yr oedd y ddaear yn afluniaidd a gwag, ac yr oedd tywyllwch ar wyneb y dyfnder, ac ysbryd Duw yn ymsymud ar wyneb y dyfroedd."
Tynnwch y llen yn ôl oddi ar act gyntaf y ddrama,
Mentrwch trwy ddirgelwch amser i ymyl y gwacter afluniaidd – Ysbryd Duw, gwidwith yn magu trefn a goleuni.

Pan oedd Mair, ei fam, wedi ei dyweddïo â Joseff, cyn iddynt briodi fe gafwyd ei bod hi'n feichiog o'r Ysbryd Glân.
Tynnwch y llen yn ôl oddi ar y llety llwm a'r preseb tlawd,
Mentrwch trwy'r tinsel i ymyl y realiti –
Immanuel – Duw yn y byd fel dyn bach.

Heb ddameg ni fyddai'n llefaru dim wrthynt.
Tynnwch yn ôl y llen oddi ar bob dameg,
Mentrwch i blith y geiriau cyfarwydd –
Wrth wraidd pob stori syml – cyfrinachau teyrnas Dduw.

A dyma len y deml yn cael ei rhwygo yn ddwy o'r pen i'r gwaelod.
Tynnwch y llen oddi ar y sanctaidd,
Mentrwch i rwygo'r llen yn ddwy
Gan ehangu cylch y cysegredig i gynnwys popeth bywyd.

Pam yr ydych yn ceisio ymhlith y meirw yr hwn sy'n fyw?
Tynnwch y llen oddi ar y dirgelwch terfynol,
Mentrwch i ddymchwel ofn ac amheuaeth –
Daeth Iesu yn ôl dros rhiniog y tywyllwch.

Gweddi:

Dyma air i'w gredu, sy'n teilyngu derbyniad llwyr: 'Daeth Crist Iesu i'r byd i achub pechaduriaid.' A minnau yw'r blaenaf ohonynt. Ond cefais drugaredd, a hynny fel y gallai Crist Iesu ddangos ei faith amynedd.' Derbyniwn wirionedd y gair ...
Taflwn ein hunain ar drugaredd faith amynedd Crist Iesu ein Harglwydd. Rwy'n dweud wrthych, y mae llawenydd ymhlith angylion Duw am un pechadur sy'n edifarhau,' (Luc 15:10). Yn y tawelwch sy'n dilyn ... edifarhawn. (Tawelwch.) Trown yn ôl at Dduw ... A pheri llawenydd mawr ymhlith holl angylion Duw.
'Os cyffeswn ein pechodau, y mae ef yn ffyddlon ac yn gyfiawn, ac fe faddeua, felly ein pechodau, a'n glanhau o bob anghyfiawnder.' Taflwn i ffwrdd ein hesgusodion... a derbyn ein cyfrifoldeb – y cyfrifoldeb am ein gwendidiau, yn y sicrwydd fod goleuni ei faddeuant yn t'wynnu arnom ac yn ein glanhau o bob anghfiawnder.
'Ein dolur ni a gymerodd, a'n gwaeledd ni a ddygodd' (Eseia 53:4a). O ddyfnder ei gariad, ein dolur ni a gymerodd a'n gwaeledd ni a ddygodd. O ddyfnder ei gariad fe gymer oddi arnom ein gofid a'n poen, ein tristwch a'n siom.
Mawrygwn dy enw Arglwydd, am i ti ein rhyddhau ni,
yn ostyngedig derbyniwn y rhyddid newydd hwn...
Rhyddid i droi tudalen newydd,
rhyddid i ddechrau eto, wedi ein llwyr hadnewyddu.
Sylweddolwn, gyda rhyddid daw cyfrifoldeb.
'Ac meddai Iesu, 'Dos a gwna dithau yr un modd.'
Wedi ein llenwi â'th faddeuant, boed iddo, yn dy nerth, lifo a gorlifo ohonom ni, yn gysur a chymorth i fyw i eraill.
Yn enw Iesu, ein Harglwydd byw a bendigedig, clyw ein gweddi.
AMEN.

Oedfaon Ffydd

LLEDAENIAD YR EFENGYL

CREDU A CHANLYN

Gweddi Agoriadol:
Down i'th dŷ
i geisio dy fendith.
Gwna ni'n un,
yn deulu.
Tyn ni'n rhydd
o'n gwendidau
a'n balchderau,
i'th wasanaethu.
Yr oedfa hon
yn y capel hwn,
arnom oll
boed dy wên. AMEN.

Darllen: Mathew 16:13–28

Neges:
Disgrifiodd Reinhold Niebuhr y ffydd Gristnogol fel 'an impossible possibility'. Er i Pedr fod yng nghwmni'r Iesu ers amser, mae ei ddealltwriaeth o wir ystyr dilyn Iesu yn anemig braidd. Yn ôl adroddiad Mathew o'r hanes, hyd yma roedd Pedr wedi bod yn y cysgodion, yn fwy adnabyddus am ei gwestiynau na'i argyhoeddiadau. Ond wrth ddod i barthau Cesarea Philipi, mae'r sefyllfa'n newid. Holodd Iesu hwy, 'Pwy mae dynion yn ei ddweud yw Mab y Dyn?' Pedr sy'n ateb, 'Ti yw'r Meseia, Mab y Duw Byw.' A dyma'r 'impossible possibility' wedi ei fynegi mewn geiriau! *Impossible possibility* ein ffydd yw dyfodiad Crist i'n plith. Chwala bob rhwystr rhyngom a Duw. Mae Mab y Duw Byw yn mynnu torri i mewn i annibendod ein bywydau a dweud, 'Dewch ataf fi, bawb sy'n flinedig ac yn llwythog, ac fe roddaf fi orffwystra i chi.' Ni chawsom y fraint o wrando arno'n pregethu. Ni welsom mohono'n

iacháu'r claf, yn chwistrellu gobaith i fywydau'r tlawd ac yn cysuro'r penisel, ond gallwn baratoi yn ein bywydau nawr: weithiau fe ddaw fel lleidr yn y nos, a thrwy'r bobol a'r sefyllfaoedd mwyaf annisgwyl; bryd arall, i eraill, daw yn rymus i'w hargyhoeddi yn blwmp ac yn blaen o'u hangen i newid a thyfu. Ond fe ddaw bob amser yn Waredwr gan gynnig maddeuant a chyfle newydd.

Gweddi:

Yn nirgelwch presenoldeb Duw ymhlith ei bobl – ofer yw geiriau.
Yn nwys ddistawrwydd Duw – ofer yw geiriau.
Yn sŵn gair Duw – ofer yw geiriau.
'Ymlonyddwch, a dysgwch mai myfi sydd Dduw.'
Ymdawelwn, a chlustfeinio am guriad ein calon,
am ffwdan ein meddyliau,
ac aflonyddwch ein heneidiau.
Yn y tawelwch sy'n dilyn, gwahoddwn Dduw i mewn i ganol dimbwr dambar di-baid ein bywydau ...
Ymlonyddwn, a chlustfeinio am lais y di-lais,
cri yr unig, ochenaid y gofidus,
cwyn y tlawd,
griddfan y galarus.
Yn y tawelwch sy'n dilyn, erfyniwn am bresenoldeb Duw yng nghanol dwndwr trist bywyd cynifer o'i blant. Hyd yn oed os nad ydym, fel Moses gynt, yn tynnu ein hesgidiau oddi am ein traed, llawn sylweddolwn ein bod yn sefyll ar dir santaidd. Gwyddom dy fod yn agos pan ddaw pobl ynghyd yn enw dy Fab, ein Harglwydd Iesu Grist.
Ac yn yr enw hwn, yr enw mwyaf mawr erioed a glywyd sôn, deisyfwn dy fendith.

Y Fendith:

Iddo ef, sydd â'r gallu ganddo i'ch cadw rhag syrthio, a'ch gosod yn ddi-fai a gorfoleddus gerbron ei ogoniant, iddo ef, yr unig Dduw, ein Gwaredwr, trwy Iesu Grist ein Harglwydd, y byddo gogoniant a mawrhydi, gallu ac awdurdod, cyn yr oesoedd, ac yn awr, a byth bythoedd! AMEN.

(Llythyr Jwdas 24-25)

Oedfaon Ffydd

YR IAWN

SARFF BRES A CHROES BREN

Gweddi Agoriadol:
Gair Duw, bywyd a goleuni.
Mab Mair, cnawd ein cnawd.
Saer Nasareth, saernïwr iau a chadair.
Gwirionedd Duw, digrifol a difrifol.
Iachäwr y claf, cyffyrddwr y gwahanglwyfus.
Gwrthod y mwyaf, caru'r lleiaf.
Cyfaill y gwan, atgas gan y cryf.
Oen i'r lladdfa, Gwaredwr byd.
Brenin brenhinoedd, Arglwydd arglwyddi.
Derbyn gennym y clod, y mawl, y parch a'r bri. AMEN.

Darllen: Ioan 3:14–21
Effesiaid 2:1–10
Numeri 21:4–9

Neges:
Aeth y blynyddoedd heibio'n ara' deg ...
Y bobl yn dal i grwydro, yn dal i gwyno.
Ac ar ben pob peth – pla o seirff ...
Seirff ym mhob man!
Cafodd nifer fawr o'r bobl eu brathu,
a byddai'r gwenwyn yn araf, yn boenus, yn lladd.
Brysiodd rhai o'r bobl at Moses.
Moses, druan ...
Un argyfwng arall i'w wynebu.
Gweddïodd Moses drostynt.
Atebodd Duw, yn ei gariad,

'Gwna sarff bres, a'i gosod a'r bolyn, a'i chodi'n uchel fel y gall pawb ei gweld. Os caiff rhywun ei frathu, dim ond iddo edrych ar y sarff, fe gaiff ei wella.'
Duw yn cynnig i'w bobl ffordd allan o'r argyfwng.
Dim ond un peth oedd rhaid i'r bobl ei wneud –
edrych ar y sarff bres a godwyd yn uchel fel y gallai pawb ei gweld.
Dychmygwch y peth ...
Da chi di cael eich brathu!
Mae'r gwenwyn yn llosgi trwy'r corff.
Y parlys yn araf gydio ...
Chydig oriau os nad, yn wir, chydig funudau i fyw.
Edrych ... dim ond edrych sydd raid ar y sarff bres, a byw.
Mae Iesu'n defnyddio'r hanes i ddweud rhywbeth wrthym.
Mae'r neges sydd ganddo'n syml.
Mae ef yn cynnig bywyd;
Mae ef yn cynnig adfer y berthynas rhyngom a'n gilydd, rhyngom a Duw.
Mae ef yn cynnig iacháu ein dolur:
euogrwydd am ddoe;
gofid am heddiw;
arswyd rhag yfory.
'Fel y cododd Moses y sarff yn yr anialwch,
felly y mae'n rhaid i mi gael fy nghodi,
er mwyn i bob un sy'n credu ynof gael bywyd newydd, tragwyddol.'
Cael ei godi ... ym mha ffordd?
Cael ei godi ar y groes ...
Roedd y sarff yn gyfrwng poen, gofid a marwolaeth,
ond fe ddaeth y sarff bres i fod yn gyfrwng iachâd a bywyd.
Y groes yr un modd – cyfrwng poen a marwolaeth,
a Duw yn troi'r groes honno yn gyfrwng iachâd a bywyd i minnau a chithau.
Wrth gael ei godi ar y groes fe dynnodd Iesu'r holl wenwyn oedd yn parlysu pobl fel finnau a chithau allan ohonom iddo'i hun.
Ond nid digon oedd iddo gael ei godi ar y groes.
Rhaid hefyd oedd iddo godi o farw'n fyw.
Croesi nôl dros riniog a chyhoeddi fod bywyd yn drech na marwolaeth.

Gweddi:

Gydag Abraham a Sara – heb wybod i ble y bydden nhw'n mynd.
Gyda Moses ac Aaron – heb wybod be' fydden nhw'n ei ddweud.
Gyda Ruth a Naomi – heb wybod be' fydden nhw'n ei wneud.
Dibynnwn ar dy ras a'th arweiniad, O Dduw,
fel pobl sydd wedi teithio ond sydd heb orffen y daith;
fel pobl sydd wedi credu ond sydd â rhagor i'w ddarganfod;
fel pobl sydd yn un yng Nghrist ond sydd yn chwilio am undeb amgenach.
Dibynnwn ar dy ras a'th arweiniad, O Dduw,
wrth gofio'r hyn a fuom;
wrth ystyried yr hyn ydym.
wrth hyderu am yr hyn a fyddwn.
Dibynnwn ar dy ras a'th arweiniad, O Dduw,
mewn gonestrwydd;
mewn gostyngeiddrwydd;
mewn gobaith.
Dibynnwn ar dy ras a'th arweiniad, O Dduw.

Y Fendith:

Yn ein calonnau a'n cartrefi –
bendith Duw.
Yn ein llafur a'n hamdden –
gofal Duw.
Yn ein hynt a'n helynt –
heddwch Duw.
Yn ein byw a'n credu –
cariad Duw. AMEN.

Oedfaon Ffydd

IACHAWDWRIAETH

Gweddi Agoriadol:
Pwy yw Arglwydd y gofod di-ben-draw,
Arglwydd mawr y nef a'r ddaear?
Pwy yw Arglwydd ein bywyd, Duw ein hiachawdwriaeth,
haul ein dydd, seren ein nos?
Pwy yw lluniwr cyfnodau, oesoedd a blynyddoedd byd?
Pwy sy'n fawr ei ofal drosom,
yno pan fo cysur byd yn ffoi,
yno pan guddia'r nos y dydd?
Eiddo pwy ydym?

Darllen: Effesiaid 6:10–20

Neges:
Duw a ddywedodd wrth Abraham, 'Dos o'r lle hwn, daeth yr amser i ti deithio.'
Duw a ddywedodd wrth Sara, 'Dyro wên i mi, mae bywyd yn dy fru.'
Duw a ddywedodd wrth Moses, 'Gwared fy mhobl, rhanna'r dyfroedd hyn.'
Duw a ddywedodd wrth Miriam, 'Cydia yn dy dympan a dyro gân a dawns i mi – chi'n rhydd!'
Duw a ddywedodd wrth Joseff, 'Gad dy lif a'th forthwyl, dos gyda Mair.'
Duw a ddywedodd wrth Mair, 'Yn dy fru mae fy mab.'
Crist a ddywedodd wrth Pedr, Andreas, Iago ac Ioan, 'Dim rhagor o hel pysgod i chi, o hyn allan byddaf yn eich dysgu i bysgota am bobl.'
Crist a ddywedodd wrth Martha, 'Rhaid i ti wrando arnaf yn gyntaf, ac yna cei baratoi te.'
Duw yng Nghrist sydd yn ein galw ni i dderbyn y fraint o fod yn dystion iddo, a'r cyfrifoldeb o fod yn gyfryngau ei gariad.

Gweddi:
Arglwydd,
hyn a wyddom ...
Mewn byd o frenhinoedd a thywysogion,
ar lywyddion ac ymerodwyr,
arweinyddion a llywodraethau,
pleidiau a gwrthbleidiau –
ti yw Brenin y brenhinoedd ac Arglwydd yr arglwyddi.

Arglwydd,
hyn a wyddom ...
Mewn byd o famau a thadau, neiniau a theidiau –
ti yw ein Tad; dy blant di ydym.

Arglwydd,
hyn a wyddom ...
Mewn byd lle mae cymaint o alwadau ar ein hamser,
ar ein hamynedd, ar ein hegni –
ti sydd yn gymorth ac yn gadernid i ni.

Arglwydd,
hyn a wyddom ...
Mewn byd â digon o arfau ynddo i ddinistrio'i hun ganwaith drosodd,
byd â digon o fwyd i bawb ond fawr neb â'r awydd i rannu,
byd llawn gwybodaeth ond heb ddigon o gariad –
ti sy'n rhoi ystyr a chyfeiriad i fywyd ac yn sicrhau dyfodol i'th bobl.

Arglwydd,
hyn a wyddom ...
Fe wyddost amdanom,
yr hyn a wnaethom,
yr hyn nas gwnaethom,
yr hyn ydym,
yr hyn y gallem fod.

Maddau i ni a thrugarha wrthym,
yn enw'r hwn sydd yn bopeth inni – Iesu, ein Harglwydd.
AMEN.

RHESTR SCHINDLER

Darllen: Eseia 55:6-7
Rhufeiniaid 12:9-21

Neges:
Cafodd y llyfr *Schindler's Ark* gan Thomas Keneally ddylanwad mawr arnaf. Ychydig flynyddoedd yn ôl fe addaswyd y nofel yn ffilm, *Schindler's List*. Arwr y stori yw Oskar Schindler. Arwr rhyfedd, ac yntau'n sgamiwr o fri, twyllwr, cablwr, lleidr, rhagrithiwr. Dyma'r dyn a symudodd fôr a mynydd i gadw'r Iddewon oedd yn gweithio yn ei ffatri yng Ngwlad Pwyl yn ddiogel rhag yr awdurdodau Natsïaidd. Mae'r ffilm yn un anodd ei gwylio. Cyn belled ag y medrwn, cawn gyfle i brofi gofid a gwae pobl, wrth iddynt gael eu difa gan bobl ryfedd o debyg i ni. Yn treiddio trwy'r llyfr a'r ffilm fel ei gilydd, mae'r cwestiwn 'Pam?' Pam fod cymeriad fel Schindler yn mentro popeth i helpu'r Iddewon hyn? Doedd Oskar Schindler ddim yn sant o bell ffordd. Cawn ateb, i raddau beth bynnag, gan yr Iddewon yn y stori. Wrth i'r rhyfel dynnu tua'i derfyn, a byddin Rwsia yn tynnu'n nes ac yn nes bob dydd, penderfynodd Iddewon Schindler, fel y'u gelwir, roi anrheg iddo – modrwy aur â'r geiriau 'He who saves a single soul saves the world entire' yn arysgrif arni. Fe beryglodd Schindler ei fywyd ei hun er mwyn eraill.

Roedd rhywbeth ynddo yn drech na hunan les – rhywbeth yn ei ryddhau o ormes propoganda a grym y farn gyhoeddus ac yn ei alluogi i wneud yr hyn oedd yn iawn, doed a ddelo. Pan oedd Iesu'n marw ar y groes, daeth rhyw bobl heibio a sefyll wrth droed y groes a rhwbio halen yn y briw: dyma ffrwtsh o feseia, yn hongian fa'ma ar ei hoelion. Maent yn methu'n lân â gweld y gwrthddywediad mwyaf erioed – dyn a arbedodd y byd yn gyfan trwy golli ei fywyd ei hun.

Dyn a ddangosodd i minnau a chithau fod modd byw bywyd sydd

yn fwy na ninnau yn unig. Codi'n uwch na 'finnau' yw dilyn yr Iddew hwnnw a fu farw ar y groes i achub yr holl fyd.

Gweddi:
Wedi gweld y baban ym mreichiau ei fam,
be' wnawn ni?
Rhedeg yn syth i lys y brenin?
Na, plygu wnawn ac addoli.

Wedi clywed geiriau'r Athro Mawr,
be' wnawn ni?
Holi be' mae saer coed yn ei wybod am Dduw?
Na, ildio wnawn i'w her.

Wedi derbyn llaw'r Iachäwr,
be' wnawn ni?
Dangos mai hollol ofer yw ei ddiddordeb ynom?
Na, agor wnawn i'w rym.

Wedi gweld y groes,
be' wnawn ni?
Dychwelyd adre'n ddi-hid?
Na, sylweddoli mai trosom ni y bu'r cyfan.

Wedi clywed bod ei fedd yn wag,
be' wnawn ni?
Dal ati i hogi ei enw ar garreg fedd?
Na, darganfod ynddo wnawn rym anorchfygol bywyd newydd.
AMEN.

Y Fendith:
'Ond eto yr wyt yn ein mysg ni, Arglwydd; dy enw di a roddwyd arnom; paid â'n gadael.' (Jeremeia 14:9)

Oedfaon Ffydd

YMBIL AR RAN DY EGLWYS

Gweddi Agoriadol:
Arglwydd, diolch i ti am wythnos newydd ar daith bywyd ac am gwmni ein gilydd o'r newydd. Arwain ni i ddyrchafu llef mewn mawl, i blygu pen mewn gweddi ac i wrando dy Air sanctaidd, gyda drysau ein heneidiau yn agored led y pen i brofi bendith y gymundeb â thydi ac yn dy gwmni di gyda'n gilydd. Llanwa ni â'th Ysbryd Sanctaidd fel y byddwn yn deilwng ger dy fron ac yn llestri dy ewyllys fawr yn Iesu Grist yn ein bywydau beunyddiol. Gofynnwn hyn yn enw Iesu Grist a'n dysgodd i weddïo gyda'n gilydd a dweud, 'Ein Tad, yr Hwn wyt yn y nefoedd ...'

Darllen: Colosiaid 1:9–20

Neges:
Cychwynna'r Parch. John Roberts dri phennill ei emyn gyda'r geiriau, 'Am dy gysgod dros dy Eglwys drwy'r canrifoedd, molwn di', 'Am dy gwmni yn dy Eglwys rhoddwn glod i'th enw glân' ac 'Am dy gariad at dy Eglwys clyw ein moliant, dirion Dad'. (i) Mae Duw wedi gofalu am ei Eglwys yn y gorffennol trwy bob chwyldro a rhaniad; (ii) Mae Duw yn bresennol yn addoliad a bywyd yr Eglwys trwy'r byd heddiw; (iii) Mae dyfodol yr Eglwys yn sicr oherwydd bod ei gariad at ei Eglwys yn ddiderfyn. Wrth ymbil ar ran yr Eglwys, ymbil ar ran pobl yr ydym sydd yn gorff y Crist byw. Pobl o bob lliw a llun yw'r Eglwys, pechaduriaid y mae Duw yn eu caru ac wedi 'rhoi ei unig Fab er mwyn i bob un sy'n credu ynddo ef beidio â mynd i ddistryw ond cael bywyd tragwyddol'. Mae neges yr Efengyl yn llawn gobaith am fywyd newydd yn Iesu Grist. Ymbiliwn ar i'r Eglwys yn ei haddoliad a'i bywyd fyw ei chenhadaeth a chyhoeddi hyn. Ar bulpud ymyl y ffordd, yn Saesneg, yr oedd llythrennau wedi eu gosod:'CH CH – What's missing? UR.' Oes rhaid dweud mwy?

Gweddi:

Ein Tad, gweddïwn tros dy Eglwys trwy'r byd – tros dy deulu mewn gwahanol amgylchiadau a phrofiadau. Erfyniwn ar i'th Ysbryd ddisgyn ar dy Eglwys, gan ei chadw mewn gwirionedd a heddwch, ac mewn undod ymhob rhyw brofiad. Yn yr un Ysbryd, adnewydda dy Eglwys, gan roi iddi weledigaeth newydd o'th ogoniant, profiad newydd o'th rym, ffyddlondeb newydd i'th Air, ac ymgysegriad newydd i'th wasanaethu yn enw Iesu Grist. Trwy hyn, gweddïwn fod tystiolaeth pobl sydd wedi eu hadnewyddu yn lledaenu gwirionedd dy Deyrnas, a'th ogoniant yn cyrraedd mwy a mwy o bobl bob dydd. Cysegra lafur pawb sy'n gweinidogaethu ac yn cenhadu yn enw'r Eglwys. Arwain ni i sylweddoli bod lle i bob credadun yng ngweinidogaeth Iesu Grist ac mai pobl ei Eglwys yw ei ddwylo a'i draed a'i lygaid i gyrraedd pobl, gan rannu bendithion cariad Duw mewn gweddi a gwaith.

> Dysg i'w llygaid allu canfod
> dan drueni dyn, ei fri;
> dysg i'w dwylaw estyn iddo –
> win ac olew Calfarî.

Wrth weddïo dros dy Eglwys fel hyn, yr ydym yn gweddïo trosom ein hunain fel aelodau, ac yn cyffesu gydag edifeirwch ein pechod. Ein Tad, maddau i ni ein pechod a'n methiant. Eto, erys dy gariad tuag atom yn Iesu Grist, ein Harglwydd. AMEN.

Darllen: Salm 46
Colosiaid 3:12–17

Neges:

Y mae'r Eglwys yn tyfu yn y byd bob dydd, trwy i bobl o'r newydd ddod yn Gristnogion. I ni yng Nghymru ac yn llawer o wledydd y Gorllewin, mae hynny'n anodd ei gredu gydag aelodaeth yr eglwysi'n lleihau'n flynyddol. Tra bod capeli ac eglwysi yn cau yng Nghymru, mewn llawer rhan o'r byd mae capeli ac eglwysi newydd yn cael eu hagor. Yng ngeiriau Paul, arweinir ni i ganfod sut gymdeithas yw'r Eglwys, gan gofio mai meini yr Eglwys gynnar oedd eneidiau byw yn cyfarfod mewn tai a neuaddau, nid brics a mortar. Yn y Testament Newydd, defnyddir y gair 'eglwys' i ddisgrifio'r gynulleidfa leol, fel y geiriau 'at eglwys Dduw sydd yng Nghorinth'. Disgrifir yr Eglwys fydeang heb ffiniau cenedl lle nad oes 'Iddew na Groegwr ond teulu Duw'. Gelwir yr Eglwys yn 'Eglwys Dduw' a gelwir Crist yn 'Ben yr Eglwys'. Dyma'r teulu – y gymdeithas – y sefydliad sydd yn destun dyddiol ein gweddïau fel Cristnogion, am ein bod yn perthyn iddi â'n holl fywyd yn ddilynwyr Iesu Grist:

> Gwna dy Eglwys yn offeryn
> i'th fawrygu drwy'r holl fyd:
> ymhob gwlad doed corff y werin
> i'th foliannu o un fryd
> yng ngweledig ac unedig
> gorff dy Fab, ein Ceidwad drud.

Gweddi:

'Ym marrug ein bydolrwydd, egin gwyrdd sy'n crino i gyd
a rhewynt materoliaeth ddreng ein hoes sy'n deifio'n byd;
O deued gwefr y gwynt o Galfarî
i ennyn fflam ein ffydd, a'n deffro ni.'
Dyma'n heiriolaeth ni tros dy Eglwys heddiw yn ein gwlad, O Dad. Gwyddom mai Croes yw symbol amlwg ein ffydd, ond diolch i ti mai Croes, er y dioddef, a fu'n fuddugoliaeth Crist trosom, a grym dy gariad yn nerth yr Ysbryd Glân a roddodd fodolaeth i'th Eglwys. Diolch i ti fod y teulu yn parhau i gynyddu ledled y byd, ac erfyniwn fod ein gwaith a'n tystiolaeth heddiw yn fynegiant clir fod y deffroad ysbrydol yn bosibl yng Nghymru. Hiraethwn am y dydd y daw pob cangen o'r teulu i gydio llaw yng ngrym yr Ysbryd Glân. Maddau ein bod â'n pen yn ein plu, yn ddigalon ac isel ein hysbryd yn ein cynulleidfaoedd. Arglwydd, yr wyt yn ein plith; yr wyt ym mywydau dy bobl. Amlyga dy fawredd a'th gariad o'r newydd yn ein plith:

> O deued atom chwa o Galfarî
> I ennyn fflam ein ffydd, a'n harwain ni. AMEN.

Y Fendith:
Arglwydd, diolch i ti am funudau o'th gwmni. Arwain ni i fawrhau cymdeithas dy Eglwys yn ein bywydau o ddydd i ddydd. Gras ein Harglwydd Iesu Grist, a chariad Duw, a chymdeithas yr Ysbryd Glân a fyddo gyda ni. AMEN.

Oedfaon Ffydd

ADNEWYDDIAD YR EGLWYS

Gweddi Agoriadol:
Arglwydd, rhoddaist gyfle newydd i ni gyfoethogi ein bywydau a'n heneidiau trwy ddod at ein gilydd i'th addoli fel 'yr unig wir a'r bywiol Dduw'. Arwain ni â'th Ysbryd yn wylaidd a gostyngedig i brofi llawenydd y profiad o addoli, a llewyrched y llawenydd hwnnw yn ein bywydau o ddydd i ddydd. Yn enw ein Harglwydd Iesu Grist, a roddodd i ni y weddi i'w gweddïo gyda'n gilydd: 'Ein Tad, yr Hwn wyt yn y nefoedd ...'

Darllen: Salm 119:102–112

Neges:
Am ugain munud wedi hanner nos ar 14 Mehefin 2002, safwn ar flaen dec pedwar ar long Nordlys yn Norwy, yn rhyfeddu at weld, ie, yr haul yn tywynnu'n goch fel pe byddai'n ganol dydd. Yr adeg honno o'r flwyddyn nid oes tywyllwch nos yn y rhan yna o'r byd. Profiad bythgofiadwy oedd hwnnw. Meddyliais am gyflwr eglwysi Cymru a'r mynych sôn am ddyddiau tywyll crefydd. Eto, mae'r Efengyl yn sôn yn barhaus am oleuni. Dywed Ioan fod y 'gwir oleuni sy'n goleuo pob dyn eisoes yn dod i'r byd'. Dywedodd Iesu amdano'i hun yn yr un Efengyl, 'Myfi yw goleuni'r byd, ni bydd neb sy'n fy nghanlyn i byth yn rhodio yn y tywyllwch, ond bydd ganddo oleuni'r bywyd.' Yn y Bregeth ar y Mynydd, dywedodd Iesu am ei ddilynwyr ymhob oes: 'Chwi yw goleuni'r byd.' Oni ddylem mewn dyddiau tywyll weddïo am i brofiad y Salmydd am wirionedd Gair Duw fod yn 'llusern i'm troed ac yn oleuni i'm llwybr'?

> Ysbryd Sanctaidd, dyro'r golau
> ar dy eiriau di dy hun;
> agor inni'r Ysgrythurau,
> dangos inni Geidwad dyn.

Dyma un cyfeiriad a'n harwain ar lwybr adfywiad yr Eglwys.

Gweddi:

Diolch i ti am brofiad y Salmydd o oleuni dy ddeddfau a'th Air yn goleuo llwybrau ei fywyd. Yn ein digalondid dymunwn guddio yn y tywyllwch, gan ofni'r goleuni. Arwain dy Eglwys ar lwybr adfywiad â'th Ysbryd Glân, ac yn yr Ysbryd gwelwn â llawenydd oleuni dy gariad sy'n sylfaen ein tystiolaeth o fewn yr Eglwys ac yn y byd. Er cymaint adnoddau materol y byd, parhau i ymbalfalu y mae ein cymdeithas mewn ansicrwydd tywyll. Eto, mae gennym oleuni'r Efengyl i'w gynnig i'n byd. Ceisiwn dy Ysbryd i edrych llai arnom ein hunain, ac i edrych allan mwy ar y byd yr ydym yn byw ynddo.

> Golau'th gariad sy'n rhoi gobaith
> am adfywiad yn ein gwlad;
> golau cryf dy Ysbryd Sanctaidd
> ddeffra ni o'n cysglyd stad.

Arwain ni i fod yn oleuni'r byd, ac fel y ddinas a'r gannwyll sydd yn yr adnod, ni ellir cuddio'r goleuni sydd yn Iesu Grist, am fod y goleuni hwnnw yn llenwi'n bywydau. Gyda chariad y cofiwn am y rhai sydd wedi cefnu ar dy Eglwys mewn anobaith, ac am y rhai a chwiliodd amdanat yn y gymdeithas ond wedi methu dy ganfod. Cofiwn am ffyddloniaid sy'n gweddïo'n gyson, gan fod yn weddill posibl i adfywiad dy Eglwys. AMEN.

Darllen: Actau 2:1–13
1 Thesaloniaid 5:4–11

Neges:

Am hanner can mlynedd mae pregethwyr wedi dyfynnu geiriau'r Archesgob William Temple, 'Mae'r Eglwys yn bod er mwyn y bobl nad ydynt yn aelodau ohoni.' Yn nhref Hammerfest yn Norwy, mae eglwys wedi ei hadeiladu ar ffurf triongl. Agorwyd yr eglwys yn 1961. Fel nifer o eglwysi newydd eraill mae'n llawn o wydr lliw a phlaen – mae'n olau ar y tu mewn ac yn edrych allan ar y byd. Dywedir bod yr eglwys yn ganolbwynt i fywyd y dref. Pwrpas cael eglwys mor olau yw iddi fod yn symbol o'r goleuni sydd yn Efengyl Iesu Grist o fewn a thu allan i'r Eglwys. Mae bywyd yr Eglwys yn mynegi consýrn am yr hyn sy'n digwydd yn y gymuned ac yn y byd. Dyma yw un llwybr adfywiad. Yn ein digalondid heddiw, rydym yn fewnblyg gyda chonsýrn yn unig am fodolaeth yr Eglwys. Gwn am un capel ym Môn sydd â drysau ffrynt yn agor allan, yn symbol mai parhad o addoliad yw bywyd pob dydd mewn gwasanaeth a thystiolaeth. Dyma ddarlun yr Eglwys Fore – consýrn am eraill a'u hanghenion, fel ffordd o fyw eu bywyd yng Nghrist. Grym y gwirionedd o Grist yw fod ei ddilynwyr, fel ef ei hun, yn byw er mwyn eraill.

Gweddi:

Arglwydd, pan fo dy Eglwys yn fyw, clywn am dystiolaeth ffoadur fel Jaimi Bi: 'Bob prynhawn am hanner dydd, a'r haul yn chwilboeth, daw Duw ataf mewn dau gan gram o friwal. Adwaenaf ef ymhob gronyn, profaf ef ymhob llyfiad; cymunaf ag ef ymhob llwnc, gan obeithio byw un diwrnod yn hwy. Daethoch chi â Duw ataf mewn dau gan gram o riwal.' Diolchwn am y bobl sy'n byw i Grist trwy wasanaethu y rhai anghenus fel brodyr a chwiorydd, tebyg i Jaimi Bi, a rhannu dy gariad yn Iesu Grist. Arwain ni i ganolbwyntio ar alwad yr Efengyl, a pheidio â gadael i gyflwr ein cyfundrefnau reoli ein bywyd eglwysig. Dyro i ni glywed galwad Crist heddiw, 'Ewch i'r holl fyd a phregethwch yr Efengyl.' Â'th Ysbryd sanctaidd deffra ni, glanha ni, argyhoedda ni, fel y bydd dy Eglwys yn ein gwlad yn adfywio, gan fod yn ufudd i alwad Crist. Cofiwn am bawb ymhob cyflwr ymhell ac agos – yr afiach, y gofidus, a'r newynog - gan wybod dy fod yn eu caru bob un. Arwain ninnau i rannu dy gariad yn Iesu Grist. Maddau ein diffyg ffydd, a thrugarha wrthym yn ein gwendid, O Dduw. AMEN.

Y Fendith:

Arwain dy Eglwys i fod yn effro mewn cyfnodau tawel, yn gadarn mewn amseroedd cythryblus. Bendith Duw y Tad, Duw y Mab a Duw yr Ysbryd Glân a fyddo gyda ni. AMEN.

Oedfaon Ffydd

UNDOD YR EGLWYS

Gweddi Agoriadol:
Diolch, ein Duw, fod drws dy Dŷ di yn agored i'n croesawu i'th addoli. Gweddïwn fod drysau ein calonnau a'n heneidiau yn agored led y pen i roi ein hunain i'n haddoliad ac i dderbyn yn helaeth o'r profiad o'th bresenoldeb yn Iesu Grist. Una ni â chynulleidfa dy bobl ledled y byd yn nerth dy Ysbryd Glân. Yn enw Iesu Grist, arwain ni i weddïo gyda'n gilydd a dweud: 'Ein Tad, yr hwn wyt yn y nefoedd ...' AMEN.

Darllen: Ioan 17:6–26

Neges:
Flynyddoedd yn ôl cyhoeddodd un o asiantaethau'r Trydydd Byd boster go arbennig. Yn y canol, yr oedd wal uchel. Ar un ochr safai plentyn cyfoethog yr olwg, ac ar yr ochr arall roedd plentyn tlawd a newynog yn ceisio dringo'r wal heb lwyddiant. Yn atodiad i'r poster cafwyd llun yn dangos y wal wedi'i chwalu a'r plentyn tlawd yn gafael yn llaw y plentyn cyfoethog a gwên o obaith ar ei wyneb. Pe byddwn yn artist, defnyddiwn y syniad a chreu poster gyda wal fawr a'r geiriau 'traddodiadau' ac 'arferion' yn fawr arno. Bob ochr byddai dau gapel yn union yr un fath, ond o enwadau gwahanol; byddai'r un rhifau ar fyrddau emynau, Beibl ar y ddau bulpud, a dau bregethwr â llond llaw o gynulleidfa yn y ddau. Gweddïo y byddwn am atodiad i'r poster; llun yn dangos y wal wedi'i chwalu ac un capel wedi diflannu, a'r ddwy gynulleidfa yn un ac yn symbol o'u hundod yng Nghrist yn addoli'r un Duw, yn cyhoeddi'r un Efengyl, ac yn sianelu adnoddau i genhadu ac i weithio yn enw Crist gan wireddu gweddi Crist heddiw. 'Rwy'n gweddïo ar iddynt oll fod yn un, ie, fel yr wyt ti, O Dad, ynof fi a minnau ynot ti, iddynt hwy hefyd fod ynom ni, er mwyn i'r byd gredu mai tydi a'm hanfonodd i.'

Gweddi:

Ein Tad, maddau i ni ein bod yn llawer mwy parod i arddel ein henwad o flaen arddel Crist yn Arglwydd ac yn Waredwr. Credwn mai dy ewyllys di yw i'th blant drwy'r byd fod yn un yng Nghrist a gweddïwn am undod dy Eglwys. Maddau, ein Tad, ein diffyg ffydd, ein diffyg deall a'n diffyg cariad sydd yn creu ein gwahaniaethau yn aml. Rhyddha ni o'n culni tywyll, ac o'n rhagfarnau. Â'th Ysbryd una ni, ein Tad, gan gydnabod rhoddion dy ras ar waith ymhlith cyd-Gristnogion o bob rhan o'th Eglwys, fel y gallwn gyda'n gilydd gyffesu Crist yn Arglwydd Waredwr a chyda'n gilydd fyw a gweithio dy gariad yn y byd.

> Ond heddiw dy glodydd a ganwn i gyd
> am iti ein tynnu'n un teulu ynghyd:
> cydweithiwn, cydgerddwn, cydfolwn gan fyw
> i roi iti'r cyfan, ein Harglwydd a'n Duw.

Yn enw Iesu Grist. AMEN.

Darllen: Effesiaid 4:1–7 ac 11–16

Neges:

Mae'r rhan fwyaf ohonom yn barod i arddel ein henwad o flaen arddel ein ffydd bersonol yn Iesu Grist, gan awgrymu bod arddel enwad yn ddigonol. Mae cydnabod ein hundeb yng Nghrist yn fwy nag uno enwadau. Mae cydaddoli a chydweithio gyda'n cyd-Gristnogion yn arwydd allanol o'n parodrwydd i geisio'r undeb sydd yng Nghrist Iesu ein Harglwydd. Yng ngeiriau'r Apostol Paul, y ffordd i ganfod hyn yw bod 'yn ostyngedig ac addfwyn ymhob peth, ac yn amyneddgar, gan oddef eich gilydd mewn cariad'. O fewn un gynulleidfa mae amrywiol ddoniau ac amrywiol ddiddordebau. Yr ydym yn ymateb yn wahanol i brofiadau bywyd ac yn gweld anghenion eraill trwy ffyrdd gwahanol, ond er y gwahaniaethau, cofiwn, 'Un corff sydd, un Arglwydd, un ffydd, un bedydd, un Duw a Thad i bawb, yr hwn sydd goruwch pawb, a thrwy bawb ac ym mhawb.' Onid dyma'r ffordd ymlaen i ni Gristnogion yng Nghymru? Trwy hyn arweinir ni gan yr Ysbryd Glân i geisio a chanfod yr hyn sy'n ein huno yng Nghrist, a'r agweddau hynny o fewn ein cyfundrefnau a'n traddodiadau sy'n mynnu pylu ein bywyd ysbrydol fel Eglwysi, a lleihau ein tystiolaeth gerbron y byd. Brodyr a chwiorydd ydym oll yng Nghrist.

Gweddi:

Arglwydd, gweddïwn am i rym dy gariad yn Iesu Grist bontio'r gagendor sydd rhyngom fel Cristnogion yng Nghymru heddiw, fel y gallwn yn nerth dy gariad groesi'r bont i gyfarfod â'n gilydd a derbyn ein gilydd mewn cariad yn ddilynwyr i Iesu Grist. Wrth i ni uno ein hadnoddau, arwain ni â'th Ysbryd i geisio gyda'n gilydd ystyr cenhadaeth yn enw Crist. Diolch i ti am gyfraniad pob rhan o'th Eglwys yn y gorffennol i fywyd a diwylliant crefyddol ein gwlad, ac am i ti ddefnyddio rhaniadau dy Eglwys i gyrraedd pobl mewn gwledydd eraill trwy genhadu. O gofio cyfoeth y cyfraniadau a fu, tywys ni trwy ein hiacháu o'n rhaniadau fel y byddwn oll yn un yn gallu gwella'r rhaniadau hynny sydd yn y byd ac yn achosi rhyfel a therfysg. Trwy i gariad reoli bywyd dilynwyr Crist, gweddïwn y gallwn ddangos i'r byd fod Crist yn Arglwydd er gogoniant i ti, O Dduw ein Tad. 'A boed i eraill trwof fi, adnabod cariad Duw.' Yn enw Iesu Grist. AMEN.

Y Fendith:

Law yn llaw y diolchwn i ti, O Dad, gan nad oes mwy i'w ddweud. Eto, mae llawer i'w wneud. Awn allan i weithio yn enw Iesu Grist. Gras ein Harglwydd Iesu Grist, a chariad Duw, a chymdeithas yr Ysbryd Glân a fyddo gyda ni oll. AMEN.

Oedfaon Ffydd

POBL I DDUW

Gweddi Agoriadol:
Daethom at ein gilydd yn bobl i ti, i'th addoli yn enw ein Harglwydd Iesu Grist. Mae dy Ysbryd yn ein harwain i gofio bod myrddiynau yn eu cyfrif eu hunain yn bobl ac yn blant i ti. Waeth beth fo'u hieithoedd, eu traddodiadau a'u cyflwr materol, maent yn bobl i ti ac yn un teulu yn Iesu Grist. Wrth dy addoli gyda'n gilydd gweddïwn am oleuni dy Ysbryd i gydnabod ein perthynas a'n cyfamod â thi, fel dy bobl di yn y byd. Fel dy deulu, gweddïwn gyda'n gilydd Weddi'r Arglwydd: 'Ein Tad, yr Hwn wyt yn y nefoedd ...' AMEN.

Darllen: Salm 105:1–10
Jeremeia 31:31–40

Neges:
Mae'r Beibl yn bortread o ddatblygiad perthynas Duw â'i bobl yn yr Hen Destament, a'r pwyslais ar gyfamod rhwng Duw a'i bobl yn amlygu ei hun yn barhaus o ddyddiau Abraham i ddyddiau'r proffwydi diweddaraf. Mae'r Testament Newydd yn gyfoeth o wirionedd dyfod Duw i blith dynion yn Iesu Grist – y cyfamod ym muddugoliaeth y Groes. Wrth fyfyrio ar broffwydoliaeth Jeremeia, gwelwn wir ystyr y cyfamod rhwng Duw a'i bobl. (i) Cyfamod i barhau ydyw: 'rhof fy nghyfraith o'u mewn ac ysgrifennaf hi ar eu calon.' Dywed y proffwyd yn y bennod nesaf, 'Gwnaf â hwy gyfamod tragwyddol.' Yr ydym yn bobl Dduw am byth. (ii) Cyfamod i'w gadw ydyw: 'A byddaf fi yn Dduw iddynt a hwythau'n bobl i mi.' Mae'r berthynas mor agos fel na allwn ond cadw'r cyfamod yn bobl Dduw. (iii) Cyfamod o gariad a maddeuant ydyw: 'Maddeuaf iddynt eu hanwiredd, ac ni chofiaf eu pechodau byth mwy.' Duw sy'n caru ei bobl sydd yn gallu maddau mor llwyr â hynny. Cawn fyfyrio mwy ar hyn yn ddiweddarach yn y gwasanaeth.

Cyfamod cry', pwy ato ddyry ddim?
Nid byd na bedd all dorri'i ryfedd rym;
diysgog yw hen arfaeth Duw o hyd,
nid siglo mae fel gweinion bethau'r byd.

Gweddi:

Mawr yw ein braint o gael ein cyfrif ein hunain ger dy fron, O Dduw, yn bobl i ti. Wrth fyfyrio ar dy berthynas â'th genedl etholedig yn yr Hen Destament, sylweddolwn mai sylfaen y berthynas â thi oedd ufudd-dod i'th orchmynion a'th ddeddfau. Arglwydd, arwain ni i ganfod mai un ffordd o fod yn bobl Dduw heddiw yw ein parodrwydd i ufuddhau i ti, ac i edifarhau am ein pechodau. Trwy ein hufudd-dod i ti, ein Tad, arfoga ni i fod yn wir bobl i ti mewn eglwys a byd, a helpa ni i wisgo yn ein bywydau ffydd a chariad fel yr wyt yn ewyllysio i'th bobl wneud ymhob oes. Erfyniwn fod ein perthynas â thi yn dylanwadu ar ein hymateb i'n byd yn fwy nag y mae'r byd yn dylanwadu ar ein hymateb i ti yn Iesu Grist. Ein Tad, fel dy bobl di, cofiwn yn ein gweddi dy bobl sydd yn dioddef pob math o ofidiau heddiw: afiechyd, profedigaeth, anghyfiawnder, caethiwed, newyn ac angen. Nertha'r rhai hynny o'th bobl sydd yn cysegru eu bywyd i goncro gofidiau eraill. Am bob bai a phechod, trugarha wrthym, ein Tad, a maddau yn enw ein Harglwydd Iesu Grist. AMEN.

Darllen: Ioan 15:1–17

Neges:

Adroddir stori gan y cenhadwr Dr Stanley Jones am ymweliad â phentref yn India. Yr oedd y gynulleidfa yno i gyd yn anllythrennog a defnyddiwyd cardiau darluniau i gyfleu hanes aberth Iesu Grist yn glir. Wrth ddangos darlun o'r tair Croes ar Galfaria, rhedodd un dyn at y llun a phwyntio at Groes Crist yn y canol a gweiddi, 'Fi ddylai fod yno, nid y Fo.' Dyna i lawer yw dirgelwch y gwirionedd fod Iesu Grist ar un adeg mewn hanes wedi marw trosom ni yn ein hoes a'n dydd. Dywedodd Iesu yn ôl Ioan, 'Nid oes gan neb gariad mwy na hyn, sef bod un yn rhoi ei einioes tros ei gyfeillion.' Dywedodd Paul wrth yr Effesiaid, 'Nid estroniaid a dieithriaid ydych mwyach, ond cyd-ddinasyddion â'r saint ac aelodau o deulu Duw.' Yn y Crist a goncrodd trwy'r Groes, 'yr ydych chwithau yn cael eich cydadeiladu i fod yn breswylfod i Dduw yn yr Ysbryd.' Felly, gelwir arnom i ddangos i'r byd ein bod yn bobl Dduw yn ceisio gwneud ei ewyllys ef trwy fod yn ffyddlon i'r Ffrind pennaf un, ei Fab, ein Harglwydd Iesu Grist. Yr ydym yn bobl Dduw am byth am ein bod yn gyfeillion i Grist.

Gweddi:
Diolch am gael ein harwain bob dydd i'th alw 'Ein Tad', am mai dyma sut y'n dysgwyd gan Iesu Grist. Gallwn ddweud yn wylaidd mai ein profiad yn aml mewn bywyd yw mai cariad Tad at ei blant a brofwn yn ein cymundeb â thi. Yr wyt yn dy ddwyfoldeb yn Dad ac yn Fam i dy blant ymhob oes. Gweddïwn i ni ganfod mai'r gwirionedd o berthyn i'n gilydd fel dy bobl di yw'r llwybr i oresgyn rhyfel a thrais, a cheisio byw grymusterau cariad a brawdgarwch yn ein cymunedau a'n gwlad, a rhwng cenhedloedd y byd. Diolchwn i ti fod y Groes yn symbol o fuddugoliaeth dy gariad yn Iesu Grist tros bechod ac yn rhoi i ni gymundeb â thi am dragwyddoldeb. Yn dy enw di, cofleidiwn mewn gwasanaeth a chonsýrn dy bobl yng nghanol treialon bywyd, a rhannu dy gariad yn Iesu Grist. Trwy ddoniau ac ymgysegriad dy bobl yn goresgyn afiechydon, yn ceisio heddwch yn y byd, yn brwydro yn erbyn newyn, gwelwn rym buddugoliaeth Crist ar waith. Ein Tad, diolch i ti yn Iesu Grist. AMEN.

Y Fendith:
Dy dangnefedd, O Arglwydd, geidw ein bywydau a'n heneidiau yn dy gariad yn Iesu Grist. Gras ein Harglwydd Iesu Grist, a chariad Duw y Tad, a chymdeithas yr Ysbryd Glân a fyddo gyda ni yn wastad. AMEN.

Oedfaon Ffydd

CENHADAETH YR EGLWYS

Galwad i Addoli:
'Fy nghraig gadarn, fy noddfa yw Duw. Ymddiriedwch ynddo bob amser, O bobl, tywalltwch allan eich calon iddo; Duw yw ein noddfa.' (Salm 62:7–8)

Darllen: Ioan 17:20–26
Mathew 5:13–16

Neges:
'Chwi yw halen y ddaear ... Chwi yw goleuni'r byd.'
Tybed a oes rhai ohonoch yn dweud 'Pwy, fi?' wrth glywed geiriau Iesu: 'Chwi yw halen y ddaear ... Chwi yw goleuni'r byd.' Dywedodd Iesu fod ei ddisgyblion yn oleuni ac yn halen i'r gymdeithas o'u hamgylch. Y mae halen a goleuni yn elfennau sy'n puro. Defnyddiwn halen i gadw bwyd rhag pydru, i roi blas ar fwyd ac i lanhau staeniau. Gwelwn unrhyw lwch a baw yn glir yng ngoleuni'r haul, ac am ein bod yn gweld yn glir, gallwn fynd ati i lanhau. Gwelwn unrhyw rwystrau peryglus o gael goleuni yn nhywyllwch y nos. Wrth sylweddoli o'r newydd fod Iesu yn disgwyl i ni fod yn gyfryngau sy'n puro yn y byd o'n hamgylch, a ydym ni'n teimlo'n annigonol? Da o beth yw i ni sylweddoli mai o Dduw y daw ein digonolrwydd ni. Os ydym yn teimlo'n annigonol, rydym yn fwy tueddol o gadw mewn cysylltiad â Duw sydd yn ein gwneud yn ddigonol. Clywsom yn y darlleniad o'r Efengyl yn ôl Ioan fel y bu i Iesu weddïo ar i ni oll fod yn un ynddo ef. Hynny yw, ar i ni oll, pawb sy'n arddel Iesu Grist yn Arglwydd, fod mor sicr o ddibenion Duw ag yr oedd Iesu pan oedd yn ddyn ar y ddaear.

Ni yw halen a goleuni'r byd os ydym yng Nghrist. Os Iesu Grist yw sail ein bywyd, os Iesu Grist yw canol ein bywyd, os Iesu Grist yw'r person pwysicaf yn ein bywydau, gallwn fod yn halen ac yn oleuni.

Gwnawn yn siŵr nad ydym yn cadw Iesu ar ymylon ein bywydau. Ef yw'r un sy'n ein puro ni. Ef yw'r un, trwy waith yr Ysbryd Glân, sy'n ein cymhwyso at ei waith o buro.

Clywais rywun yn adrodd stori am felinydd un tro. Yn yr amser pan oedd melinydd ym mhob cymuned, roedd Twm y Melinydd yn gyrru ei geffyl tuag adref ar ôl bod yng nghanol y blawd drwy'r dydd. Gwelodd dyrfa fawr yn mynd tua'r capel. Holodd un o'r dyrfa, "Pam mae pawb yn mynd i'r capel heno?" Deallodd fod un o'r hoelion wyth yn pregethu. Roedd Twm eisiau clywed y dyn. Doedd dim amser i'w golli. Felly, clymodd ei geffyl yn ddiogel ac aeth i mewn i'r capel. Roedd pob sedd yn llawn a llu o bobl yn sefyll i wrando. Ond dyn byr oedd Twm a thrwm ei glyw. Dyma fe'n gwthio ei ffordd drwy'r dorf nes ei fod yn ddigon agos i glywed a gweld y pregethwr. Roedd Twm wedi gadael olion blawd ar bawb wrth wthio i'r blaen. A ydym ni'n glynu'n ddigon agos at Iesu i sicrhau bod ei gariad ef ynom? Rhaid i ni dderbyn ei bŵer ef cyn i ni oleuo eraill. Rhaid iddo ef ein puro ni cyn inni fod yn halen effeithiol. Ein gwaith ni yw cadw'n ddigon agos at Iesu fel ein bod yn gyfryngau effeithiol iddo. Ef sy'n ein gwneud yn halen. Ef sy'n ein gwneud yn oleuni.

Gweddi:
Ein Tad nefol, ffynhonnell pob daioni, plygwn yn wylaidd o'th flaen. Gwyddom mai Duw graslon a thrugarog wyt ti. Felly, down yn wylaidd ond yn hyderus gan gydnabod ein hanghenion – hebot ti, ni allwn fod yr hyn yr wyt am i ni fod. Gofynnwn i ti ein goleuo a'n puro, a'n gwneud ni'n ymwybodol ohonot bob munud o'n hoes. Helpa ni i gofio pwy ydym ni a phwy wyt ti, fel y byddwn yn fythol effro i'n cyfrifoldebau yn ein bywyd dyddiol. Yn enw Iesu y gweddïwn. AMEN.

Darllen: Ioan 15:7–17

Neges:
Beth yw cenhadaeth a thystiolaeth yr eglwys? Yn ôl gorchymyn Iesu Grist: 'CARWCH EICH GILYDD FEL Y CERAIS I CHWI.' Fel dilynwyr Iesu, fel eglwys y Crist, ein gwaith yw caru'r byd fel y mae Duw yn caru'r byd. Y mae'r Beibl, yn yr Hen Destament a'r Newydd, yn llawn o gariad Duw. Cariad tragwyddol Duw. Cariad nad yw byth yn darfod. Sut y daethoch chi yn ymwybodol o gariad Duw yng Nghrist Iesu? Rydym

ni i gyd yn bersonoliaethau gwahanol, ond rydym ni i gyd yn un yn ein hangen am faddeuant a thosturi Duw yng Nghrist. O'r llawenydd o adnabod Iesu yn Arglwydd a Gwaredwr! O'r llawenydd o wybod nad oes dim yn amhosibl i Dduw! Cofiwn eiriau Iesu pan oedd ar y groes, 'O Dad, maddau iddynt, oherwydd ni wyddant beth y maent yn ei wneud.' Mae Duw yn dal i ddioddef oherwydd pechodau'r byd. Ein pechodau ni a phechodau'r rhai nad ydynt yn ymwybodol ohono. Yr Hollalluog Dduw. Mae Duw, yn ei gariad, yn maddau i unrhyw un sy'n cydnabod ei fai, yn edifarhau a gofyn am faddeuant. Unrhyw un. Nid aelodau o'r eglwys yn unig. Ein gwaith ni sy'n ddisgyblion i'r Arglwydd Iesu yw gwneud hyn yn hysbys i bawb y down ar eu traws. Fel y daeth Iesu Grist i'r byd i wasanaethu yng nghariad Duw, y mae'n ein hanfon ni i'r byd. Rhaid i ni fynd i rannu holl broblemau plant y llawr yn llawenydd ein perthynas â Iesu. Ni yw halen a goleuni'r byd oherwydd bod yr Ysbryd Glân ar waith ynom a thrwom. Ein gwaith yw rhannu cariad Iesu Grist.

Gweddi:

Nefol Dad, gweddïwn ar ran pawb sy'n ddiobaith. Diolchwn mai ti yw ein gobaith ni. Diolchwn dy fod ti yn ein harwain ymhob agwedd ar ein bywydau. Maddau i ni ein bod mor aml yn anghofio dy fod ti yn ein gorchymyn i garu holl blant y llawr. Cyffeswn ein bod yn cael anhawster caru pobl sy'n byw yn wahanol i ni, ein bod yn anghofio dy fod wedi creu pob gwryw a benyw ar dy lun a'th ddelw dy hun. Helpa ni i lawenhau nad oes dim yn amhosibl gyda thi ac i fyw bywydau o gariad. Yn enw Iesu. AMEN.

Y Fendith:

Dduw, ein Tad, danfon ni oddi yma yn dy nerth a'th dangnefedd, gyda goleuni dy obaith yn ein llygaid a thân dy gariad yn ein calonnau. Ac i ti, O Dduw, sy'n Dad, yn Fab ac yn Ysbryd Glân, y bo'r clod a'r gogoniant byth bythoedd. AMEN.

Oedfaon Ffydd

PLANT

Galwad i Addoli:
'"A anghofia gwraig ei phlentyn sugno, neu fam blentyn ei chroth? Fe allant hwy anghofio, ond nid anghofiaf fi di ..." (medd ein Duw)' (Eseia 49:15)
'Dewch, blant, gwrandewch arnaf, dysgaf ichwi ofn yr Arglwydd.' (Salm 34:11)

Gweddi:
Ein Tad, diolchwn i ti am ein hatgoffa nad wyt byth yn ein hanghofio. Helpa ni yn awr i wrando'n astud ac i ddysgu mwy amdanat ti. Clyw ein gweddi am y gweddïwn yn enw Iesu Grist a'n dysgodd i weddïo: 'Ein Tad, yr Hwn wyt yn y nefoedd ...'

Darllen: Marc 9:33-37

Neges:
Gwnewch glawr llyfr o ddarn mawr o gerdyn. Rhowch y llythrennau PPI mewn prif lythrennau arno. Rhowch ddrych y tu mewn i'r clawr – wedi ei ludo'n ddiogel.

A ydych yn gwybod ystyr y llythrennau PPI? Mae pob llythyren yn cynrychioli gair. 'P' am person, 'P' am pwysig ac 'I' am iawn. Person Pwysig Iawn. Dywedwch eich bod wedi clywed bod Person Pwysig Iawn yn dod i'n gweld – does neb yn gwybod pwy yw'r person. Mae'n gyfrinach, ond byddwn yn siŵr o adnabod y person. Dywedwch, 'Mae gen i lun o'r person y tu mewn i'r clawr yma.' Gofynnwch am wirfoddolwyr i ddod i edrych – un ar y tro. Cyn iddynt edrych, rhaid iddynt addo peidio â dweud pwy yw'r person. Wedi i nifer gael cyfle i edrych yn y drych, dangoswch y llun i bawb. Ydyn nhw'n teimlo fel Person Pwysig Iawn? Dywedodd Iesu fod plant yn bwysig iawn. Nid oedd y disgyblion, Simon, Andreas, Iago, Ioan a'r lleill yn bwysicach i

Iesu Grist na'r plentyn bach a oedd yn chwarae gerllaw. Ie, rwyt ti'n Berson Pwysig Iawn i Iesu Grist – yr un mor bwysig â'r person sy'n eistedd wrth dy ymyl. Trowch at y person sy'n eistedd gyda chi a dywedwch, 'Rwyt ti'n Berson Pwysig Iawn, mae Iesu Grist yn dy garu di.' Weithiau byddwn yn teimlo'n ofnus, yn enwedig pan fyddwn mewn sefyllfa anghyfarwydd. Pan fyddwch yn teimlo felly, cofiwch mor bwysig yr ydych yng ngolwg Iesu. Cofiwch hefyd fod Iesu yn teimlo felly am bob plentyn ledled y byd. Mae pob un ohonom yn Berson Pwysig Iawn i Iesu. Cofiwch hyn os dechreuwch deimlo casineb at rywun arall.

Gweddi:
Diolchwn i ti, ein Tad, ein bod ni'n bwysig i ti. Helpa ni i gofio nad oes gennyt ffefrynnau, ond yn hytrach, fod pob un ohonom yn bwysig iawn yn dy olwg. Gweddïwn yn awr dros bob un sy'n teimlo nad ydynt yn bwysig o gwbl. Helpa ni i fod yn garedig i bawb ac i beidio â gwneud i neb deimlo'n drist. Cofiwn am blant yng ngwledydd tlawd y byd sydd heb ddigon o fwyd a dillad, sydd heb addysg ac sy'n gorfod byw heb yr holl bethau da sydd gennym ni. Helpa ni i fwynhau ein holl fanteision ond i beidio ag anghofio am rai sy'n llai ffodus na ni. Helpa ni i rannu popeth yr wyt ti'n ei roi i ni. Gweddïwn dros bawb sy'n gweddïo, i sicrhau y bydd dy roddion di yn cael eu rhannu'n deg. Clyw ein gweddi yn enw Iesu, AMEN.

Darllen: Marc 10:13–16

Neges:
Gofynnwch i'r plant ym mha le a phryd y byddant yn gweddïo. Gofynnwch a oes rhaid iddynt siarad er mwyn gweddïo.

Stori Mari
Roedd Mari yn mynd i'r capel/eglwys bob Sul, ac yn mwynhau'r hwyl yng Nghlwb Hwyl yr Iesu ar nos Iau. Byddai'n dweud gweddi cyn mynd i gysgu ac yn y gwasanaeth yn yr ysgol. Roedd hi'n gwybod bod Duw yn ei charu. Merch freuddwydiol oedd Mari. Weithiau, pan fyddai disgwyl iddi ddarllen yn dawel yn y dosbarth, byddai'n meddwl am hwyl amser chwarae. Un dydd, roedd Mari'n cael trafferth gyda'i gwaith.

Roedd pawb arall yn gweithio'n dawel ond doedd Mari ddim yn gallu gwneud y gwaith. Roedd yr athro dosbarth yn brysur yn siarad â'r prifathro. Doedd neb i fod i siarad. O diar, wrth i'r amser fynd yn ei flaen roedd Mari'n teimlo fel crio. Roedd angen help arni. Methodd wneud llawer o'r gwaith, yna dyma'r athro'n dweud, "Rhowch eich llyfrau ar fy nesg wrth i chi fynd allan. Mae'n amser i ni baratoi i fynd adre." Wrth i Mari ddweud wrth ei mam yr hyn a ddigwyddodd yn yr ysgol, meddai ei mam wrthi, "Mari fach, mae'n rhaid i ti geisio canolbwyntio mwy ar dy waith. Ond paid â theimlo nad oes gen ti neb i'th helpu, hyd yn oed pan fydd dy athro'n brysur a phawb i fod yn dawel. Gweddïa'n dawel: 'Dad Nefol, helpa fi i wneud fy ngorau.' Eglurodd mam Mari nad yw Duw byth yn rhy brysur i wrando arnom. Nid oedd Mari wedi meddwl am weddïo pan oedd hi mewn trafferth o'r blaen, ond ar ôl i'w mam egluro wrthi, sylweddolodd nad yw Duw byth yn rhy brysur i wrando arnom. Efallai eich bod chithau yn teimlo fel Mari weithiau. Cofiwch eich bod yn Berson Pwysig Iawn ac nad yw Duw byth yn rhy brysur i wrando arnoch.

Gweddi:

Diolchwn i ti, ein Tad, dy fod yn barod i wrando arnom bob amser a'n bod yn medru gweddïo arnat ble bynnag yr ydym. Helpa ni i gofio hyn ac i beidio ag ofni pan fyddwn mewn trafferth. Helpa ni i wrando ar ein rhieni a'n hathrawon ac i ufuddhau iddynt. Helpa ni hefyd i gofio gwersi Iesu ac i wneud y pethau a ddysgodd ef i ni. Maddau i ni ein bod ni weithiau yn anufudd. Helpa ni i fod yn dda. Yn enw Iesu y gweddïwn. AMEN.

Y Fendith:

Dan dy fendith wrth ymadael y dymunwn fod, Arglwydd. Llanwa'n calonnau â'th gariad, a'n geneuau â'th glod. Dy dangnefedd dyro inni yn barhaus. AMEN.

BEDYDD A CHYFLWYNO PLANT

Galwad i Addoli: Salm 67:1–3

Gweddi:
Nefol Dad, Tad holl deuluoedd y ddaear, daethom ynghyd i gydlawenhau gyda theulu (*enwau'r fam a'r tad*) am dy rodd o blentyn iddynt. Helpa ni yn ystod yr oedfa hon i ddeall ein cyfrifoldeb fel teulu'r ffydd i gynorthwyo'n gilydd i feithrin plant yng ngwirionedd y Gair. Clyw ni yn enw Iesu. AMEN.

Pan ddaeth Iesu yn faban i'r byd, ganwyd ef i deulu Iddewig ffyddlon. Yn ôl y drefn Iddewig, aeth Mair a Joseff i'r deml yn Jerwsalem i gyflwyno'r baban i'r Arglwydd.

Darllen: Luc 2:22–33

Neges:
Dylid cyflwyno'r neges yn ystod y ddefod o gyflwyno'r plentyn; felly, bydd y teulu bach yn y blaen gyda'r gweinidog sy'n arwain yr oedfa.
Aeth Mair a Joseff i'r deml i gyflwyno Iesu i Dduw, ond gwyddom fod Duw yn adnabod Iesu cyn iddynt fynd ag ef i'r deml. Wrth gwrs, roedd y berthynas rhwng Duw ac Iesu yn wahanol i'r berthynas sydd rhyngddo a ni, bobl gyffredin, ond cofiwn eiriau'r Salmydd: 'Ti greodd fy ymysgaroedd, a'm llunio yng nghroth fy mam.' Mae Duw wedi adnabod y plentyn hwn erioed. Felly, beth yw pwynt y ddefod o gyflwyno plentyn? Yn gyntaf, rydym ni i gyd ynghyd â'r rhieni yn diolch i Dduw am y plentyn. Mae'n fuddiol i ni gofio mai rhodd gan Dduw yw pob plentyn. Wrth ddod â'r plentyn i'r addoliad heddiw mae'n rhoi cyfle i ni i gyd sylweddoli o'r newydd ein bod yn aelodau o deulu Duw. Bod Duw yn Dduw i ni i gyd. Dyna destun o lawenydd. Yn ail, mae'r rhieni yn cydnabod eu cyfrifoldeb i drosglwyddo'r ffydd Gristnogol i'w plentyn. Wrth i ni gael y fraint o rannu yn llawenydd y rhieni, cydnabyddwn fel

aelodau o eglwys Crist, teulu'r ffydd, ein cyfrifoldeb ninnau hefyd i feithrin yr un bach yn ofalus. Mae plant yn sylwi ac yn synhwyro'n rhyfeddol cyn iddynt fedru yngan gair. Felly, sicrhawn mai cariad Crist sy'n llifo trwom ni at yr un bach. Y mae'r cariad yn amyneddgar, yn gymwynasgar, yn faddeugar. Rieni annwyl, mae'r cyfrifoldeb o fagu plentyn yn un mawr ond mae gennych frodyr a chwiorydd sy'n cydnabod eu braint a'u dyletswydd wrth gydysgwyddo'r cyfrifoldeb. Rydym oll yn llawenhau. Rydym ni i gyd yn cydnabod ein bod yn perthyn i'n gilydd am ein bod yn blant i Dduw, ein Tad. Diolchwn i chi am ddod â'r un bach atom heddiw ac edrychwn ymlaen at rannu yn ei dyfiant/thyfiant.

Gweddi:
Dduw ein Tad, Creawdwr popeth byw, moliannwn di am ryfeddod dy gread. Diolchwn am y cariad sydd wedi creu'r bywyd newydd hwn; am enedigaeth ddiogel; am y fraint o fod yn rhieni. Derbyn ein diolch a'n moliant yn enw Iesu. AMEN.

Cyflwyno/bendithio'r plentyn yn unol â'r ffurf a drafodwyd gyda'r rhieni.

Darllen: Mathew 18:1–5 a 10–14

Wrth gyfarfod â phlentyn nad ydym wedi ei g/weld ers peth amser, dywedwn yn aml, "Wel, rwyt ti wedi tyfu." Mae tyfu yn rhan annatod o bob plentyndod. Mae pob tyfiant yn golygu newid. Clywch eiriau Iesu unwaith eto, 'Yn wir, rwy'n dweud wrthych, heb eich troi a dod fel plant, nid ewch fyth i mewn i deyrnas nefoedd.' Mae Iesu yn dweud wrthym fod yn rhaid i ni fod yr un mor barod i dyfu â phlentyn. Bydd plentyn yn dysgu llawer o bethau newydd bob dydd ac yn gwneud hynny'n ddiffwdan. Mor aml y byddwn ninnau'n amharod i hyd yn oed ystyried syniad newydd am Dduw sy'n wahanol i'n syniad ni. A ydym ni'n amharod i dyfu, i newid, i chwilio yn ein bywyd ysbrydol? Os ydym, efallai mai ofn yw'r rheswm am ein hamharodrwydd. Ond am fod ein Duw ni mor fawr, mae'n rhaid i ni fod yn barod i dyfu yn ein dealltwriaeth ohono neu byddwn yn esgeuluso ein cyfrifoldeb fel dinasyddion ei deyrnas. Ymhen blwyddyn, bydd y plant sydd yn yr oedfa hon wedi tyfu'n gorfforol ac yn feddyliol. Mae geiriau Iesu yn ein herio i fod yn fythol effro i'r hyn y mae Duw yn ei ddatguddio inni amdano'i hun. Maent hefyd yn ein rhybuddio rhag bod yn nawddoglyd yn ein perthynas â phlant. Gwerthfawrogwn ein plant gan sylweddoli ein bod yn dysgu llawer ganddynt. Gyda'n plant cawn gyfle i ailddarganfod hud bywyd. Mae'n dda fod gennym blant yn cydaddoli a chyd-ddysgu gyda ni yn yr eglwys. Mae yna lawer iawn o blant sy'n amddifad o'r breintiau sydd gan blant ein heglwys ni. Nac anghofiwn hwy. Fe'n galwyd ni oll i fugeilio. Achubwn bob cyfle i rannu'r newyddion da fod Duw yn caru'r byd cymaint fel yr anfonodd ei uniganedig Fab, Iesu Grist, i achub pwy bynnag a gredo ynddo ef, a sicrhau iddo fywyd tragwyddol. Nid ewyllys ein Tad, yr hwn sydd yn y nefoedd, yw fod un o'r rhai bychain hyn ar goll.

Gweddi:
Diolchwn i ti, ein Tad, ein bod yn aelodau o'th Eglwys. Diolchwn fod dy Air yn ein hatgoffa nad ydym byth yn gorffen dysgu amdanat ti. Helpa ni i gyd, yn blant ac yn oedolion, i dyfu'n fwy tebyg i Iesu Grist bob dydd, fel y bo i eraill, trwom ni, adnabod cariad Duw. AMEN.

Y Fendith:
Bydded i'r Arglwydd ein bendithio a'n cadw; bydded i'r Arglwydd lewyrchu ei wyneb arnom a bod yn drugarog wrthym; bydded i'r Arglwydd edrych arnom a rhoi heddwch i ni. AMEN.

Oedfaon Ffydd

CYMUNDEB

Darllen: Luc 23: 26–43

Gweddi Agoriadol:
Un cais a geisiaf, Arglwydd glân,
un sain yn unig sy'n fy nghân:
pechadur wyf, pechadur mawr
yn methu cael fy meiau i lawr;
O Iesu byw, dy fywyd di
fo'n fywyd yn fy mywyd i.

Neges:
'Gwnewch hyn er cof amdanaf' (Luc 22:19)
Dyma un cyfeiriad a gawn gan Luc a Paul yn hanes sefydlu Swper yr Arglwydd. Cyflawnwyd hyn, wrth gwrs, cyn i Iesu Grist gael ei groeshoelio. Dengys fod y Croeshoeliad yn ganolog i ymateb dilynwyr Iesu Grist yn eu perthynas â'i fywyd a'i ddioddefaint. Hwn yw canolbwynt yr olwyn, neu'r foth. Ceir adenydd yn mynd allan o'r foth i bob cyfeiriad mewn bywyd a'r rheiny'n ymwneud â phob dim bach a mawr, syml a chymhleth. Ond dyma ganolbwynt bywyd y Cristion. Felly, mae'r geiriau hyn yn hollbwysig yn ein perthynas â'r Eglwys. Yn sgil y geiriau, deuwn at yr elfennau. Defod i'w chyflawni yw cyfrannu o'r Swper. 'Gwneud' yw'r gair cychwynnol yn ein testun. Mae'r elfennau'n rhai cyffredin a gweladwy – bara a gwin, ond mae eu symboliaeth yn aruthrol, sef corff a gwaed Crist. Trwy hyn daw ei fywyd a'i neges, ei enedigaeth a'i aberth trosom i'n meddwl. Daw'r wythnos olaf, yn ŵr ifanc, y symud rhyfedd o un i'r llall o flaen ein llygaid. Cawn eiriau a delweddau grymus i'w disgrifio. Gwelwn gymeriadau, fel pobl o'n cwmpas ac fel ni'n hunain, yn rhan o'r ddynoliaeth drofaus hon. Ond, fel gyda chyfaddefiad Pedr gynt, 'At bwy yr awn ond atat ti, oherwydd gennyt ti y mae geiriau bywyd tragwyddol.' Deuwn â ni'n hunain a'n byd o'n cwmpas a holl amgylchiadau bywyd gyda ni at fwrdd y cymun wrth gofio marwolaeth Iesu Grist, gan ddatgan gyda Robert ap Gwilym Ddu:

Rhyw newydd wyrth o'i angau drud
a ddaw o hyd i'r golau.

Gweddi:
Gwnewch hyn er cof ...
Arglwydd, mae pob math o bethau yn dod i'm cof y funud hon.
Cofio diwrnod cyntaf yn yr ysgol,
cofio ffrae neu ddiflastod,
cofio hefyd yr annymunol a'r diflas.

Ydw i wedi cofio troi'r popty ymlaen?
Wedi cloi'r drws?

Mae pob math o bethau
fel saethau yn y meddwl yn mynnu gwibio
a tharo drwy wal fy nghanolbwyntio.

Ond yma Arglwydd,
yn nistawrwydd y cysegr,
rwyt wedi fy annog i gofio.
Cofio dy gariad.

Byddaf wrth fy modd
yn cofio'r Nadolig;
mae rhywbeth mor braf
mewn meddwl am faban bach
er bod amgylchiadau'r geni,
y llety tlawd,
yr erlid drwy rym brenin dichellgar
yn boenus o gyfoes
ac yn llwyddo i'm hanesmwytho.
Weithiau.

Ond dyma fi,
yn ceisio troi fy ngolygon at Galfaria.

Tydw i ddim yn gyfforddus
yn syllu ar ŵr ifanc yn marw ar groes;
gweld yr hoelion a'r drain
a'r gwaed.

Mae fy meddwl yn crwydro eto
at ddarluniau o drais ar y sgrin deledu,
at greulondeb dyn at gyd-ddyn.

Gwnewch hyn er cof amdanaf ...
Pe gwnaem, Arglwydd,
fyddai'r byd ddim yr un fath.
Cadw fi, Arglwydd, rhag anghofio.

Oedfaon Ffydd

DERBYN AELODAU

Galwad i Addoli:
O Dad, dyro dy fendith ar ymrwymiad y cyfeillion hyn sydd yn cadarnhau eu haelodaeth yn dy eglwys/cael eu derbyn yn aelodau o'th eglwys yn yr oedfa arbennig hon, yn enw Iesu Grist, Pen mawr yr Eglwys, AMEN.

Darllen: 1 Timotheus 4:6–16

Neges:
Ar daith bywyd, fe'n hwynebir yn gyson gan ddewisiadau. Ar groesffyrdd gallwn droi i'r chwith neu i'r dde, neu hyd yn oed fynd yn syth yn ein blaenau. Mae'r dewis a wnawn ar y croesffyrdd hyn yn dibynnu ar y daith a ddewiswyd gennym yn y lle cyntaf. Efallai mai crwydro'n ddibwrpas a wnawn, neu hyd yn oed deithio ar y ffordd anghywir. Dichon hefyd ein bod ni ar y ffordd gywir, ond yn mynd i'r cyfeiriad anghywir. Mae dewis yn gyfrifoldeb ac yn wewyr.

Rydych chi heddiw wedi dewis bod yn aelodau o Eglwys Iesu Grist/parhau yn aelodau o Eglwys Iesu Grist. Soniodd William Williams, Pantycelyn yn ei emyn 'Rwy'n dewis Iesu a'i farwol glwy'. Eto, Iesu ei hun a ddywedodd: 'Nid chwi a'm dewisodd i, ond myfi a'ch dewisodd chwi.' Un ydyw Iesu sy'n gorfodi ymateb y naill ffordd neu'r llall. Bod gydag ef neu hebddo.

Rydych chwi wedi gwneud eich dewis gerbron Duw ac yn cael eich croesawu gan yr eglwys yn yr oedfa hon; y mae eich ymrwymiad i Iesu bellach ar brawf. Arwydd o ddyfnder eich ymrwymiad fydd natur eich ymroad.

> Fe'm galwyd gan fy Nuw
> i wasanaethu f'oes;
> boed im ymroi i'r gwaith, a byw
> i'r Gŵr fu ar y groes.

Gweddi Derbyn Aelodau:
Ein Tad, diolchwn i ti am fedru dy gyfarch fel hyn; mae 'Ein Tad' yn gyfarchiad y mae dy Fab Iesu o Nasareth wedi rhoi ystyr mor arbennig iddo. Mae'n gyfarchiad sy'n gallu dod â thi yn agos atom, ac sy'n gymorth i ninnau agosáu atat ti. Mae'n gyfarchiad a'n gwna yn feibion ac yn ferched i ti, ac yn frodyr a chwiorydd i'n gilydd, yn un teulu ynot ti. Mae'n gyfarchiad sy'n dweud wrthym am y cariad mawr, y tosturi helaeth a'r cydymdeimlad maith sydd yn ein clymu ni wrth ein gilydd. Y cyflawn we: Myfi, Tydi, Efe. Ein braint yn awr, O Dad, yw cael croesawu y cyfeillion hynny sydd yn dymuno bod yn rhan o'th deulu di, sydd yn cyfarfod yn y lle hwn ac yn gofyn am dy fendith di arnynt. Bendithia eu hymrwymiad â gobaith. Bendithia eu rhan yng ngwaith y Deyrnas o fewn y muriau hyn a thu hwnt iddynt â chariad. A boed i fendith dy berthynas di â ni fod yn fendith yn ein perthynas â'n gilydd, o fewn dy dŷ ac yn y llym, herfeiddiol fyd. Ceisiwn dy fendith er gogoniant i'th enw ac er llwyddiant dy Deyrnas. Yn enw Iesu Grist, AMEN.

Y Fendith:
Rhag i'n hymrwymiad ni gael ei danseilio, O Dad, cadw ein golygon ni, bob un, yn barhaus ar Iesu, a dechrau a diwedd ffydd, heddiw a bob amser, AMEN.

Oedfaon Ffydd

DERBYN AELODAU

Gweddi Arweiniol:
Ein Tad, bendithia'r achlysur hwn i bob un ohonom, y rhai sy'n cyflwyno eu hunain i wasanaethu dy Deyrnas trwy dy Eglwys a'r rhai ohonom a fydd yn enw Iesu Grist a'i Eglwys yn eu derbyn. AMEN.

Darllen: 2 Timotheus 2:1–9

Neges:
Un o arwyr ein hoes yw Ryan Giggs, aelod disglair o dîm Cymru (a Man U!). Ni ellir amau am funud ei ddawn a'i ymroddiad i'w grefft ac i'w dîm. Ond diwerth fuasai dawn Giggs oni bai am aelodau dawnus eraill y tîm. Maent yn chwarae i'w gilydd ac i gryfderau'i gilydd, a thrwy hyfforddiant cyson maen nhw'n dod i adnabod ei gilydd a pherffeithio eu crefft.

Ond nid yw llwybr Ryan Giggs, yn fwy na llwybr Man. U, wedi bod yn esmwyth ar hyd y daith. Mae anafiadau a cholli gêmau y dylid bod wedi eu hennill yn creu rhwystredigaethau. Ond gydag ysbrydoliaeth eu hyfforddwr, Alex Ferguson, a chefnogaeth y dyrfa, mae'r tîm yn dyfalbarhau ac yn goresgyn pob rhwystredigaeth.

Yr Eglwys yw tîm Iesu. Fo sy'n cael tîm at ei gilydd, yn ei hyfforddi, yn creu cydchwarae, ac yn cael aelodau i chwarae i gryfderau'r naill a'r llall. Dyma dîm lle mae safle i bob un sy'n dymuno chwarae ei ran. Does neb yn rhy ifanc nac yn rhy hen i fod yn y tîm hwn. Mae cyfraniad pob aelod yn bwysig. Cofiwn hefyd fod aelodau'r tîm yn y gorffennol yn ein cefnogi ni!

Gweddi:
O Dduw ein Tad, a Duw a Thad ein Harglwydd Iesu Grist, bendithia'r oedfa arbennig hon i bob un ohonom wrth inni dderbyn yn dy Enw aelodau newydd/ifanc atom. Gwerthfawrogwn fod Iesu, dy Fab, wedi galw cyfeillion ato er mwyn iddynt fod gydag ef ac er mwyn iddynt

gymryd rhan yng ngwaith y Deyrnas. Mawr yw ein braint ninnau o gael croesawu rhai sydd yn barod i fod yn rhan o'i gymdeithas ef ac yn rhan o weithgarwch ei Deyrnas ef yn yr ardal hon. Gweddïwn ar iddynt dderbyn nerth ac iechyd i fedru dilyn eu galwad a'u gweledigaeth ym mha le bynnag y bônt. Gweddïwn ar iddynt dderbyn goleuni mewn tywyllwch, nerth mewn gwendid, gobaith mewn digalondid, a gras mewn trybini. Gweddïwn ar i ninnau a hwythau, trwy gydaddoli a chydweithio, ddarganfod y ffordd ymlaen pan fydd yr amgylchiadau'n anodd a meddu bob amser ar lygaid effro i demtasiynau tywydd braf. Gweddïwn y byddwn, gyda'n gilydd, yn tyfu ac aeddfedu wrth gydgerdded i gyfeiriad y bywyd gwir a'r bywyd llawn. Hyn oll er mwyn y Deyrnas. Yn enw Iesu Grist, AMEN.

Y Fendith:
Boed i ddaioni a thrugaredd Efengyl ein Harglwydd Iesu Grist ein dilyn holl ddyddiau ein bywyd. AMEN.

Oedfaon Ffydd

DECHRAU BLWYDDYN

Darllen: Luc 7:36–50

Gweddi:
Mawrygwn ein braint o gael dechrau blwyddyn arall, O Dduw, yng nghwmni'n gilydd ac mewn addoliad i ti. Dyro inni weld mai rhan o drefniadau yw mesur amser, a'i fod yn gyfle i ni ystyried rhai pethau gyda'n gilydd o'r newydd. AMEN.

Neges:
Darllenais ysgrif unwaith am y ffordd y dethlid dechrau blwyddyn yn Tibet neu Nepal. Un o'r pethau cyntaf a wnaent i ddathlu oedd cael gwared ar yr hen flwyddyn. I wneud hynny byddent yn gwneud tân mawr a gwahodd pobl i gasglu pob peth nad oeddent eu hangen neu am chwarae â nhw a dod a'u taflu i'r tân. Gallwn gymryd hyn yn llythrennol neu'n symbolaidd. Nid wyf i yn un o'r rhai gorau am gael gwared ar bethau dianghenraid! Ond gallwn ei gymryd yn symbolaidd yma. Nid amser sy'n gwneud blwyddyn newydd yn unig ond meddwl ac ysbryd. I gyflawni hynny y mae angen ymryddhau oddi wrth hen gwerylon neu wrthdrawiadau. Y mae angen cael gwared ar hen siomedigaethau. Y mae'n rhaid i ni fod yn barod i faddau a chymodi ar ddechrau blwyddyn newydd ac mae'n rhaid inni fod yn barod i gau'r drws ar ein hôl. Gadael y gorffennol a chychwyn o'r newydd.

    Y mae dechrau blwyddyn yn cynnig symbyliad i ni ollwng y pethau dinistriol a gafael yn dynnach yn yr hyn sy'n gadarnhaol ac adeiladol. Siomedigaethau a chwerylon a chasineb yw'r pethau mwyaf dinistriol i ni yn bersonol ac yn gymdeithasol. Pobl sydd wedi derbyn maddeuant Duw ydym ni i gyd. Gallai sylweddoli hynny'n amlach ac yn rymusach ein galluogi i faddau i eraill a symud ymlaen. Cwestiwn treiddgar Iesu Grist i Simon yn nhŷ'r Pharisead wedi iddo adrodd stori am fenthyciwr arian a dau ddyledwr oedd, 'Pa un ohonynt, gan hynny, fydd yn ei garu fwyaf?' Atebodd Simon, 'Fe dybiwn i mai'r un y diddymwyd y ddyled fwyaf iddo.' Nid oes dim fel sylweddoli maddeuant Duw. Y gamp i bob un ohonom yw troi'r profiad o faddeuant Duw yn rym yn ein bywydau, yn ein perthynas â'n gilydd ac yn ein perthynas â digwyddiadau bywyd. Trwy'r profiad o faddeuant gallwn faddau i ni'n hunain. Un o'r pethau y mae dyn wedi llwyddo i'w wneud ar hyd y canrifoedd yw harneisio gwahanol elfennau, megis dŵr a gwynt i'w gynorthwyo. Dyna y dylem ni ei wneud â'n profiad o faddeuant Duw. Ei droi'n rym yn ein bywydau. Ceisiwn gymorth i wneud hyn yn ein haddoliad. Y mae Duw yn cynnig cymorth ei Ysbryd.

Gweddi:

O Dduw tragwyddol, ein Tad sanctaidd, dyro inni oedi mewn myfyrdod wrth gamu i mewn i flwyddyn newydd. Gweddïwn am i ti ein cynorthwyo i gael gwared ar y flwyddyn a aeth heibio fel y gallwn ddechrau o'r newydd. Gwyddom na allwn atal amser ac ni allwn ddechrau o'r newydd. Gwyddom na allwn atal amser na dychwelyd i'r gorffennol, dim ond yn y cof.
Dyro i ni allu gofyn am dy gymorth i ymryddhau: oddi wrth y gorffennol sy'n cyfyngu ein rhyddid a'n tyfiant;
oddi wrth brofiadau chwerw'r flwyddyn;
oddi wrth siomedigaethau a ddaeth i'n rhan;
oddi wrth wrthdrawiadau yn ein hymwneud â'n gilydd;
oddi wrth yr ymwybyddiaeth o'n methiannau;
oddi wrth bopeth sy'n ein caethiwo ac yn ein dal yn ôl.
Galluoga ni ar ddechrau blwyddyn i sylweddoli o'r newydd dy ymwneud di â ni yn Iesu Grist, trwy dy faddeuant a'th gariad.
Gweddïwn am brofiad yr Apostol Paul gynt, 'gan anghofio'r hyn sydd o'r tu cefn ac ymestyn yn daer at yr hyn sydd o'r tu blaen', a chanolbwyntio ar ein perthynas â Iesu Grist.
Canolbwyntio mwy ar ein cymdeithas â Iesu Grist mewn addoliad a diolchgarwch. Canolbwyntio ar brofiadau hyfryd y gallwn eu cael yng nghwmni Iesu Grist.
Canolbwyntio ar faddeuant Duw i ni yn haeddiant Iesu Grist wrth i ni geisio maddau i'n gilydd.
Canolbwyntio ar ostyngeiddrwydd Iesu Grist wrth inni feddwl am ein methiannau.

Canolbwyntio ar y ffaith fod Iesu Grist wedi dyfod i'n rhyddhau o bob caethiwed; 'Os y Mab a'ch rhyddha chwi rhyddion fyddwch yn wir.'
Arwain ni trwy dy Ysbryd i ymryddhau oddi wrth bob peth sy'n ein llesteirio fel disgyblion i Iesu Grist.
Arwain ni hefyd i roi'n bryd ar Iesu Grist, ac i ymrwymo iddo'n ffyddlon. Aeth blwyddyn arall heibio ac mae blwyddyn newydd yn agor o'n blaenau, ond Iesu Grist, yr un ydyw ddoe a heddiw ac am byth.
Yr un yw Iesu Grist yn ei gymdeithas a'i hyfrydwch, yr un yn ei ostyngeiddrwydd ac yn ei faddeuant, yr un yn ei allu i'n rhyddhau. Felly, pwyswn ar Iesu sy'n ddigonol i ddal y pwysau i gyd. AMEN.

Oedfaon Ffydd

DECHRAU BLWYDDYN

Darlleniad: Mathew 6:25–39
Rhufeiniaid 8:31–39

Gweddi:
Ein Tad, cynorthwya ni i weddïo'r geiriau canlynol gyda'n gilydd:

> Y mae arnaf fil o ofnau,
> ofnau mawrion o bob gradd,
> oll yn gwasgu gyda'i gilydd
> ar fy ysbryd, bron fy lladd;
> nid oes gallu a goncweria
> dorf o elynion sydd yn un –
> concro ofn, y gelyn mwyaf,
> ond dy allu di dy hun.

Dim ond un peth y gallwn fod yn sicr ohono ar droad blwyddyn newydd, a'r gorffennol yw hwnnw. Mewn gwrthgyferbyniad y mae'r dyfodol yn ddirgelwch llwyr i bob un ohonom. Un o'r pethau sy'n ein taro yw ofn ac ansicrwydd; rhai ohonom yn fwy na'n gilydd. Dylem atgoffa'n hunain fod ofn yn rhan annatod a chwbl hanfodol o fywyd. Beth fyddai ein hanes heb ofn? Byddem yn beryglus i ni'n hunain a phawb arall. Ac nid yw ofn wedi newid. Y mae pob peth yn newid: ein hamgylchiadau, ein syniadau a'n diwylliant, hyd yn oed ein moesau, ond y mae ofn yn aros yr un peth. Ac yn arbennig ofn yr anhysbys. Wrth wynebu'r anhysbys ceisiwn gryfhau ein perthynas â Duw. Y mae'r gorffennol a'r dyfodol yn un yn ei law ef. Gyda'n gilydd, ceisiwn gryfhau ein ffydd yn Nuw. Cael ffydd ynddo yw'r gamp. Gŵyr ein Tad nefol am ein holl anghenion a gallwn ofyn fel y disgyblion gynt i Dduw gryfhau ein ffydd. Gwyddom hefyd trwy ein profiad o Iesu Grist fod Duw yn Dduw agos-atom. Ceisiwn feithrin yr agosatrwydd hwnnw drwy ein haddoliad. Diben addoliad yw gogoneddu Duw. Ond yn y gogoneddu hwnnw y deuwn i sylweddoli ein gwerth ac ystyr ein bywyd. Profiad yw'r hyn a gawsom yn y gorffennol. O'r fan honno y daw ein hyder i wynebu yfory; dyma sy'n ein galluogi i fod yn fentrus. Gall y sicrwydd hwn ac agosatrwydd Duw a'n ffydd ynddo ein gwneud yn fwy na ni'n hunain, a sylweddolwn na all dim ein gwahanu oddi wrth gariad Duw yng Nghrist Iesu, ein Harglwydd. Sicrhawyd ni yn Iesu Grist fod Duw yma trosom ni. Trwy hyn, gallwn fod yn fwy na choncwerwyr.

'Beth yw'r ofn sydd yn fy nghalon am drallodion eto i ddod? R'un yw, f' Arglwydd cadarn, ffyddlon, ef a'm cynnal er ei glod: ym mhob stormydd deil i fyny f'enaid gwan.'

Dechrau blwyddyn ... deuwn atat gyda'n hofnau i gyd.
Ofn yr hyn sydd yn ein hymyl, ofnau ffydd am gyflwr y byd.

Ofn mentro i'r anwybod, mynnu weithiau dal yn ôl.
Trechu weithiau ein pryderon, cefnu ar ein hofnau ffôl.

Ond mae'r ofn yn dal i lercian yn ein canol gwamal ni,
methu mentro i'r dyfodol, methu credu ynot ti.

Edrych nôl dros ysgwydd amser, gweld y gwarchod da arnom fu,
gweld ein hofnau'n cael eu trechu, gwybod ydym fod Duw o'n tu.

Felly awn ymlaen yn ffyddiog gyda'n hyder yn ein Iôr,
Crëwr nerthol y bydysawd, Arglwydd y tir a'r môr.

Pa beth bynnag ddaw i'n cyfarfod ar ein taith drwy'r flwyddyn hon,
os tydi fydd ein harweinydd, fe ddilynwn oll yn llon.

Yn dy law y mae'n hamserau, yn dy law mae'n heinioes ni,
nerth rho inni i ymddiried y cwbl oll o'n bywyd ni. AMEN.

DIWEDD BLWYDDYN

Galwad i Addoli: Salm 103:13–18

Darllen: 'Tymor i Bopeth' (Llyfr y Pregethwr 3:1–15)

Gweddi:
Dduw Abraham a Duw'r proffwydi, Duw ein tadau a'n mamau a Thad i'th blant a'n blaenoriaid yn y ffydd ar hyd y canrifoedd a'r blynyddoedd maith, canmolwn a dyrchafwn dy Enw glân a sanctaidd ar derfyn blwyddyn arall yn ein hanes.

Diolchwn i ti am ein cynnal a'n cadw yn ystod deuddeg mis arall. Rwyt ti wedi parhau i fod yn Greawdwr ac yn Gynhaliwr ym mywydau pob un ohonom. Yn nyddiau tywyll, oer a byr mis Rhagfyr arall, diolchwn i ti ein bod yn medru datgan yn hyderus ein bod ni yma o hyd.

Ond ar y llaw arall, fe oedwn i gofio am y rhai a fu farw yn ystod y flwyddyn. Roedd rhai ohonynt wedi cyrraedd oedran mawr ond eraill wedi ein gadael yn ifanc, yn ganol oed. Yn ystod rhai eiliadau o dawelwch, cawn gofio'n ddiolchgar amdanynt, gan erfyn am dy ddiddanwch i'r rhai sy'n parhau i hiraethu amdanynt.

Gwyn fyd y cwlwm cudd a'n huna oll ynghyd;
mwyn yw'r gyfeillach rhyngom sydd fel eiddo'r nefol fyd.

Wrth ein bod ni felly yn paratoi i ffarwelio â'r hen flwyddyn, dysg ni gyda'r Salmydd gynt i gyfrif ein dyddiau er mwyn inni gael calonnau doeth. Cyflwynwn ein gweddïau cyhoeddus a phersonol diwedd blwyddyn i ti, yn enw dy Fab Iesu Grist. AMEN.

Neges:
A pha bryd mae'r hen flwyddyn yn gorffen? Nid o reidrwydd ar yr unfed ar ddeg ar hugain o fis Rhagfyr! Bydd y flwyddyn neu'r calendr eglwysig yn gorffen ar y Sul olaf yn Nhymor y Drindod, a hynny rywbryd yn ail

hanner mis Tachwedd. A blwyddyn golegol, ysgol neu ddosbarth nos yn ystod Mai, Mehefin neu Orffennaf. Roedd yr hen bregethwyr wedi deall flynyddoedd maith yn ôl fod yna 'dymor i bob peth'. Ar ddiwedd blwyddyn arall erys 'amser i eni, ac amser i farw' yn hynod o berthnasol a chyfoes.

Diddorol yw sylwi mai prin iawn yw emynau diwedd blwyddyn yn *Caneuon Ffydd*, ond bod emynau dechrau blwyddyn yn fwy niferus. Ar ôl mwynhau'r dathliadau Nadoligaidd rai dyddiau'n ôl, efallai nad ydym bellach am gydnabod bod blwyddyn arall yn prysur ddirwyn i ben!

Mae'n debyg fod gan nifer ohonom dasgau niferus ac amrywiol i'w cyflawni ar ddiwedd blwyddyn. Mae'n gyfnod prysur i drysoryddion capel ac eglwys cyn cau'r llyfrau am flwyddyn arall.

Os yw'n bosibl, beth am anfon rhodd neu ddwy i elusen haeddiannol, os na wnaethom hynny cyn dathlu'r Nadolig? Wedi'r cyfan, 'Mawr yw nyled – blwyddyn arall welais o ddaioni'r nef' yw hi yn hanes llawer ohonom. Rydym yma o hyd ac mae hynny yn achos o ddiolch.

Bellach, mae'n anorfod y byddwn yn edrych yn ôl wrth baratoi i ffarwelio â blwyddyn arall. Does dim dewis gennym ond derbyn bod pob tymor daearol yn gorfod dod i ben yn hwyr neu'n hwyrach. Os bu eleni'n wael, gobeithiwn am yfory gwell. Os bu eleni'n llwyddiannus, gobeithiwn y bydd y flwyddyn newydd gystal!

Y Fendith: Numeri 6:24–26

DIWEDD BLWYDDYN

Galwad i Addoli: Salm 103:1–5

Darllen: Salm 90

Gweddi:
Hollalluog a thragwyddol Dduw, manteisiwn ar gyfle diwedd blwyddyn i gyflwyno gweddïau, myfyrdodau ac erfyniadau i'th sylw tadol a grasol. 'Boed fy mywyd oll yn ddiolch, am fendithion ysbrydol a materol blwyddyn arall. Yn nhymor y Nadolig, tymor ewyllys da, diolchwn am gyfleoedd a gawsom i roi a derbyn yn helaeth.

Diolchwn yn arbennig yn dy dŷ am gyfryngau mawl ac addoliad, am adnod, darlleniad, salm neu bennill a'n cynorthwyodd a'n hysbrydoli yn ystod y flwyddyn. 'Canaf am yr addewidion: ar fy nhaith, lawer gwaith, troesant yn fendithion.'

Cyflwynwn ambell i feddwl a gweddi o gyffes ar derfyn blwyddyn. Efallai nad yw addunedau blwyddyn newydd wedi para'n hir iawn eleni! Helpa ni i roi trefn ar ein bywydau ysbrydol a beunyddiol cyn symud ymlaen i wynebu her blwyddyn newydd. 'Yn wastad gyda thi ac ynot ymhob man: wrth fyw, wrth farw, gyda thi: bydd imi byth yn rhan.'

Wrth gyfrif rhai o'n bendithion olaf am eleni, ceisiwn gofio a meddwl am y rhai hynny sydd â'u hamgylchiadau yn llai ffodus na'n heiddo ni. Cawn enwi un neu ddau ohonynt gerbron gorsedd gras. Wrth i rai ohonom fwynhau cyfnod o seibiant ar derfyn blwyddyn yng nghwmni teulu a ffrindiau, cofiwn am eraill sy'n gorfod gweithio'n galed: nyrsys, doctoriaid, gyrwyr ambiwlans, gweithwyr cynorthwyol, gweithwyr cynnal a chadw, yr heddlu a dynion tân. Cadw nhw a ninnau'n ddiogel rhag peryglon fore, prynhawn a hwyr.

Derbyn ac ateb ein gweddïau diwedd blwyddyn, yn enw ac yn haeddiant Iesu Grist ein Harglwydd. AMEN.

Neges:

Dyma flwyddyn arall bron â darfod. Efallai mai ond oriau, munudau neu hyd yn oed eiliadau sy'n weddill cyn gorfod ffarwelio â hi. Mae'n debyg fod rhannu blwyddyn yn dymhorau, misoedd, wythnosau, dyddiau ac unedau llai o amser yn ffordd werthfawr o roi mwy o drefn a phatrwm i fywydau dyddiol nifer ohonom.

Beth tybed a wnaethom ni â'r rhodd o amser a gawsom eleni? 8,760 o oriau a 525,600 o funudau. Nid yw'n ymarferol trefnu ein dyddiau fesul eiliad, ond cawsom 31,536,000 ohonynt! Ac, os digwydd iddi fod yn flwyddyn naid, cewch ychwanegu diwrnod at y ffigurau uchod. Os treuliwn ond un awr mewn oedfa bob wythnos, dim ond 0.59% o wythnos 168 awr yw hynny! Mae'n debyg na fydd y mwyafrif ohonom yn hoffi meddwl ein bod bron i flwyddyn yn hŷn bellach! Ond mae agosáu at ddiwedd blwyddyn arall yn ein hatgoffa am rai pethau y dylem eu cofio parthed ystyr a gwerth amser.

Yn gyntaf, hyn a hyn o amser a gawn ni, a phan ddaw'r amser hwnnw i ben, ni fyddwn yn derbyn ychwaneg. Yn ail, nid oes yr un ohonom yn gwybod o flaen llaw faint yn rhagor o amser sydd i ddod.

Ein braint a'n lle yw diolch i'r Arglwydd ar derfyn blwyddyn, a diolch iddo hefyd am ei rodd o flwyddyn newydd.

Y Fendith: Rhufeiniaid 15:13

DECHRAU A DIWEDD BLWYDDYN

Gweddi Arweiniol:
O Dduw ein Tad, boed i ni droi atat ar ddiwedd blwyddyn gan wybod fod ein hamser ni – ddoe, heddiw ac yfory, yn dy law di, er gogoniant i enw Iesu Grist a ddaeth yng nghyflawnder yr amser i'n byd ni. AMEN.

Darllen: Deuteronomium 30:15–20

Neges:
Pan ddaw diwrnod pen-blwydd, diwrnod dathlu priodas neu ryw ddyddiad arwyddocaol arall, deuwn yn ymwybodol fel unigolion neu deulu o freuder amser. Ond ar ddiwedd blwyddyn, rydym i gyd yn yr un cwch yn rhannu'r un profiad. "Tydi'r blynyddoedd yma'n mynd?" "A'r hynaf yr awn ni, y cyflymaf yr ân nhw." 'Diflanna oes fel breuddwyd gwael ei lun,' medd Pedrog.

Does ryfedd fod Paul yn pwysleisio yn ei lythyr at yr Eglwys yn Effesus: 'Daliwch ar eich cyfle, oherwydd y mae'r dyddiau'n ddrwg.' 'Gan brynu'r amser' oedd yr hen gyfieithiad! Nid yn unig y mae amser yn ddiflanedig, y mae hefyd yn brin. Lle bo argyfwng, mae amser yn ymddangos yn fwy diflanedig ac yn brinnach fyth. Ond i Paul, mae pob argyfwng yn gyfle a phob eiliad i'w phrynu. Rhybudd Morgan Llwyd i ni oedd, 'Amser dyn yw ei gynhysgaeth a gwae yr un a'i gwaria'n ofer.' Yn aml iawn y bobl sy'n gwneud y lleiaf sydd â'r lleiaf o amser i wneud rhywbeth dros eraill. Os am ofyn i rywbeth gael ei wneud, gofynnwch bob tro i'r prysuraf yn eich mysg. Yn aml, bydd y bobl hynny yn rhoi pris ar bob eiliad ac yn gweld cyfle ymhob argyfwng. Nid yw amser yn ormes iddynt, ond yn rhodd i'w chroesawu a'i defnyddio mewn addoliad i Dduw a gwasanaeth i eraill. Fel y dywedodd Waldo Williams 'Gobaith fo'n meistr, rhoed amser i ni'n was.'

Gweddi:

Ein Tad, ar ddiwedd blwyddyn ac ar drothwy blwyddyn newydd, trown atat i ddiolch i ti ac i geisio dy arweiniad. Diolchwn i ti am bob daioni a thrugaredd a'n canlynodd ni mewn adfyd ac mewn gwynfyd yn ystod dyddiau'r flwyddyn a aeth heibio. Diolchwn i ti am oleuo ein meddwl â'th wirionedd ac am gynnal ein hewyllys â'th ras pan oeddem mewn cyfyng-gyngor, a diolchwn i ti am bob arwydd a gawsom o arweiniad dy Ysbryd yn ein dryswch a'n penbleth. Ond, maddau i ni am fod mor ddi-hid lawer gwaith o'th ddaioni a'th drugaredd.

Maddau i ni am i ni fod mor fynych yn ddall i'th oleuni ac mor ddibris o'th ras, a maddau i ni am anwybyddu d'arweiniad bob tro. O Dad, rhoddaist bob eiliad o'r flwyddyn yn rhodd i bob un ohonom, ond droeon ni phrynasom yr amser na dal ar ein cyfle. Ond mawr yw ein diolch fod diwedd blwyddyn yn addewid o flwyddyn newydd a chyfle newydd. Rwyt ti yn gwneud pob peth yn newydd. Boed felly i'r eiliad hon, yr eiliad newydd hon, ar drothwy blwyddyn newydd fod yn amser cymeradwy i bob un ohonom ein rhoi ein hunain o'r newydd ar lwybr addoliad a gwasanaeth er gogoneddu enw Iesu Grist ac er hyrwyddo dy Deyrnas di. AMEN.

Y Fendith:

Bu dy gariad, dy ras a'th gymdeithas yn fendith i ni, dy bobl, yn ystod y flwyddyn a aeth heibio; boed i ni eto yn y dyfodol brofi'r un fendith. AMEN.

Gweddi:

'Dduw a Llywydd oesau'r llawr', er i'n blynyddoedd ddiflannu o un i un, boed i ni weld a chredu o'r newydd yn yr oedfa hon dy fod ti yr un ddoe, heddiw ac am byth yn Iesu Grist. AMEN.

Darlleniad: Deuteronomium 32:1–7

Neges:

Cyfle yw diwedd blwyddyn i edrych yn ôl ar y flwyddyn a aeth heibio cyn mentro edrych ymlaen i'r flwyddyn newydd sydd o'n blaenau. Ac y mae edrych yn ôl yn bwysig ar adegau, ond nid drwy'r amser. Un peth yw edrych yn ôl, a pheth arall yw byw yn y gorffennol. Arwydd o farwolaeth yw hynny.

Peth prin iawn yw ffordd dawel, ddidraffig y dyddiau hyn. Wrth inni fentro yn ein ceir (neu ar feic neu feic modur) i ganol ein ffyrdd prysur, mae'n bwysig ein bod ni'n edrych yn ôl, fel na fyddwn yn creu perygl i ni ein hunain ac i eraill ar y ffordd brysur. Sawl un sydd wedi methu'r prawf gyrru oherwydd nad yw wedi rhoi sylw digonol i'r drych sy'n dangos yr hyn sydd y tu ôl iddi/o?

Wrth edrych yn ôl gallwn weld y llwybr a gerddasom hyd yn hyn, canfod ble'r ydym, a symud ymlaen yn ddoethach ac yn fwy diolchgar. Wrth edrych yn ôl yng ngoleuni'r ffydd, gallwn weld y camgymeriadau a wnaethom a dysgu oddi wrthynt.

Gallwn hefyd gyfrif ein bendithion a bod yn ddiolchgar amdanynt.

> Dysg im edrych i'r gorffennol,
> hyn a ladd fy ofnau i gyd:
> dy ddaioni a'th drugaredd
> a'm canlynant drwy y byd.

Oedfaon Ffydd

GWEDDI

Gweddi Agoriadol:
Diolch i ti, O Arglwydd, am gyfle arall i ddod ger dy fron mewn gweddi. Sylweddolwn mai gweddi yw ein hangen pennaf mewn bywyd. Dysg ni felly i weddïo'n gywir, fel y bendithir ni trwyddo, yn enw Iesu Grist, AMEN.

Darllen: Mathew 6:5–14
Luc 11:1–13

Gweddi:
Ein Tad, deallwn mai deiliaid dy deyrnas di ydym, er ein bod yn byw ar y ddaear. Yr ydym yn agored i wyntoedd cryf temtasiwn bob amser, a rhaid i ni fyw bob dydd ymysg pobl sydd heb gydymdeimlad â'th fwriadau di yn y byd hwn. Y mae hynny'n gosod baich trwm arnom. Felly, gweddïwn am nerth i orchfygu ein gwangalondid, ein diofalwch a'n difaterwch. Rho'r nerth i ni hefyd i ddisgyblu ein hewyllys, i feithrin ein meddyliau ac i wisgo ein galluoedd, er ein lles ein hunain, ac er lles eraill. Pan gwyd argyfyngau, gwna ni'n abl i'w hwynebu drwot ti.

Gwared ni rhag esgeuluso ein cyfrifoldebau, a rho'r ffydd i ni i weld mawredd a digonolrwydd bywyd yr Iesu ar ein taith drwy'r byd hwn. Cynorthwya ni i fyw trwy ffydd, a rho'r nerth i ni bob amser i ddangos ein ffydd trwy ein gweithredoedd, fel bod eraill trwom ni yn dod i adnabod Iesu Grist yn well. Cynorthwya ni felly i roi ein hunain mewn gwasanaeth i ti, gan gofio bod hynny yn gymaint o addoli ag y mae gweddïo, a darllen dy Air, a gwrando ar bregeth, a chanu dy glodydd.

Yr wyt ti yn ein bendithio mewn cynifer o ffyrdd; felly, rhoddwn yn ôl i ti ran fechan o'r hyn a dderbyniasom, yn wasanaeth rhesymol yn enw Iesu Grist. AMEN.

Gweddi:

Arglwydd Dduw, plygwn ger dy fron mewn gweddi, gan sylweddoli mor angenrheidiol ydyw i fyw. Deallodd disgyblion yr Iesu hynny pan ofynasant iddo, 'Dysg i ni weddïo,' a phwy yn well i'w dysgu na'r Gweddïwr mawr ei hun. Felly, gofynnwn i ti ein cynorthwyo ni yn awr yn ein gweddi. Credwn fod holl weithredoedd mawr a phwysig bywyd wedi eu cyflawni o ganlyniad i weddïo, a sylweddolwn hefyd fod gennyt bethau mawr ar ein cyfer y dyddiau hyn sydd yn rhaid gweddïo amdanynt. Canmolwn dy enw mawr, am dy fod wedi trefnu popeth ar gyfer bywyd llawn i ni, nad ydym yn ei haeddu. Rhyfeddwn dy fod wedi mynd allan o'th ffordd i achub pechaduriaid fel ninnau, a hynny ar gost trwm iawn i'th Fab Iesu Grist. Mor fawr oedd y gofyn a weddïodd Iesu, 'Os yw'n bosibl, aed y cwpan hwn heibio i mi; ond nid fy ewyllys i a wneler ond dy ewyllys di.' Gwna ni mor ufudd â hynny yn ein cais am wir fywyd yn Iesu Grist.

Dim ond trwy weddi y gallwn gyflwyno eraill i ti, y rhai sydd mewn mwy o angen na ninnau; pobl yr ydym yn eu hadnabod, a phobl na wyddom ryw lawer amdanynt, ond sy'n cael eu hysgafnhau a'u cysuro gan dy fod ti yn eu nerthu yn eu hadfyd. Dysg i bawb ohonom weddïo, gan gredu mai dyma arf gorau ein bywyd. Clyw ni, O Arglwydd, yn enw ein Ceidwad Iesu Grist. AMEN.

Neges:
Luc 18:1–8

Dyma stori hyfryd, un sy'n nodweddiadol o batrwm Iesu wrth gyfleu ei neges i'w wrandawyr. Os darllenwch y paragraff hwn yn rhy gyflym, fe gollwch ergyd y stori, sef bod rhaid gweddïo'n ddiflino, bob amser. Nid y dylent weddïo, ond rhaid oedd iddynt ddal ati i weddïo, fel yr oeddent eisoes yn ei wneud. Y peth arall y dylem ei nodi yw nad yw Duw y Barnwr yn ateb gweddïau oherwydd i ni ei boeni â'n gweddïau. Dyma oedd geiriau'r barnwr yn y stori: 'Am fod y wraig weddw yma yn fy mhoeni o hyd, fe roddaf iddi'r ddedfryd, rhag iddi ddal i ddod a'm plagio i farwolaeth.'

Rydym yn sôn am ddyfalbarhad. Roedd y barnwr yn sicr yn Rhufeiniwr, oherwydd roedd trefn gyfreithiol wahanol gan yr Iddewon, a oedd yn cynnwys blaenoriaid, a rhyw fath o ganolwyr. Roedd gan y barnwr hwn enw am fod yn dwyllwr ac ysbeiliwr. Os oeddech am gyfiawnder, rhaid oedd ei lwgrwobrwyo: nid oedd ffordd arall! Ni fyddai gan weddw arian i'w dalu, felly ni fyddai ei dedfryd yn deg. Nid yw Iesu yn cymharu Duw â'r barnwr twyllodrus, ac nid yw ein gofynion parhaus yn costio dim i ni. Yr hyn y mae Iesu'n ei ddweud yw, 'Peidiwch â digalonni pan na chaiff eich gweddïau eu hateb ar unwaith. Y mae Duw yn gweld y darlun cyfan, ac mae'n gwybod beth sy'n dda i ni yn y tymor hir.'

Y peth pwysig i ni yw na ddylem golli ein ffydd, ac na ddylem golli'r arfer o siarad â Duw mewn gweddi. Os bydd ein meddyliau a'n calonnau wedi eu canolbwyntio ar Dduw yn ein bywyd beunyddiol, byddwn mewn perygl o beidio â bod yn barod am ddyfodiad y Meistr, fel y pum morwyn ffôl. Dylem gofio geiriau 'Gweddi'r Arglwydd' – 'Gwneler dy ewyllys ar y ddaear fel yn y nefoedd.'

Cofiwn hefyd am y stori a ddywedodd Iesu am ddau ddyn yn gweddïo yn y Deml. Pharisead oedd un a chasglwr trethi oedd y llall. Safodd y Pharisead ar ei ben ei hun a gweddïo, 'Diolch i ti, O Dduw, nad wyf fi fel pobl eraill yn rheibus, yn anghyfiawn, yn odinebus, na chwaith fel y casglwr trethi hwn. Ymprydiaf ddwywaith yr wythnos, a byddaf yn talu degwm ar bopeth a gaf.' Ie, un a edrychai i lawr ar eraill ydoedd. Arhosodd y casglwr trethi wrth y drws, a gweddïo, 'O Dduw, bydd drugarog wrthyf fi, bechadur.' Dywedodd Iesu mai'r casglwr trethi a blesiodd Dduw, am iddo ei ddarostwng ei hun. Felly, mae ein hymddygiad ni mewn gweddi yn bwysig. Sut y dylem weddïo, felly? Y mae'r Pharisead yn cael enw drwg, ond edrychwch ar ei fywyd crefyddol ef o'i gymharu â'n bywydau crefyddol ni. Gweddïai dair gwaith y dydd, ar adegau penodol. Âi i'r deml i weddïo. Roedd yn ofynnol yn ôl y gyfraith i rywun ymprydio unwaith yr wythnos, ond yr oedd hwn yn ymprydio ddwywaith. Roedd yn rhoi deg y cant o'i enillion i'r Deml. Felly, nid oedd yn ŵr trachwantus, nid oedd yn anonest nac yn anffyddlon i'w wraig. Felly, y mae'n edrych fel person glân a derbyniol. Pam felly fod yr Arglwydd Iesu yn dweud nad ei weddi ef a blesiodd Dduw? Oherwydd ei agwedd. Byddai hwn yn ymprydio ar ddyddiau marchnad, pan fyddai torf fawr o bobl yn Jerwsalem, a byddai'r ymprydwyr yn lliwio eu hwynebau'n wyn, ac yn gwisgo hen ddillad, fel y gallai pawb weld yr hyn a wnaent. Cymharwch y gŵr hwn â'r casglwr trethi. Arhosodd hwnnw wrth ddrws y Deml. Nid oedd yn ei gyfrif ei hun yn deilwng hyd yn oed i edrych tua'r nef. Gweddïodd, 'O Dduw, bydd drugarog wrthyf fi, bechadur.' Dyma'r gwahaniaeth, medd Iesu; gostyngeiddrwydd mewn gweddi sydd yma. Ni ddylem ein cymharu ein hunain â neb arall ond Duw. Felly, neges Iesu wrthym yw fod gweddi yn bwysig, a bod ein hymddygiad ninnau hefyd yn bwysig. Y mae hen ddywediad sy'n dweud, 'Mae drysau'r Nefoedd mor isel fel na all neb gael mynediad trwyddynt ond ar ei bengliniau.' Plygwn felly mewn gweddi i Dduw.

Neges:
Rwy'n gobeithio fod gennych un cyfaill arbennig. Gall fod yn ŵr neu'n wraig i chi, neu'n hen gyfaill ysgol, neu'n ffrind agos, rhywun y gallwch rannu unrhyw beth gyda nhw; rhywun sy'n medru chwerthin neu grio gyda chi; rhywun sydd â gwir ddiddordeb ynoch, ac yn y pethau yr ydych chi'n eu gwneud; rhywun fydd yno i wrando arnoch; un y gwyddoch na fyddai'n datgelu eich cyfrinachau i eraill. Y mae cyfeillion fel hyn yn brin a gwerthfawr. Dyna yw gweddi, a mwy. Cyfeillgarwch rhyngoch chi a Duw. Efe a'n gwnaeth, efe sydd yn ein caru ac yn ein deall i'r dim, ac nid yw ef byth yn datgelu cyfrinach. Os bydd cyfeillion yn tewi â siarad, bydd eu cariad yn dod i ben. Onid ydym yn disgwyl i'n plant ein ffonio neu ysgrifennu atom wedi iddynt adael cartref? Os na, mae rhywbeth o'i le. Faint mwy y disgwylia Duw i ninnau gysylltu ag ef? Felly, yn y berthynas fwyaf ohonynt oll, mae angen i ni dreulio mwy o amser yn siarad â Duw. Dyna, yn syml, yw gweddi.

Gall gweddi fod yn gri am gymorth, yn enwedig mewn amser o argyfwng, ond cyn gynted ag y bydd hwnnw drosodd, anghofiwn am Dduw. Ond beth bynnag yw'r amgylchiadau, rhannu teimladau â Duw ydyw, a dyna yw un o anghenion pennaf bywyd. Felly, gweddïwn a gwireddwn ein hanghenion yng Nghrist Iesu. AMEN.

Y Fendith:
Yr Arglwydd fo gyda ni, i'n cadw i deithio mewn ffydd, y dydd hwn ac yn oes oesoedd.
Gras fyddo gyda ni, fel y rhodiwn mewn tangnefedd a ffydd, o hyn ymlaen. AMEN.

Oedfaon Ffydd

CARU DUW

Gweddi Agoriadol:
Ti, yr Hwn a'n carodd cyn ein bod, derbyn ein mawl a'n diolch unwaith yn rhagor am dy ffyddlondeb tuag atom. Bendithia ein cyfarfod heddiw eto, fel y gallwn fynd yn ôl i'r byd i rannu ein profiadau a'n ffydd gydag eraill, yn enw Iesu Grist. AMEN.

Darllen: Deuteronomium 6:1–18
Marc 12:13–17 a 28–34

Gweddi:
Arglwydd, dymunwn gerdded yn agosach atat. Dysg ni nad yw hynny'n digwydd ar ddamwain, ond trwy ymdrech. Gwna ni'n fwy parod i dderbyn disgyblaethau bywyd a fydd yn ein harwain yn nes atat ti. Cynorthwya ni i gymryd y camau cyntaf mewn hunanaberth, fel y gallwn gysegru ein hunain yn llwyr i ti, a'th bwrpas i ni yn y byd. Cynorthwya ni i ddeall ein bod yn anghyflawn nes i ni osod ein holl fywyd ar dy allor di. Rho i ni'r gras a'r wybodaeth i dyfu yn fwy tebyg i ti, yn ôl yr esiampl a gawsom gan Iesu. Gad i ni fod yn fwy hysbys o'th bresenoldeb o ddydd i ddydd, fel y gallwn ymroi yn fwy llwyr i'th wasanaethu. Sylweddolwn na all neb wneud hyn drosom; rhaid i ni weithredu drosom ein hunain. Felly, nertha ni i wneud gwell ymdrech drosot. Diolchwn dy fod ti yn gwybod mwy amdanom a'r hyn y gallwn ei gyflawni nag a wyddom amdanom ein hunain, ac rydym yn ddiolchgar dy fod ti yn fwy gofalus ohonom nag yr ydym ni. Dyna pam y gwnawn gynifer o gamgymeriadau mewn bywyd. Maddau i ni felly ein gwendidau a'r pechodau a gyflawnwn. Gofynnwn hyn yn enw Iesu Grist ein Ceidwad. AMEN.

Gweddi:
O Dad, diolchwn dy fod ti gyda ni ym mhob cyflwr o fywyd, ac ym mhob amgylchiad. Gweddïwn am i ti ein cynorthwyo i gydnabod ein dibyniaeth arnat, a diolchwn am dy arweiniad a'th faddeuant, yn ein

methiant i gydnabod dy Gariad mawr tuag atom. Ti a'n gwnaeth, a'th Fab a'n gwaredodd ac a'n hachubodd, a'th Ysbryd Glân sydd yn Ddiddanydd ac yn Egnïwr. A dy ddisgwyliad di yw i ni gymryd diddordeb yng ngwaith dy Deyrnas, gan greu diddordeb mewn eraill hefyd, trwy ein hymdrechion i wneud yn amlwg yn ein bywydau dy Gariad tuag atom, fel y gallwn greu byd sydd yn lle gwell i fyw ynddo, i bawb.

Credwn mai dyna yw neges Iesu i ni heddiw, sef i garu ein gilydd, fel y carodd ef ni. Ac ni allwn gyfyngu ar Gariad mor fawr â'i gariad ef, cariad rhad a chariad llawn. Gwna ni felly yn sianelau y cariad hwn, fel y bo eraill trwom ni yn dod i adnabod Iesu Grist. Gwyddom fod llawer iawn yn gweithio drosot yn y byd. Ni allwn wneud llawer fel unigolion, ond fel tyrfa fawr gallwn newid pobl.

Ni all ein cyfraniadau ariannol wneud llawer ar eu pennau eu hunain, ond fe all cyfraniad pawb ohonom wneud gwahaniaeth mawr i ledaenu dy neges di, ac i leddfu angen. Cynorthwya ni felly i weld y tu hwnt i bedair wal capel neu eglwys, fel y gallwn drysori trysorau'r nef i bawb o blant y byd. Clyw ein gweddi, yn enw Iesu Grist. AMEN.

Neges:
Deuteronomium 6:5

'Câr di yr Arglwydd dy Dduw â'th holl galon ac â'th holl enaid ac â'th holl nerth.'

Beth yw'r peth pwysicaf y gallech ei wneud â'ch bywyd? Caru Duw. Pan fyddwch yn caru rhywun neu rywbeth, sut y mae'n effeithio arnoch? Y mae'n llenwi eich meddwl bob eiliad o'r dydd, y mae'n dylanwadu ar y rhan fwyaf o'ch penderfyniadau, y mae'n peri i chi aberthu llawer ac yn hael, y mae'n bywhau eich holl fywyd ac yn aildrefnu eich blaenoriaethau, a llawer mwy. Y mae gwir gariad tuag at Dduw felly yn gofyn i ni ddefnyddio ein holl galon a'n hemosiynau, ein holl feddwl a'n meddyliau, ein holl enaid, ein holl ddewisiadau, ein holl nerth a'n holl egni. Pan edrychwn ar hanes Dafydd, person a oedd yn caru Duw â'i holl galon, gwelwn ei fod ef yn ein cymell i siarad â Duw gydag emosiwn, yn uchel ein llais: 'Gwaeddaf yn uchel ar yr Arglwydd, ymbiliaf yn uchel ar fy Arglwydd. Arllwysaf fy nghŵyn o'i flaen, a mynegaf fy nghyfyngder yn ei bresenoldeb' (Salm 142:1–2). Siaradwch â Duw am eich teimladau a'ch gwendidau a'ch cryfderau, ac am ddymuniadau eich calon. Dywedwch wrtho beth ydych ei eisiau, er eich bod yn gwybod yn aml nad yw'r hyn a ddymunwch yn dda i chi. Dywedwch wrtho am eich ofnau a chyfaddefwch yn uchel beth yw eich pechodau.

Y mae'r Salmydd eto'n dweud, 'Crea galon lân ynof, O Dduw, ac adnewydda Ysbryd uniawn o'm mewn' (Salm 51:10). Sylwch ar ymateb Duw. Y mae Dafydd yn gweld Duw fel tarian, fel amddiffynfa, fel bugail. Felly, ymddiriedwn yn yr Arglwydd fel y dywed Salm 34:3: 'Mawrygwch yr Arglwydd gyda mi, a dyrchafwn ei enw gyda'n gilydd', a hynny er ein lles ni ac er gogoniant i Dduw. AMEN.

Y Fendith:
A Duw y cariad a'n cadwo bawb o fewn cylch ei freichiau, y dydd hwn ac i'r dyfodol. AMEN.

Neges:
Colosiaid 3:14
'Tros y rhain i gyd, gwisgwch gariad, sy'n rhwymyn perffeithrwydd.'
Ble mae rhywun yn dechrau wrth sôn am gariad? Fe gymer oriau maith i ddarllen am gariad yn yr Ysgrythurau, ac y mae meddyliau miloedd wedi eu tanio wrth drafod y fath destun. Yn ôl yr Apostol Paul, y mae cariad yn ffrwyth Iachawdwriaeth, sy'n tyfu ac yn aeddfedu i gwrdd ag anghenion eraill. Y mae bywyd yn llawn ac yn gyflawn wrth fyw yn ôl patrwm Iesu Grist. Y mae pob Cristion yn ffynnon. Dywedodd Iesu, 'Pwy bynnag sy'n sychedig, deued ataf fi ac yfed. Y dyn sydd yn credu ynof fi, allan ohono ef y bydd ffrydiau o ddŵr bywiol yn llifo' (Ioan 7:37). 'Ond pwy bynnag sy'n yfed o'r dŵr a roddaf i iddo, ni fydd syched arno byth. Bydd y dŵr a roddaf fi iddo yn troi'n ffynnon o ddŵr o'i fewn, yn ffrydio i fywyd tragwyddol. Y mae cariad yn debyg i wisg – 'tros y rhain i gyd gwisgwch gariad.' Felly, gwaith y Cristion yw gwneud ei gariad tuag at Dduw mor amlwg â'i wisg. Oherwydd cariad yw nod amlycaf y Cristion. Ac fel yna y mae Cristnogion yn cael eu clymu yn un. Dyma ateb i broblemau'r byd, ac os nad yw cariad yn cynnwys pobl o bob tras, nid yw'n gariad sy'n ymledu, ac nid ydym yn tyfu fel Cristnogion. Y mae cariad y Cristion yn ffrwyth yr Ysbryd, ac nid gorchest ddynol ydyw. Dim ond yng Nghrist y mae'r cariad hwn yn bosibl. Pan enir dyn o'r newydd, rhed y cariad Cristnogol fel ffynnon. Felly, bydd

yn wrol a phaid â llithro yng ngwaith yr Iesu. AMEN.

Y Fendith:
Boed i'n cariad ni, yn Iesu Grist, ymledu at bawb yn y byd, y dydd hwn. AMEN.

Neges:
Ioan 14:15
'Os ydych yn fy ngharu i, fe gadwch fy ngorchmynion.'
Dywed yr emyn Saesneg, *'Trust and obey, for there's no other way to be happy in Jesus but to trust and obey.'* Mae dau beth yn bwysig, sef ymddiriedaeth a chariad. Er mwyn ymddiried, rhaid ufuddhau. Felly, a yw cariad yn cael ei amlygu mewn ufudd-dod? 'Os ydych yn fy ngharu i rhaid ufuddhau,' medd yr Iesu. Roedd Iesu yn berson ymarferol. Ni chymerai ef gariad y disgyblion yn ganiataol. Ni thybiai fod ufuddhau yn gariadlon. Nid oeddent wedi dioddef tristwch y Croeshoeliad eto, na phoen erledigaeth. Ar ôl y rheini byddent yn profi eu cariad tuag ato. Ond os yw eu cariad yn amodol, nid yw eu hufudd-dod. Dyma gyfamod rhwng Meistr a'i ddisgyblion, sydd yr un fath rhwng rhieni a phlant. Ac y mae'r cariad hwnnw yn un o ansawdd uchel, o fath hunan-roddiad. Dyna yw cariad Duw tuag at y byd, ac y mae ufudd-dod yn deillio o gariad fel hyn. Nid ydym yn ufuddhau oherwydd ofn anufuddhau, ond yn ufuddhau am ein bod yn caru ufuddhau. 'Mi a weddïaf,' medd Iesu. Meddyliwch, Iesu yn gweddïo drosom! Gallwch fod yn siŵr fod Iesu yn gosod ein hanghenion ninnau o flaen y Tad. Pa Eiriolwr gwell sydd ei angen arnom. Oherwydd ei gariad y mae'n gweddïo drosom. Caru ac ufuddhau. Y mae'r addewid yn aros. Gallwn adnabod Duw a Iesu yn well drwy'r gymdeithas glos o gariad ac ufudd-dod. Ac mewn ufudd-dod yr ydym yn ail-fyw ei weinidogaeth ef, ac yn ail-fyw ei Groeshoeliad ef trosom. Ac mewn ufudd-dod y sylweddolwn ei Atgyfodiad ef. Ufuddhawn i'w orchmynion trwy ei garu o'r newydd. AMEN.

Oedfaon Ffydd

BENDITHION

Galwad i Addoli
O Dad, deuwn ger dy fron i ddiolch i ti am yr hyn oll a dderbyniwyd gennym yn ystod yr wythnos a aeth heibio. Yn wir, bu dy roddion yn rhai hael a gwerthfawr. Caniatâ i ni ymrwymo yn fwy i ti a'th ewyllys, a gweddïwn y byddi'n dangos i ni y llwybr y dylem fod yn ei ddilyn yn yr wythnos sydd i ddod. Llanwa ni â'th Lân Ysbryd fel y gallwn fyw i ti, trwy wasanaethu eraill yn enw Iesu Grist. AMEN.

Darllen: Genesis 5
Ioan 14:1–14

Gweddi:
Deuwn ger dy fron, O Dad, mewn llawn ymwybyddiaeth a chydnabyddiaeth o beth ydym ni a phwy wyt ti. Cydnabyddwn mai tydi yw ein Creawdwr a rhoddwr pob rhodd dda. Deallwn mai creaduriaid llawn pechod ydym, yn wrthryfelgar ac anufudd, eto rydym yn dy geisio di. Maddau i ni ein gwendidau, a helpa ni i fod yn gryf yn wyneb galwadau a helbulon bywyd, a'r siomedigaethau a wynebwn bob dydd. Cynorthwya ni i nabod dy ras di, a'th nerth, a'th arweiniad bob munud o'n bywydau. Caniatâ i ni fod yn ymwybodol o nerth a phresenoldeb dy Ysbryd yn ein plith. Deuwn atat i gynnig yn ôl i ti ran fechan o'r hyn a roddaist i ni. Nid wyt Ti wedi dal yr un rhodd yn ôl oddi wrthym; rhoddaist hyd yn oed dy Fab Iesu i ni, felly, ein haberth rhesymol ni mewn ymateb i hyn yw cynnig ni ein hunain mewn gwasanaeth. Cydnabyddwn ein bod yn dibynnu yn llwyr arnat bob dydd. Y mae'r problemau a wynebwn yn y byd yn rhy fawr a rhy gymhleth i ni eu datrys. Felly, wrth sefyll o'th flaen heddiw, cydnabyddwn ein hannigonolrwydd, ond y mae gennym ymddiriedaeth lwyr ynot, oherwydd dy fedrusrwydd.
Rydym yn falch ein bod yn gwybod dy fod ti yn ein caru, a'th fod yn dymuno i ni wneud ein gorau mewn bywyd. Gad i ni ddeall fod yn rhaid i ni ymateb gydag ymgysegriad os ydym am sylweddoli ffrwythau dy

Gariad. Gwna ni felly yn fwy ymwybodol mai dim ond Efengyl dy Fab Iesu a all ddod â gwir heddwch i'r byd, fel y daw pob un i garu ei gilydd yng Nghrist Iesu. AMEN.

Gweddi:
Ein Tad, a Thad ein Harglwydd Iesu Grist, rydym wedi cwrdd â'n gilydd i geisio dy addoli di. Gwelwn o'n hamgylch ogoniant dy waith mewn natur, a gwelwn brydferthwch dy Sancteiddrwydd ym mwynhau pobl sydd wedi cael eu trawsffurfio trwy dy Ras. Diolchwn am y fraint o gael dweud wrth eraill am Gariad Achubol yn Iesu Grist. Trwy ein hymdrechion i'th ddatguddio i eraill, yr ydym yn egluro ein cariad tuag atat. Heddiw, addawn ymdrechu yn fwy i'th ddatguddio i'r byd. Rho nerth a gras i ni, i symbylu eraill i'th geisio yn Dad Nefol iddynt, fel y gwnaeth ein tadau a ninnau. Ymfalchïwn yn y fraint o wasanaethu, ac yn y cyfleusterau a gawn i wneud hynny. Derbyn eiriau ein gwefusau, a gwaith ein dwylo, yn rhai cymeradwy i'th wasanaeth. Nid oes neb mor fawr â thi, a neb yn haeddu'r clod, a'r mawl, y parch a'r bri y gallwn ei roi i ti, fel y rhai a greaist ar dy lun a'th ddelw dy hun. Glanha ein calonnau, a golcha ein dwylo a mowldia ein meddyliau, fel y gallwn dalu y deyrnged uchaf i ti. Maddau i ni fod ein meddyliau o hyd yn ceisio pethau sy'n ddarfodedig, ac yn gwastraffu ein hegni wrth alaru amdanynt wedi i ni eu colli. Newidia ni felly drwy dy Allu Anfeidrol, i'n gwneud yn gyfryngau i gyflawni dy Ewyllys. Gofynnwn hyn yn enw Iesu. AMEN.

Neges:
Genesis 5:24
'Rhodiodd Enoch gyda Duw, a daeth ei oes i ben, oherwydd cymerodd Duw ef.' Rhodiodd Enoch gyda Duw. Pwy oedd Enoch, felly, ei fod yn cael y fath fraint? Y mae Llyfr Genesis yn dweud wrthym mai mab Jared ydoedd a Thad Methwsela, a'i fod yn perthyn i'r seithfed genhedlaeth ar ôl Adda.

Y mae'r gair 'rhodiodd' yn golygu 'bywyd Duwiol mewn cymundeb cyson ac agos â Duw'. Hoffwn rannu yn fras gyda chwi rai pwyntiau perthnasol, am un a oedd yn ceisio Duw mewn gwirionedd. Y mae cymar gorau bywyd yn gymar Anfeidrol. Y mae Paul yn dweud ein bod yn demlau i'r Arglwydd drigo ynddynt. Dywed Duw, 'Trigaf ynddynt hwy, a rhodiaf yn eu plith, a byddaf yn Dduw iddynt a hwythau yn bobl i mi' (2 Corinthiaid 6:16). Felly, un agos-atom yw Duw, a gallwn ymddiried ynddo bob amser, am ei fod yn Un ffyddlon a chywir, ac nid yw yn ein gadael pan ddaw'r gelyn i'n cyfarfod. Ond y mae cerdded gyda Duw yn golygu ymroddiad llwyr, ac ildio i ewyllys Duw yn gyfan gwbl.

Ystyr yr enw Enoch yw 'cysegriad', neu 'un yn ildio i Dduw' i gael ei gydffurfio ag ewyllys Duw. Y mae cerdded gyda Duw yn hawlio ein bod yn ildio iddo. Y mae cerdded gyda Duw yn hawlio cyfeillgarwch di-dor. Roedd Enoch a Duw mewn perffaith gytundeb â'i gilydd. Dyna a ddywed Amos: 'A gerdda dau gyda'i gilydd heb fod yn gytûn?' Y mae cerdded gyda Duw yn gwneud taith bywyd yn bleserus. Y mae cerdded gyda Duw yn hawlio cynnydd parhaus. Rhaid i'n gwybodaeth o Dduw gynyddu bob cam a gymerwn. Y mae pob diwrnod yn daith newydd, 'oherwydd ni thramwyasom y ffordd hon o'r blaen'. Teithio a wnawn tua gwlad newydd, Gwlad yr Addewid. Y mae cerdded gyda Duw yn golygu ysgariad llawn, oherwydd rhaid cadw ar wahân i bechodau bywyd. Goleuni ydyw, ac nid yw'r rhai sy'n rhodio gydag ef yn rhodio mewn tywyllwch ('rhoddwch eich serch ar bethau sydd uchod'). Y mae rhodio gyda Duw yn golygu dioddef. Rhaid dioddef casineb y byd. Ond dywed Duw, 'Ymgysegrwch, a byddwch sanctaidd, oherwydd myfi yw yr Arglwydd eich Duw.' Clod fo i Dduw. AMEN.

Y Modd o Gerdded gyda Duw

Dywed Paul wrth y Galatiaid (3:26), 'Oblegid yr ydych bawb, trwy ffydd, yn feibion Duw yng Nghrist Iesu,' a dywed wrth yr Effesiaid (2:8-9), 'Trwy ras yr ydych yn gadwedig, trwy ffydd. Nid eich gwaith chwi yw hyn; ond rhodd Duw ydyw.' Nid yw yn dibynnu ar weithredoedd, ac felly ni all neb ymffrostio.

Rhodiwn, trwy ffydd, mewn hapusrwydd, galar, helbul a marwolaeth: heb ffydd, amhosibl yw plesio Duw. Y mae rhodio gyda Duw yn golygu peidio â cherdded mewn modd beirniadol. Peidiwn â cherdded â'n hwynebau wedi eu hanharddu, ond â rhai wedi eu gweddnewid; nid rhai wedi cydymffurfio â defodau dynol, ond rhai wedi eu trawsffurfio trwy allu Duw. Na rodiwn ag wynebau duwiol ond â bywyd duwiol. Na cherddwn â chlustiau sy'n agored i gleber gwag, ond â rhai sy'n agor i lais Duw.

Y mae rhodio gyda Duw yn golygu rhodio mewn gwirionedd. Dywedodd Iesu, 'Myfi yw y ffordd a'r gwirionedd a'r bywyd. Nid yw neb yn dyfod at y Tad ond trwof fi.' Taith ysbrydol yw rhodio gyda Duw, ond taith wedi ei breintio ydyw. Y mae rhodio gyda Duw yn ein sicrhau o faddeuant o'n pechodau, ac o'i gwmni ef bob amser, a'i fod yn gysur mawr i ni mewn galar ac yng ngofidiau bywyd. Ni fu Enoch farw, ond rwy'n siŵr iddo gael llawer o ofidiau ar ei daith ddaearol. Ond roedd Duw gydag ef, yn siarad ag ef, a dyna yw hapusrwydd gwirioneddol. Roedd Paul yn y carchar yn Philipi yn gwybod am hynny, a dywed, 'Llawenhewch yn yr Arglwydd bob amser, fe ddywedaf eto, Llawenhewch yn yr Arglwydd.' Dechreuwn gerdded o'r newydd gyda Duw, ac fe â bob cam o'r daith gyda ni. Diolch iddo. AMEN.

Oedfaon Ffydd

ADNABOD DUW YNG NGHRIST

Gweddi Agoriadol:
O Dduw ein Tad, mawrygwn dy Enw ymhlith plant dynion, a heddiw eto cawn y fraint o wneud hynny. Bendithia felly ein gwasanaeth, fel y gallwn fynd allan i'r byd o'r newydd i fod yn esiampl drosot ti. Rho leferydd newydd i ni, fel y bydd dy gariad di yn cael ei gyhoeddi yn uchel, unwaith eto, yn enw Iesu Grist. AMEN.

Darllen: Ioan 17
Ioan 3:1–21

Gweddi:
Diolchwn i ti, O Dad, am y dystiolaeth sydd ar gael amdanat. Wrth edrych o gwmpas, gwelwn dy Fawredd a'th Ogoniant, a'r ffurfafen yn mynegi gwaith dy ddwylo. Ond yn dy Gariad mawr tuag atom, rhoddaist ddatguddiad llawnach o'th hun yn dy Fab Iesu Grist, a anfonaist i'r byd yn un ohonom ni, fel y gallai'r ddynoliaeth gyfan ymgysylltu ag ef, a thrwy ei fywyd pur, a'i weithredoedd a'i eiriau, gwelsom ddarlun cliriach ohonot ti, y Gwir a'r doeth Dduw. Gwelwn felly mai ynot ti yn unig y mae ystyr i fywyd. Dyna paham yr ydym yn dy gydnabod yn Dduw ein bywyd ni, a dyna paham y mae ein calonnau yn llawn o ddiolchgarwch y dydd hwn eto. Gwelodd y tadau gynt fod yn rhaid iddynt ddibynnu arnat ti am bopeth, ond pan ddaeth Iesu Grist i'n daear ni sylweddolwyd mor ddibynnol oedd dynion arnat, ac nad oeddent erioed wedi bod heb dy Ofal tyner tadol drostynt. Trwy'r Iesu y gwelwyd mor fawr oedd dy Gariad di. Cariad oedd yn barod i aberthu Iesu yn ein lle, fel y gallem dderbyn nid yn unig faddeuant o'n pechodau, ond cael Iachawdwriaeth i'n heneidiau. Felly, paid â gadael i neb ohonom fodloni ar lai na thydi yn llwyr, yn sbardun ein bywyd. Cadw ni o fewn cylch dy Gariad, trwy dy Fab Iesu Grist. AMEN.

Gweddi:
O Dad Anfeidrol, plygwn ger dy fron mewn gweddi, ond sylweddolwn

ar unwaith na allwn weddïo yn iawn heb dy gymorth di. Diolch am y cyfarwyddiadau ar sut i weddïo a gawn yn dy Air, ac am yr hyn a roddwyd i ni gan ein tadau. Rhodd werthfawr i ni yw gweddi, a thrwyddi sylweddolwn mai ti yn unig sy'n deilwng o'r gweddïau hynny. Fel y mae ein tad daearol wedi bod yn esiampl i'n bywyd, yr wyt ti, trwy Iesu, wedi rhoi gwell adnabyddiaeth i ni o beth ydym ni a phwy wyt ti. Diolchwn i ti am ein teuluoedd; bendithia hwy am eu hymdrechion i roi'r gorau i ni. A diolchwn am deulu'r Eglwys, dy deulu di. Clyma ni'n un, Arglwydd, fel y bydd ein gofal o'n gilydd yn unol â'th lân Ewyllys di, ac y bydd yn adlewyrchu dy Gariad mawr a ddaeth trwy Iesu Grist. Yr ydym yn hoff o ddarllen am dy Eglwys yn nyddiau ei boreddydd, am gariad pobl at ei gilydd, ac am gariad Iesu tuag atynt. Boed i'r cariad hwnnw ymledu drwy'r byd heddiw, a chwmpasu holl blant y llawr yn eu gwahanol amgylchiadau ac anghenion. Boed iddynt fod yn ymwybodol o'th ofal cariadlon a thyner amdanynt bob amser, trwy'r rhai sy'n barod i'w helpu yn dy Enw Sanctaidd. Boed i bawb fwynhau bendithion y tymhorau, ond mwynhau yn fwy fendithion dy Iachawdwriaeth yn Iesu Grist. Iddo ef a thithau boed pob clod a gogoniant yn awr ac yn oes oesoedd. AMEN.

Neges:

A ydych chi'n hoff o wneud pôs lluniau (jig-sô)? Dyma un o'm diddordebau i. Ond dychmygwch geisio gwneud y pôs heb y llun ar y clawr. Anodd iawn fyddai ei orffen heb y llun. Sut y gallem ddechrau gosod darn wrth ddarn? Efallai y gallem gychwyn arni, ond byddai'n cymryd oesoedd i fynd trwy bob darn i ddod o hyd i rai sy'n ffitio. Byddem yn blino'n gyflym ac yn ei adael i fod! Y mae'r un peth yn wir am fywyd. Y mae rhai darnau ohono nad ydynt yn gwneud synnwyr i ni, a da fyddai cael rhyw lun neu batrwm i'w ddilyn. Y mae Duw wedi rhoi patrwm i ni, ond ar adegau nid yw'n glir, ac nid ydym yn siŵr beth sydd angen i ni ei gyflawni. Ond mae'n rhoi rhyw ddarn ar y tro i ni, gyda'r addewid fod pob profiad o bôs bywyd yn cael ei ddefnyddio er daioni. Ac y mae Duw yn ei ragluniaeth yn ein arwain bob cam o'n bywyd, at bethau daionus. Dyma'r darlun a gawn yn yr Hen Destament, wrth i Dduw arwain ei bobl fesul dydd. Pan ddown i at y Testament Newydd, gwelwn fwriad Duw yn gliriach, trwy'r datguddiad a roddir yn

Iesu Grist. Ac i adnabod Duw rhaid adnabod Iesu Grist yn gyntaf. Oni ddywedodd ef, 'Nid oes neb yn dyfod at y Tad ond trwof fi'. Ac fe aeth i'r groes i farw dros ein pechodau ni, er mwyn dangos Cariad Duw tuag atom. Ac y mae Duw yn dal Iesu o'n blaen yn wastad, fel y gallwn fod yn debyg iddo, a chael bywyd pur a pherffaith ynddo. AMEN.

Neges:
Ioan 3:16

Dyma adnod! Llond byd o adnod, llond enaid o adnod, llond nefoedd o adnod, a llond Duw o adnod. Adnod o eiddo Iesu ydyw, pan lefarodd ef wrth Nicodemus am drefn Duw i gadw'r byd. Ie, dweud am gynllun Duw i achub pechadur y mae. Soniodd Iesu wrtho am y geni o'r newydd a ddigwyddai, ac fel y byddai Ysbryd Duw yn chwythu lle y mynnai, a'r Ysbryd hwnnw yn anadlu ar y pechadur, a hwnnw, trwy gredu yn y Mab, yn cael bywyd newydd. A ydych chi, wrth weld afon, wedi meddwl erioed ym mha le y mae'n tarddu? A ydych wedi mynd i chwilio amdano? 'Canys felly y carodd Duw y byd.' Dyna darddiad y bywyd newydd, a dangosodd Iesu i Nicodemus y ffynhonnell oedd yn tarddu yng nghesail mynydd Cariad Duw. Roedd y byd wedi mynd yn ddrwg iawn, a phobl wedi cefnu ar Dduw, ac wedi codi mewn gwrthryfel yn ei erbyn, ond fe drefnodd Duw i'w Fab gael ei eni ym Methlehem, un o daleithiau'r drwg-weithredwyr, i fod yn Dywysog Tangnefedd, er mwyn eu troi hwynt yn heddychwyr eto. Dyma oedd y Cariad Mwyaf, y Cariad Rhyfeddaf a'r Rhodd Fwyaf. Pethau Duw yw'r pethau mwyaf bob amser, ac y mae dynion pechadurus yn medru derbyn pethau Duw, am ei fod ef yn eu caru. Nid yw cariad dynion ond fel diferyn o ddŵr yn ymyl y môr mewn cymhariaeth â Chariad Duw. Diolch fod Iesu wedi dangos i ni ei Dad ef a'n Tad ninnau. Dyna'r rhodd fwyaf erioed, ac mae'n rhad ac am ddim i bawb sydd am ei derbyn. Ac rydym ninnau'n ei garu ef, am iddo ef yn gyntaf ein caru ni. Clod fo i Dduw.

Gras:
Wrth droi o'r Tŷ, diolchwn am dy wedd; dilyn ni adref oll â'th hyfryd hedd. AMEN.

Oedfaon Ffydd

CYMDEITHAS DUW YNG NGHRIST

Na thralloder eich calon: yr ydych yn credu yn Nuw, credwch ynof finnau hefyd ... Myfi a'r Tad, un ydym.
(Ioan 14:1 a 10:30)

Darllen: Ioan 17:1–11

Gweddi:
Moliannwn di, O Dduw, ein bod yn cael dyfod atat ar yr awr weddi, trwy ein Harglwydd Iesu Grist. Canmolwn di am yr hyn sydd wedi peri'n bod ni yma o gwbl, yn ddylanwad cartref, yn rhieni cydwybodol ac yn eglwysi cynnes a chariadlon.

Maddau inni am fynnu mynd i'n ffordd ein hunain mor aml, a thosturia wrthym am inni wamalu cymaint a mynd i sôn am y pethau sy'n ein gwahanu fel pobl yn lle'r pethau hynny sydd i fod i'n huno ni. Tueddu i 'weld y bedd a'r meini mawrion' fyddwn ni, O Dad, yn lle 'gweld angylion Duw'. Hel problemau fyddwn ni yn hytrach na meddwl yn gadarnhaol. Cod ni ar ein traed i ganfod o'r newydd mor fawr yw ein braint o fod yn perthyn i gymdeithas dy bobl di, cymdeithas y cyffroadau, cymdeithas y grymusterau, cymdeithas y doniau gwahanol.

Cofia'r rheini sydd heb fwynhau bendithion dy Dŷ ers amser maith oherwydd eu bod yn gaeth i'w cartrefi neu yn yr ysbyty. Dyro ein bod ninnau'n gallu dwyn yr Eglwys atynt hwy, ac yn sgil hynny, ddwyn Iesu'r Meddyg Da atynt. Erfyniwn hyn oll yn ei enw ef. AMEN.

Neges:
Mae ymgodymu â pherthynas y Tad a'r Mab ymhlith yr agweddau anoddaf ar ein diwinyddiaeth. Un peth sy'n sicr, sef hyn: bod cwlwm y berthynas honno mor hynod o dynn fel ei fod, mewn ffordd, yn un na fyddwn ni feidrolion yn gallu ei ddirnad yn iawn yr ochr hon i'r bedd. A maniffesto'r berthynas? 'Myfi a'r Tad, un ydym.' Yng ngoleuni gweddi fawr Iesu - y weddi fwyaf dwys a phellgyrhaeddol a glywyd ar ei wefusau,

mae'n debyg - y deuwn i sylweddoli mai un o anghenion dyfnaf yr Eglwys heddiw, fel erioed, yw iddi gadw ei hundod. Lluosog a diddiwedd yw'r ffactorau sydd wrth wraidd ein cyflwr crefyddol ni fel cenedl ar hyn o bryd, ond tybed a oes golygfa dristach na bod un addoldy ar ôl y llall yn cau ac yn syrthio'n adfeilion am ei bod hi'n well gennym farw ar wahân na byw gyda'n gilydd? Dyna osod y trasiedi yn ei grynswth. Un Arglwydd sydd gennym, un Duw a Thad i bawb, ac felly un yw'r gymdeithas i fod.

Mae angen cymdeithas Duw yng Nghrist i'n codi o afael digalondid a difrawder ein sefyllfa. Ond diau mai ein hangen mwyaf yw cydnabod fod eisiau'r gymdeithas arnom yn unigolion yn ogystal. O na allem ddweud ein bod ni'n mwynhau cymundeb â Duw, a hynny'n feunyddiol! Rhodiwn fel y gwnaeth Enoch gyda'i Dduw.

Gras fyddo gyda phawb sydd yn caru ein Harglwydd Iesu Grist mewn purdeb. AMEN.

Yr hyn a welsom ac a glywsom yr ydym yn ei fynegi i chwi, fel y caffoch chwithau hefyd gymdeithas gyda ni: a'n cymdeithas ni yn wir sydd gyda'r Tad, a chyda'i Fab ef Iesu Grist ... Os rhodiwn yn y goleuni, megis y mae efe yn y goleuni, y mae i ni gymdeithas â'n gilydd, a gwaed Iesu Grist ... sydd yn ein glanhau ni oddi wrth bob pechod' (1 Ioan 1:3 a 7).

Darllen: 1 Ioan 1:1–10

Gweddi:
Dduw Iôr, cydnesawn yn awr yn llwyr ymwybodol o'n tlodi ysbrydol; dod yn hyderus yw ein dymuniad ni'r un peth, am ein bod ni'n credu mai ynot ti y mae'r gwir drysor, a thithau'n 'Gyfrannwr pob bendithion ac Awdur deall dyn'.

Maddau inni am osod cymaint o afael ar y pethau hynny sy'n darfod ac am roi llai a llai o le i'r pethau tragwyddol eu pwys. Fe wyddost ein calonnau, Arglwydd; fe wyddost yn ogystal mai fel hyn y mae'n deisyfiad ni:

> Nid ceisio rwyf anrhydedd byd,
> nid gofyn wnaf am gyfoeth drud;

O llwydda f'enaid, trugarha,
a dod i mi dy bethau da.

Cofia'n brodyr a'n chwiorydd ni ledled y byd sy'n chwilio'n hir cyn cael unrhyw beth o werth i'w fwyta na'i yfed, ac sydd yn amlach na pheidio'n gorfod 'ei ryffio hi' mewn llefydd na fyddem byth yn eu cynnig i'n hanifeiliaid. Mae anghyfiawnder rhwng dyn a'i frawd yn ein poeni ni, O Dad, ac mae casineb a drwgdybiaeth rhwng gwledydd yn gallu'n llethu ni. Paid â'n gadael ni'n amddifad, a phaid â throi dy wyneb oddi wrthym. Tosturia, Arglwydd. Bydd drugarog, a gwna ni'n well pobl am inni'n gyntaf geisio dy Deyrnas di a'th Gyfiawnder di, drwy Iesu Grist. AMEN.

Neges:

Ymffrost mawr Margaret Thatcher unwaith oedd nad oedd y fath beth â chymdeithas. Dyna un o'r sarhadau mwyaf erioed ar ddynoliaeth, oblegid ceisio creu a chynnal cymunedau yr ydym i fod, nid eu dinistrio. Ond i rywun feddwl am ennyd, buan y deuir i ystyried fod cyfran eang o'r boblogaeth yn trio'u gorau i godi muriau yn lle eu dymchwel, ac mae gofyn inni fod ar ein gwyliadwriaeth rhag meddylfryd o'r fath.

Duw a ŵyr ein bod ni wedi'n hamgylchynu gan lu o fân gymdeithasau erbyn hyn, ac mae'r rhif fel pe bai'n cynyddu fesul wythnos. I raddau, wyddoch chi, mae hynny'n adlewyrchu'r ffordd y mae cymdeithas heddiw mor rhanedig. Rhag i ni fod yn hollol negyddol am funud, mae'n allweddol bwysig inni fod yn dathlu'n hunaniaeth, wrth gwrs ei bod hi; byddai'n beth ffôl iawn gwadu'r ffaith fod cymaint o amrywiaeth yn niddordebau ac ym mhatrwm bywyd y ddynoliaeth. Greda' i ei bod hi'r un mor bwysig inni fod yn dathlu'n hundod â'n gilydd hefyd. Mae gennym ninnau fel Cristnogion ffordd o weld gwireddu'r freuddwyd fawr honno, sef trwy ymgysegru o'r newydd i Dduw a byw yng nghysgod ei Fab ef, Iesu Grist. Buan wedyn y daw cymuned y gweddill o ffyddloniaid yn gymdeithas newydd rymus yr Ysbryd Glân.

Y Fendith:
Gras ein Harglwydd Iesu Grist, a chariad Duw, a chymdeithas yr Ysbryd Glân a fyddo gyda ni oll. AMEN.

CYMDEITHAS DUW YNG NGHRIST

Galwad i Addoli:
Diolch i ti, O Dduw Dad, am ein galw ni at ein gilydd. Helpa ni i geisio'r pethau hynny yr ydym ni'n brin ohonynt – amynedd, cydwybod dawel, y gallu i fod yn rasol, yr awydd i ddeall y Gair – ac i fyw yn ôl esiampl ein Gwaredwr annwyl. 'Ceisiwch, ac fe gewch' yw addewid ein Harglwydd. Helpa ni i geisio'r pethau hynny sy'n werth eu cael. Gwared ni rhag chwilio am bethau diwerth. AMEN.

Darllen:
Mathew 16:13–20	Mathew 26:69–75
Marc 8:27–30	Marc 14:66–72
Luc 9:18–21	Luc 22:55–62

Gweddi:
Gwrando ein gweddi, O Dduw da. Fe ddiolchwn am gyfle i ddod at ein gilydd i gymdeithas dy Eglwys. Nid dod a wnaethom i fynegi ein barn a'n rhagfarn, ond dod yn hytrach i wrando dy lais di. Mae yna gymaint o leisiau yn ein clyw – rhai yn lleisiau croch a bygythiol, eraill yn sibrydion gwenwynig a dieflig. Ein gobaith yw cael clywed 'llais mwyn y Bugail Da' yn ein harwain i'w gorlan. Pan fyddwn ni'n crwydro ar gyfeiliorn, a heb weld y peryglon, galw arnom, Dad nefol. A chynorthwya ni i wrando. Cynorthwya ni i wahaniaethu rhwng y gau a'r gwir. Fe ddiolchwn am y rhai hynny yn ein cymdeithas sydd wedi eu hyfforddi i wrando ar leisiau'r sawl sydd mewn argyfwng. Rho nerth i'r Samariaid, ac i weithwyr Childline, fel y gallant wrando er eu blinder a bod yn glust i'r un sydd wedi cyrraedd pen ei dennyn. Felly'r wyt tithau, Dduw, yn gwrando ar ein cri ac ar ein cyffes. A phe baem ni'n meddwl am funud nad oes gennyt ddiddordeb yn ein gwaedd ac yn ein gweddi, fe fyddai'n bywyd yn ddiystyr ac yn ddigyfeiriad. Diolch nad felly y mae hi. AMEN.

Oedfaon Ffydd

Gweddi:
Dduw da! Dyna gysur yw gwybod dy fod ti'n deall yr hyn sydd yn ein calon er ein bod ni'n methu â chanfod y geiriau. Ond pan gofiwn dy fod ti'n 'gwybod cudd feddyliau 'nghalon' mae hynny'n ein gwneud ni'n ostyngedig ac yn ofnus. Nid ofni dy ddicter yr ydym yn gymaint ag ofni'r cywilydd a ddaw i ni o gofio nad oes dim yn guddiedig oddi wrthyt. Fe wyddost pa mor onest ydym ni. Fe wyddost beth yw ein cymhellion ni. Fe wyddost am ein holl wendidau. Yr wyt ti hefyd yn maddau i'r sawl sy'n wan ac yn trugarhau wrth bobl bechadurus. Gennyt ti yn unig y mae'r gallu i'n gwaredu oddi wrth ein pechodau. Maddau i ni ein bod ni'n ei chael hi'n anodd anghofio'r troeon gwael a wnaed â ni; y pethau cas a ddywedwyd a'r pethau sy'n siomi. Pâr i ni gofio ein bod ninnau yn euog o achosi gofid i eraill, weithiau'n ddiarwybod i ni ac weithiau – mae'n anodd gennym gyfaddef – yn fwriadol i frifo. Trugarha wrthym, Dad nefol. Mae'n edifar gennym a cheisiwn dy fawr drugaredd.

Dyna'n gweddi daer. Dyro i ni galon lân. AMEN.

Neges:
Yn aml iawn fe'n clywir ni'n sôn am y difaterwch (*apathy*) at bethau'r Deyrnas. Cyfeirio wnawn at y seddi gwag yn ein capeli a'n heglwysi; at y gostyngiad yn nifer yr addolwyr a ddaw i oedfaon a'r diffyg egni ynglŷn â phrofiadau ysbrydol.

Ystyr *apathy* yw na all neb ddylanwadu arnom nac effeithio arnom. Os felly, yr ydym yn ddideimlad. Nid dyna'r sefyllfa o gwbl! Nid *apathy* sy'n peri bod yna seddau gwag a diffyg brwdfrydedd. Sut y gellid bod yn ddideimlad at Waredwr a'i rhoddodd ei hun dros ein pechodau? Fe welodd Iesu'r praidd heb fugail. Fe welodd newyn a syched a phoen ei gymdeithas ei hun. Ac fe wnaeth rywbeth ynglŷn â hynny. Fe adferodd i'r deillion y gallu i weld, a gwnaeth y caeth yn rhydd. Fe borthodd y pum mil a chyfododd y meirw. Hynny yw, fe ddaeth i gyd-ddioddef â phechaduriaid. Credai'r Stoiciaid mai prif nodwedd 'duwdod' oedd bod uwchlaw cyd-ddioddef. Ond ym mywyd, ym marwolaeth ac yn atgyfodiad Iesu, fe welodd y byd y datguddiad terfynol o drugaredd Duw.

Cyn hynny yr oedd dyn yn dial ar gyd-ddyn. Ac er bod deddf yn ceisio tegwch i droseddwr trwy gael cosb addas i'r drosedd, fe brofodd Iesu fod bywyd tragwyddol y tu hwnt i'r ddeddf, a'r seddi gwag.

Neges:

Tref baganaidd oedd Cesarea Philipi, wrth odre mynydd Hermon a gerllaw tarddiad afon Iorddonen. Ac yn y fan honno y mae Iesu yn rhoi'r disgyblion ar brawf i weld a ydynt eto wedi dechrau deall pwy ydyw. Yr un sy'n ateb ei gwestiwn, 'Pwy meddwch chwi ydwyf i?' yw Pedr. 'Ti,' meddai ar ei ben, 'Ti yw'r Meseia.' Y mae un cyfieithiad Saesneg o'r Testament Newydd yn cyfeirio at Pedr fel 'impulsive Simon'. Ac un felly ydoedd – byrbwyll, mympwyol, dim yn ei ddal yn ôl; un yn byw yn yr eithafion. Ef oedd y dyn cyntaf i ddeall pwy oedd Iesu; y cyntaf i ddarganfod mai Crist yw'r anfonedig Un, a'r cyntaf i ddatgan ei lawenydd wrth gyffesu hynny.

Mater personol yw ein ffydd a'n cred. Yna, fe ddaw'r awydd i rannu'r weledigaeth bersonol honno ag eraill. A dyna greu eglwys, cynulleidfa o bobl a alwyd at ei gilydd i wrando ar Air Duw. Nid adeilad yw eglwys ond cynulleidfa o gredinwyr sydd am ddatgan eu llawenydd fod Crist yn Arglwydd ar eu bywydau. Y mae pob cartref yn eglwys. A cheir Crist yno wrth y bwrdd cinio fel y mae wrth y bwrdd cymun.

Y Fendith:

A thangnefedd Duw, yr hwn sydd uwchlaw pob deall, a gadwo'ch calonnau a'ch meddyliau yng Nghrist Iesu. AMEN.

Oedfaon Ffydd

YMDDIRIED YN NUW

'Profwch, a gwelwch mai da yw'r Arglwydd. Gwyn ei fyd y gŵr a ymddirieda ynddo.' (Salm 34:8)

Darllen: Salm 31:1–15

Gweddi:
> Gobeithiwch ynddo, bawb o'r saint,
>   er cymaint yw eich gofid,
> gan wybod bod eich Priod gwiw
>   yn ffyddlon i'w addewid.

Dyma ni, ein Tad, wedi ymgynnull drachefn i ganu dy glodydd ac i osod ein ffydd ynot ti o'r newydd. Ti sy'n ein gwahodd i ddod yn y lle cyntaf, ac mae hi'n fraint aruthrol cael dod yma a chydaddoli.

Pobl yn colli gobaith ydym ni ar brydiau, O Dduw, a hynny am ein bod ni'n dyst i gymaint o anghyfiawnder a difrawder yn y byd sydd ohoni. Ond paid â gadael inni ddigalonni; yn hytrach, rho inni godi ar ein traed a'th wasanaethu di â newydd-deb bywyd, ac yn yr *act* seml honno, boed inni ganfod ein lle o fewn patrwm dy bethau di. Mae gennyt ti waith inni i'w gyflawni; rwyt ti wedi ymddiried cymaint i ni. Y peth lleiaf allwn ni ei wneud yw dangos ein serch atat ti a'n brwdfrydedd wrth fyw yn bobl gyfrifol ac yn bobl gwerth eu galw yn Gristnogion.

Gwranda arnom wrth inni ddeisyfu gweddïau dros yr unig a'r hiraethus a'r gwan, a thros y claf a'r profedigaethus. Dyro iddynt deimlo a gwybod i sicrwydd fod y beichiau tragwyddol oddi tanynt. Bendithia ni, un ac oll, yng Nghrist Iesu ein Gwaredwr. AMEN.

Neges:
Mae ymddiriedaeth erbyn heddiw wedi mynd yn beth prin iawn. Allwch chi ddim ymddiried ym mhawb a ddaw i'ch cyfarfod, ac mae hynny wedi bod yn wir erioed. Ond mae fel pe bai'r peth yn fwy gwir yn ein

hoes ni. Pan fo popeth yn ymddangos yn dywyll, a ninnau'n tueddu i ddigalonni, diolch fod ffordd ymwared, a'n bod ni'n gallu pwyso ar Dduw. A beth yw ymddiriedaeth ar ei symlaf ond credu â'n holl galon, a'n holl enaid, a'n holl nerth yng ngallu, gofal a phryderon rhywun arall? Fe glywsoch yn siŵr am y dyn hwnnw yn croesi rhaeadr Niagara, ac yn gofyn am wirfoddolwyr i ddod gydag ef yn ei ferfa! Roedd eisiau tipyn o ffydd i gredu yn y dyn hwnnw y gallai ei gludo mor saff ag oedd yn bosibl dros y dyfroedd gwyllt. Diflannu fydd pob arwydd o ddewrder a hyder, oni bai am ffydd ac ymddiriedaeth. Dowch inni ymddiried yn Nuw ein Tadau y bydd inni brofi diwygiad cyn bo hir – mae'n hen bryd inni gael ein hysgwyd a'n cyffroi! 'Aeth yn brynhawn ...' Diolch fil nad yw 'drws trugaredd wedi'i gau'. Ymgadwch yng nghariad Duw, gan ddisgwyl trugaredd ein Harglwydd Iesu Grist i fywyd tragwyddol. A bendith Duw Hollalluog, y Tad, y Mab a'r Ysbryd Glân, a fo i'ch plith ac a drigo gyda chwi yn wastad. AMEN.

'Ceisiwch yr Arglwydd tra gellir ei gael, galwch arno tra bydd yn agos. Gadawed y drygionus ei ffordd, a'r dyn anwir ei fwriadau, a dychwelyd at yr Arglwydd, iddo drugarhau wrtho, ac at ein Duw ni, oherwydd fe faddau'n helaeth' (Eseia 55:6-7).

Darllen: Eseia 55:1–13

Gweddi:
Diolch iti, Arglwydd, dy fod ti'n galw arnom ni'n barhaus i fwynhau cymundeb â thi yn Iesu Grist. Nid ydym yn haeddu'n galw'n blant i ti mewn gwirionedd, am mai pellhau oddi wrthyt yw'n hanes ni'n amlach na pheidio. Eto i gyd, rwyt ti'n barod i gredu ynom ni unwaith yn rhagor ac i'n gosod ar y llwybr cywir.

Tosturia wrthym, Dad sanctaidd, am ein bod ni'n rhai sydd am gael ein ffordd ein hunain o ddydd i ddydd ac o wythnos i wythnos. Helpa ni i ailosod ein hymddiriedaeth ynot ti, a thithau'n Dad y goleuni a Duw digyfnewid. Gweddïwn yn neilltuol dros y rheini sydd wedi colli pob ymdeimlad o ymddiriedaeth, nid yn unig yn eu perthynas â'u hanwyliaid, ond hefyd gyda'u cymdogion a'u cyfeillion. Ymgeledda'r rheini, Dad nefol, sydd wedi colli pob diddordeb ynot ti, ac sy'n ymddiried mewn duwiau eraill o bob math, a materoliaeth ymhlith y rheini. Clyw ni a defnyddia ni'n gyfryngau dy heddwch yn y byd, trwy Iesu Grist. AMEN.

Neges:
Tuedd rhai ohonom – os ydym yn wirioneddol onest – yw credu mai ni sy'n iawn, ac mai eraill sydd yn anghywir, waeth beth fo'r mater dan sylw. A phwy sydd heb fod felly weithiau? Troi at ein ffyrdd bach ein hunain a wnawn ni, ac mae hynny bron yn syth yn awgrymu nad ydym yn ymddiried mewn pŵer uwch na ninnau, mewn Un sydd â'r 'greadigaeth yn ei law'. Mae'n debyg fod Eseia yn realydd, ac yn ymwybodol gan hynny o'r methiannau a'r gwendidau sydd mewn dyn. Gogoniant y darn hyfryd hwn o'r Ysgrythur i mi yw fod Duw hefyd yn ein deall, yn trugarhau ac yn cofio mai llwch ydym; yn lle myned o'i flaen ef â materion mawr bywyd, mae eisiau dysgu ymddiried ynddo o'r newydd. Yng ngeiriau Elfed:

> Mae efe
> yn ei le
> yn rheoli'r cyfan ...

Mewn byd mor sigledig â hwn, mae angen yr ymddiriedaeth honno sy'n gallu concro a'r ffydd sy'n gallu symud mynyddoedd. Beth am ymofyn mwy a mwy o'r rhain bob tro?

Y Fendith:
Ymddiriedwch yn yr Arglwydd byth. O Arglwydd y Lluoedd, gwyn fyd y dyn a ymddirieda ynot. AMEN.

Oedfaon Ffydd

YMDDIRIED YN NUW

Galwad i Addoli:
'Dirion Dad, O gwrando'n gweddi,
gweld dy wedd sy'n ymlid braw.'
Maddau i ni, Arglwydd, am i ni fod mor ofnus. A thithau gerllaw i'n cryfhau ni i wynebu pob anhawster. Ti sy'n darparu ar gyfer ein holl anghenion. Arwain ni mewn gair a gweithred i ymddiried ynot. AMEN.

Darllen: Salm 37:3–9, 34–40
Luc 7:2–10
Galatiaid 3:1–14
1 Corinthiaid 10:1–13

Gweddi:
Ein Tad nefol, rydym ni'n ymddiried yn dy addewidion ac yn dy allu. Dysg ninnau i wneud pob ymdrech i gyflawni ein haddewidion i eraill, deued a ddelo, a chostied a gostio. Pan fyddwn ni'n rhoi ein gair i gymydog neu i gyfaill, pâr i ni sylweddoli mor bwysig yw hi ein bod yn gwneud popeth, hyd eithaf ein gallu, i fod cystal â'n gair. Trwy hynny fe gawn ninnau'r profiad o ddeall beth yw cydnabod ymddiriedaeth eraill ynom ni. Y mae ein plant yn ymddiried ynom i'w cadw rhag drwg ac i ofalu yn dirion amdanynt. Diolch i ti am ymddiriedaeth plentyn; am ddiniweidrwydd plant. Gwared ni rhag manteisio ar y diniweidrwydd hwnnw a rhag torri ar yr ymddiriedaeth mewn unrhyw fodd. Dod atat ti fel plant bychain a wnawn ninnau. Ynot ti y mae'r gallu a'r gogoniant. Trwy ymddiried ynot y deuwn ni i sylweddoli cyn lleied a wyddom a pha mor gyfyng yw ein gwybodaeth. Yr ydym, felly, yn gwbl ddibynnol arnat ti i'n cyfeirio ni ac i'n helpu ni i dyfu yn ysbrydol. Yn raddol y deuwn i wybod am y pleser o ymddiried yng Nghrist a'r iachawdwriaeth a geir o ddilyn ôl ei droed. AMEN.

Gweddi:

Dad nefol, fe ddiolchwn am y nerth a ddaw i ni o'th geisio di. Pa mor arw bynnag fo'r llwybr, pa mor serth bynnag yw'r ffordd, fe geisiwn ni'r hyder hwnnw a ddaw o ymddiried yn llwyr yn dy arweiniad. Maddau i ni pan fyddwn ni'n cloffi ar y daith ac yn ildio i demtasiynau. Bryd hynny mae ein perthynas ni â thi yn pellhau am ein bod ni'n llusgo'n traed ac yn colli'r ffordd. Fe fyddwn hefyd yn colli ffydd yn ein gallu ein hunain i gyrraedd y nod. Agor di ein llygaid i weld nad yw ein nerth ein hunain yn ddigon i'n cynnal. Ond yr wyt ti gerllaw, yn Dduw parod ei anogaeth ac yn ddiderfyn dy allu. Yn nhywyllwch y nos yr wyt ti'n agos atom. Pan fyddwn ni'n suddo dan bwysau ein bywyd beunyddiol ac yn cael gorchwylion y byd hwn yn ormod i'w dioddef, yr wyt ti yn agos atom. Y profiadau llethol hynny yn aml iawn sy'n ein darbwyllo o'n dibyniaeth arnat ti. Bryd hynny, dyro i ni ddeall hefyd dy fod ti yn ymddiried ynom ninnau i wneud yr hyn a allwn. AMEN.

Neges:

Yn bennaf, yn ei lythyrau, y mae Paul yn trafod ffydd yn nhermau ymddiriedaeth yng Nghrist neu yn Nuw. Dyma'r elfen waelodol sy'n dwyn pobl allan o'u pechod i berthynas iawn â'r Duwdod. Y mae'r ffydd hon mor sylfaenol nes dod i gynrychioli'r cyfan o'r ffordd Gristnogol o fyw, nid yn unig trwy ymddiried yn y Duwdod ond trwy ddwyn sylw at holl grynswth y dysgu a'r gweithredu sy'n nodweddu'r bywyd Cristnogol. Mae cred y Cristion yn deillio o'r ymddiriedaeth honno. Yn ei lythyr at y Galatiaid, y mae Paul yn cyferbynnu 'gweithredoedd y gyfraith' a 'chlywed trwy ffydd'. Mae'n sôn am Abraham, gan ei ddefnyddio mewn ffordd wahanol a newydd. Cyn hyn yr oedd dilynwyr Iddewiaeth yn ystyried ffydd Abraham a'i weithredoedd yn un. Ond, meddir, nid yw ufudd-dod i'r gyfraith yn sicrhau cyfiawnder. Ymddiriedaeth yn Nuw sy'n dwyn bendith i'r crediniwr. Nid yw'r Apostol yn ystyried ffydd yn basport i iachawdwriaeth. Mae'n cyfeirio at y Crist sy'n preswylio yn ein calonnau 'trwy ffydd' gan awgrymu mai proses barhaol sydd yma, nid ymweliad byrhoedlog. Nid rhywbeth statig yw ymddiriedaeth. Y mae'n tyfu a datblygu ac, ar ei pherffeithiaf, gall 'symud mynyddoedd'.

Caf nerth gan Dduw o ddydd i ddydd
i gario'r groes yng nghymorth ffydd.

Stori Iacháu Gwas y Canwriad:
Yr oedd lleng o filwyr Rhufeinig yn debyg o fod yn gasgliad o rhwng tair mil a chwe mil o ddynion. Rhennid hwy yn garfanau llai i gadw trefn ar drefi a phentrefi'r wlad. Byddai canwriad yng ngofal pob cant o filwyr. Gorfodid gwas, neu gaethwas, i weini ar ganwriaid. Dosbarth o bobl ddifreintiedig oedd y gweision hyn, heb eiddo ganddynt. Yn fwy aml na pheidio, fe gaent eu trin fel baw gan y swyddogion. Ond mae Mathew, Luc ac Ioan yn adrodd am ganwriad caredig. Yr oedd ei was wedi ei barlysu a chlywsai yntau am allu Iesu i iacháu cleifion. Iddew oedd Iesu ac yntau'r canwriad yn genedl-ddyn. Yn ôl crefydd yr Iddew, nid oedd hawl ganddo i fynd dros drothwy cartref y cenedl-ddyn am ei fod yn grefyddol aflan. Felly, fe anfonodd y canwriad henuriaid o Iddewon i ymbil ar Iesu i achub bywyd y gwas. Rhyfeddodd Iesu fod gan y Canwriad hwn gymaint o ymddiriedaeth ynddo. Yn wir, yr oedd wedi dangos mwy o ymddiriedaeth na dilynwyr Iesu. 'Ni chefais yn Israel ffydd mor fawr,' meddai Iesu. Gorchmynnodd y negeswyr i ddychwelyd i dŷ y canwriad ac yno cawsant y gwas yn holliach. Ymddiriedaeth y canwriad, a'i cyfrifai ei hun yn annheilwng, oedd achos y wyrth.

Y Fendith:
Dduw pob gras a Duw pob mawredd,
cadarn fo dy law o'n tu.
AMEN.

Oedfaon Ffydd

YMDDIRIED YN NUW

Galwad i Addoli:
Plygwn o'th flaen di, Arglwydd, gan gydnabod dy arglwyddiaeth dros bawb a phopeth. Cymorth ni i'th addoli â'n holl egni fel y gallwn dy gyffwrdd a'th deimlo yn agos atom. Bendithia ein hoedfa a bydd yma yn y canol. AMEN.

Darllen: Marc 4:35–41

Neges:
Un o anawsterau mawr ein cyfnod yw fod pawb eisiau bod yn ddewin pob dawn. Canlyniad hynny yw diffyg ymddiriedaeth yn noniau arbenigol ein gilydd. Nid morwr oedd Iesu, a go brin fod Duw am ganiatáu i'r cyfan ddod i ben yn gynamserol trwy ddamwain ar y môr. Y disgyblion oedd â'r ddawn i reoli'r cwch ar donnau Môr Galilea. Pa ryfedd felly iddo benderfynu gadael y cyfan i'w dwylo medrus hwy? Rydym yn credu i Dduw neilltuo doniau a sgiliau arbennig i feibion dynion, pob un yn ôl ein gallu i gyflawni llawer o bethau angenrheidiol yn ein byd ni heddiw. Disgwylia Duw inni ddefnyddio ein doniau, ac inni ymddiried yn noniau ein gilydd heb fynd ar ofyn Duw yn barhaus iddo ymyrryd yn ein sefyllfa. Gelwir arnom i ymddiried ynom ein gilydd gyda llawn hyder ffydd, gan gysegru ein doniau arbenigol ar allor ei wasanaeth i'w defnyddio er lles y Deyrnas heddiw. O wneud hyn, gallwn hwylio i ganol ambell storm, gan ymddiried fod Iesu yn dal yn y cwch gyda ni. Ieuan Glan Geirionydd sydd yn canu:

> Er cael fy nhaflu o don i don,
> nes ofni bron cael byw,
> dihangol ydwyf hyd yn hyn:
> fy Nhad sydd wrth y llyw.

Gweddi:

A fydd popeth yn iawn, Arglwydd?
Mae'n anodd coelio hynny weithiau wrth weld y byd yma'n erydu.
Moroedd o ddioddefaint.
Tonnau o anghrediniaeth.
Rwy'n chwilio amdanat ti.
Ydy dy law di allan?
Wnei di dawelu'r storm,
a dod â heddwch?

Arglwydd, rwyt ti yng nghanol pob storm.
Ynot mae tangnefedd,
sut bynnag mae'r gwynt yn chwythu.
Ynot mae sicrwydd,
pa mor uchel bynnag fo'r tonnau.
Ynot mae cryfder,
waeth pa mor gyfnewidiol fo'r llanw.

Rwy'n rhoi fy hun yn dy law, Arglwydd.
Mae'r môr yn eang,
ni wn y ffordd.
Weithiau ni allaf weld yr haul yn codi,
gan gymaint y cymylau.
Ond rwy'n fodlon ymddiried y cyfan i ti,
gan wybod y byddaf yn gwbl ddiogel yn dy law
beth bynnag fo'r tywydd.
(Emyn 685 – 'Brwydra bob dydd, cryfha dy ffydd')

Darllen: Ioan 6:28–40

Neges:

Gellir dadlau fod disgwyl i'r Meseia gyflawni arwyddion llawer mwy na'r rhai a wnaeth Moses yn yr anialwch. Rhywbeth dros dro oedd y Manna a roddodd Duw i Moses yn yr anialwch, ond y mae Bara'r Iesu, sef ei fywyd ym mywyd y credadun gwan, yn parhau am byth. Dros dro yw popeth a gynigir i foddhau anghenion byrdymor pobl ac ychydig ohonom sy'n credu fod Duw yn cyflawni gwyrthiau heddiw. Wrth i ni ddod ato ef, gan edifarhau am ein pechodau, derbyniwn fanna ei eiriau yn faeth i'n bywyd ac yn gynhaliaeth dragwyddol i ni, dim ond inni gredu ynddo. Mae'n gyfrifoldeb personol, mae'n bererindod personol, yn ddewis personol; wedi'r cyfan onid Iesu sy'n addo: 'Ni fwriaf allan byth mo'r sawl sy'n dod ataf fi.' A ydym yn disgwyl i Iesu ei brofi ei hun i ni trwy gyflawni rhyw wyrth anhygoel yn ein bywyd? Efallai ei fod wedi cyflawni gwyrthiau ynom eisoes, a ninnau heb weld gan nad ydym wedi codi'n golygon oddi ar y traeth i weld y rhyfeddodau o'n cwmpas. Duw sy'n cyfannu'r syml a'r sanctaidd ac yn eu gwau yn un patrwm celfydd o fywyd yn ei holl gyflawnder i bawb yn ôl ei angen.

Gweddi:

Arglwydd, mae hi mor hawdd dy anghofio di ar brydiau. Mae'n bywydau yn troi mewn cylchoedd bach cyfyng ac ymgollwn yn ein ffug brysurdeb. Maddau i ni, Arglwydd, am dy gau allan mor aml. Pan fydd haul ar fryn a bywyd yn braf byddwn yn gyndyn o roi diolch i ti. Dysg ni, Arglwydd, fod ein bodolaeth yn dibynnu'n llwyr arnat. Ti yw ein Crëwr a'n Cynhaliwr.

Wnest ti erioed addo bywyd di-gwmwl i'r un ohonom, Arglwydd, ond diolch ein bod yn gwybod y gallwn droi atat mewn unrhyw argyfwng, ble bynnag y byddwn, ac am y sicrwydd y byddi yn siŵr o fod wrth law i'n cynnal. Duw digyfnewid wyt ti. Rwyt ti yno gyda ni yng nghanol pob profiad ac ni fyddi byth yn troi dy gefn arnom. Helpa ni i ymddiried yn fwy ynot, O Dad, ac i bwyso arnat fel y gallwn deimlo nerth dy freichiau gwarcheidiol yn ein cynnal.

Bydd yn agos heddiw at bwy bynnag sy'n teimlo bywyd yn faich ac sy'n methu dy weld drwy niwl anghrediniaeth. Defnyddia ni, y gynulleidfa sydd yma yn yr oedfa hon, yn gyfryngau i'w helpu i weld y golau sydd ynot ti.

Derbyn ein diolch diffuant am fod wrth ein hymyl ym mhob profiad hapus a chwerw. Yn enw Iesu Grist. AMEN.

Y Fendith Apostolaidd

Oedfaon Ffydd

TAITH BYWYD

'Pa fodd y glanha llanc ei lwybr? Wrth ymgadw yn ôl dy air di. Pâr imi felly wybod y ffordd y rhodiwyf ...'
(Salm 119:9; 143:8)

Darllen: Luc 24:13–35

Gweddi:
Ar yrfa bywyd yn y byd
a'i throeon enbyd hi,
o ddydd i ddydd addawodd ef
oleuni'r nef i ni.

Addolwn di, Arglwydd, yn ôl ein harfer, a ninnau ar daith bywyd. Mae angen dy oleuni arnom ni, oblegid ein bod ni'n rhai sy'n ymbalfalu yn y tywyllwch yn aml iawn, ac yn ofni'r rhwystrau. Tosturia wrthym am inni wneud cynifer o gamgymeriadau ar y bererindod, a dysgu dim wedyn. Mae'r awydd ynom ni i fod yn bobl well bob dydd, ond yr ewyllys sydd wan. Rho inni felly o'th 'ras i goncro'r temtasiynau cas a'n lloria ni ... ac ymhob prawf, cryfha ein ffydd'. Mi fydd yna rai, fe wyddom, O Dad nefol, a fydd yn cael y daith yn anodd. Dyro eu bod yn cofio 'na fu nos erioed cyn dduued nad oedd sêr siriol Nêr yn y nef i'w gweled'. Yr un wyt ti ymhob tywydd, ac na ad iddynt hwy – na ninnau – anghofio hynny, er mwyn Iesu annwyl, ein Harweinydd ar y daith, a'r Un sy'n ein galw ni ymlaen ato'i Hunan. AMEN.

Neges:
Pobl ar daith ydym ni i gyd, ac mae gan bawb ohonom ein llwybr gwahanol a'n dull o ymdopi ar y daith honno. Y mae i deithiau bob dydd ryw nod a rhyw ben draw fel arfer; ac i'r Cristion dyw hynny ddim yn eithriad. Mae'r Beibl yn gyforiog o hanesion am unigolion a theuluoedd fel ei gilydd a hwythau ar siwrnai arbennig. Dyna i chi

Abraham i ddechrau, 'a ufuddhaodd gan fyned i'r wlad yr oedd i'w derbyn yn etifeddiaeth', ac yn mentro 'heb wybod i ble roedd yn mynd.' Y ddau ar y ffordd i Emaus. Beth am y rheini? Roedden nhw ar ryw ystyr yn teithio, ac yn gwneud hynny ar un o'r dyddiau tywyllaf yn eu hanes, a'u Proffwyd a'u Hathro wedi eu siomi yn enbyd am nad oedd wedi ei gyfodi yn ôl ei addewid. Pobl â'u hwynebau tua'r machlud oedden nhw, ac yn ôl Dr William Barclay, fe ddylasai'r Cristion wynebu'r wawr.

'Mor brydferth yw dy breswylfod, O Arglwydd y Lluoedd. Yr wyf yn hiraethu, yn dyheu hyd at lewyg am gynteddau'r Arglwydd; y mae'r cyfan ohonof yn gweiddi'n llawen ar y Duw byw.' (Salm 84:1-2)

Darllen: Salm 84

Gweddi:
O Dduw byw, sy'n rhoi bywyd a bendith i'w bobl yn Seion, dyma ni'n cael y fraint o ymgynnull oddi mewn i'th Deml, ac wrth wneud hynny yn cael edrych o'r newydd ar dy drigfan sanctaidd a dweud, 'Mor hawddgar yw dy bebyll di, O Arglwydd y Lluoedd.' Beth bynnag am unrhyw ddyheu amdanat o'n rhan ni, neu'n wir unrhyw ddiffyg chwant am y pethau tragwyddol eu pwys,

> Ymddisgleiria yn y canol,
> gwêl dy bobl yma 'nghyd
> yn hiraethu, addfwyn Iesu,
> am gael gweld dy wyneb-pryd;
> golau cry' oddi fry
> chwalo bob rhyw gwmwl du.

Diolchwn am yr argyhoeddiad mai tydi yw ffynhonnell bywyd, ac mai oddi wrthyt ti y daw inni oleuni, nerth, gras, anrhydedd a daioni. Oddi wrthyt ti y daw bywyd yn ei gyfanrwydd, a hwnnw ar ei orau yn Iesu Grist. Lle bo'n ffydd ni'n prysur ddarfod, a'r awydd ynom i addoli yn gwanhau, rho inni glywed dy lais yn ein cyffroi a'n sbarduno a'n harwain yn ôl atat. 'Diorffwys yw'n calonnau,' meddai un o'th weision gynt, 'hyd oni orffwysont ynot ti.' Lle mae'n gweledigaeth ni'n pylu, Arglwydd, rho inni ddigon o ffydd i droi dyffryn Baca'n ffynnon unwaith yn rhagor, ac i symud mynyddoedd.

Ac yn ddiwethaf, Dad, lle y byddo rhai heb brofi o'th fendithion yn llawn, dyro iddynt flas y bywyd gwell. Cofia am y rheiny heb na tharian i'w hamddiffyn na haul i oleuo eu tywyllwch.

O Arglwydd Dduw y Lluoedd, clyw ein gweddi, gwrando, O Dduw Jacob. Erglyw ein herfyniadau yn ein Harglwydd Iesu Grist a thrwyddo. AMEN.

Neges:

Oni chanodd Pantycelyn lawer gwaith amdano'i hun mewn anialwch, ac am gynhaliaeth yn y lle hwnnw? Byddwch chwithau a minnau'n ein canfod ein hunain mewn dryswch yn aml, ac yn ceisio gwneud synnwyr o'r llwybr o'n blaenau. Mae yna drasiedïau enbyd yn digwydd yn ein byd ni, nad oes gennym yr un ateb iddynt. Fe all niwl fod o'n blaenau. Y mae ffordd o'n blaenau ni hefyd, ac mae arweiniad i'w gael ond i ni ymofyn. Mae ffordd bendant o flaen ffyddloniaid Salm 84: y mae wedi ei naddu yn eu calonnau. O leiaf y maent wedi gosod eu cwmpawd i'r cyfeiriad cywir. A hwythau heb gyrraedd Jerwsalem hyd yn oed, maent i dderbyn bendith, oherwydd fe ddaw'r cynnar law a throi dyffryn Baca'n ffynnon a'i orchuddio â bendith.

Beth bynnag am y manylion, eisiau mynegi daioni Duw i'r rheiny sy'n ei geisio mewn pryd y mae'r Salmydd, yr Hwn sydd â'r gallu ganddo i droi pob sychdir yn dir ffynhonnau ac adfer eneidiau. O! mae yna lawer i ddyffryn Baca, ffrindiau, yn graciau i gyd gan sychder erbyn hyn, ac mae yna gannoedd, miloedd, yn crefu am rywbeth i ddal gafael ynddo. Yng ngeiriau Christine James, 'Mae rhywbeth wedi sychu'r ffynnon wen' yn ôl eu cyffes. Ein gweddi dros rai felly yw, 'Arglwydd da, trugarha, y sychedig rai dyfrha.' Dyma'r union fendith y byddai pererinion yn ei dymuno yn y Deml. Y maent hwythau i gael rhagflas yn nyffryn Baca, a'u hadfywio, nes cyrraedd diwedd eu teithiau di-bendraw. Beth bynnag yr ymdrechion i'r Cristion, mae gwobr uwchlaw gwobrau, cael cwrdd ag Iesu Grist.

Y Fendith:

Bendithied yr Arglwydd chwi, a chadwed chwi: a llewyrched yr Arglwydd ei wyneb arnoch, a thrugarhaed wrthych: dyrchafed yr Arglwydd ei wyneb arnoch, a rhodded i chwi dangnefedd. AMEN.

Ewch allan i'r byd i garu ac i wasanaethu'r Arglwydd, a Duw ei hunan fyddo gyda chwi. AMEN.

Oedfaon Ffydd

TAITH BYWYD

Galwad i Addoli:
Cyfarwydda fy nhraed, Arglwydd, a chyfarwydda f'enaid wrth i mi ymlwybro ar daith bywyd. Wrth aros yn dy gysgod a chymryd y daith hon gam wrth gam fe ddaw i mi'r dewrder sydd ei angen. Dyro i mi brofi hedd dy gariad a'th ddaioni. AMEN.

Darllen: Salm 84
  Luc 9:1–6

Gweddi:
Ein Tad sanctaidd, a ninnau ar ganol taith bywyd, neu ar fin dechrau'r daith, y mae'n gymorth i ni gofio mai ti yn unig sy'n gwybod mesur ein dyddiau ar y ddaear. Fe wyddom ni am rai, er mai byr fu eu bywyd, a adawodd eu hôl ar ddatblygiad y gymdeithas yr oeddynt yn rhan ohoni; pobl, at ei gilydd, oedd wedi eu gwreiddio'n ddwfn yn nhir ffrwythlon Efengyl Iesu. Fe ddiolchwn i ti fod yr Iesu hwnnw wedi rhoi i ni esiampl. Yn ei fuchedd, yn ei fywyd, fe agorodd lwybrau i ninnau eu dilyn. A phan ddeuwn ni at groesffyrdd yn ein bywyd, fe ryfeddwn fod ein Gwaredwr wedi gadael arwyddion clir a phendant i'n cyfeirio ni ymlaen. Weithiau fe'n cawn ein hunain mewn amgylchiadau dyrys; y llwybr yn garegog ac anodd ei dramwy. Bryd hynny, bydd ein nerth yn pallu ac ofnau yn ein llethu. Ac fe sylweddolwn mai yn dy nerth di y byddwn ni'n cyrraedd y nod. Pan fo'r niwl yn cau amdanom, dyna galondid yw synhwyro dy fod ti yn agos atom, yn cadw'n traed rhag llithro a'n hysbryd rhag diffygio. Mae hi'n wir 'yn olau ond cael gweld dy wyneb di'. AMEN.

Gweddi:
Ein Tad, fe ddiolchwn fod bywyd yn llawn her ac yn estyn cyfle i ni ddod i ddeall am ryfeddodau a dirgelion y byd yr ydym yn byw ynddo. Agor ein llygaid i weld sut y gallwn ddiogelu'r rhyfeddodau hynny.
  Maddau i ddynoliaeth fod ei gwanc am elw yn peri i ni fod yn

wastraffus o adnoddau'r byd. O ganol ein digonedd fe gofiwn am ein brodyr a'n chwiorydd sy'n methu mwynhau taith bywyd am eu bod yn byw mewn byd o ddial a chasineb, mewn newyn a syched, mewn ofn a dychryn. A than amgylchiadau o'r fath y mae eu taith yn faich llafurus. Tristwch sydd yn eu llygaid. Tyrd di i ganol eu bywydau, ac i ganol ein bywydau ninnau. Cysgoda ni rhag stormydd geirwon sy'n dryllio ein gobeithion. Cerdded a wnawn, gan afael yn dy law. Wrth gerdded hen lwybrau cyfarwydd, ac wrth fentro ar lwybrau dieithr ac anghyfarwydd, bydded dy ofal trosom wrth i ni geisio cyflawni ein gwaith ar y ddaear. Dyna sy'n rhoi hyder i ni a llawenydd yn ein calon. Llanwa ni â'r awydd i lenwi'n bywydau i'r ymylon gan gynorthwyo eraill i orfoleddu ym mhosibiliadau y rhodd werthfawr o fywyd tragwyddol. AMEN.

Neges:

Rhyw fymryn dan yr wyneb yn y bywyd modern hwn y mae yna berygl dybryd o unigrwydd. Ar un wedd y mae hynny yn anochel gan fod patrwm cymdeithas draddodiadol yn dadfeilio ac yn ei le fe gyfyd diwylliant unigolyddol. Mae pobl yn dechrau ar eu taith trwy fywyd yn chwilio am sicrwydd a chyfeillach i gyfoethogi eu bywyd a'u personoliaeth. Ond beth yw gwirionedd y sefyllfa? Unigrwydd yw'r ateb yn aml. Er i ni ragdybio bywyd o gyflawniad cynhyrfus fe sylweddolir bod y pwyslais ar hunanddibyniaeth yn ein gadael yn ddibynnol hefyd ar safonau yr 'heddiw' sydd ohoni heb unrhyw baratoad at yr 'yfory' sy'n dilyn cyn sicred ag y mae nos yn dilyn dydd. Y gwirionedd yw fod cartrefi henoed yn fusnes proffidiol am fod gofal am riant yn rhwystr i'n taith hunanol. Y gwirionedd yw fod un o bob tair priodas yn chwalu. Y gwirionedd yw fod carchardai yn llawn a'r diwylliant cyffuriau yn rhemp. Yr ydym, dan amodau o'r fath, ar ein pennau ein hunain gerbron ein Creawdwr ac yn darganfod fod dryswch ac anhrefn bywyd yn annigonol i'n paratoi ar gyfer y gwirionedd a all droi'r byd â'i ben i waered – y ffaith nad ydym yn ddigonol yn ein nerth ein hunain wedi'r cwbl.

Neges:

Wrth esbonio'r gwahaniaeth dybryd rhwng y gair 'trugaredd' – sef rhodd Duw i waredu Dyn oddi wrth ei bechod – a'r lluosog 'trugareddau' (*knick-knacks*), fe awgryma'r Athro Bedwyr Lewis Jones yn ei lyfryn 'Yn Ei

Elfen' fod ystyr yr olaf i'w gael yn yr hen arfer cyffredin o fynd ar bererindod i ryw fan cysegredig er mwyn cael bendith y sant a gysylltid â'r lle hwnnw: '... rhai i Dyddewi; âi eraill i Enlli; âi rhai mwy cyfoethog eu byd cyn belled â Santiago de Compostella yn Sbaen a rhai i Rufain.' Ar y pererindodau hyn roedd hi'n arferiad i gasglu creiriau – petheuach oedd yn gof am y daith ac yn arwydd fod y pererin wedi ennill, neu brynu, 'trugaredd'. Dychmygwch y pererinion yn dychwelyd adref. Pererindod yw taith bywyd i'r credadun hefyd. Mae'n gyfle iddo yntau godi deilen fan hyn neu frigyn fan draw, rhyw flodyn yma a rhedynen acw – clytwaith o brofiadau lliwgar y daith – i'w atgoffa am y lle cysegredig y mae'n anelu ato. Yn ystod y daith fe ddaw'n ymwybodol pa mor drwm y mae'n pwyso ar drugaredd Duw. Pe credai am funud na fyddai Duw yn ei waredu o'i fai, byddai ei olwg ar y daith o'i flaen yn dra gwahanol.

Y Fendith:

Arglwydd, dangos imi heddiw
sut i gychwyn ar fy nhaith,
sut i drefnu holl flynyddoedd
fy nyfodol yn dy waith:
tyn fi atat,
tro fy ffyrdd i gyd yn fawl.
AMEN.

Oedfaon Ffydd

DILYN IESU

'Byddwch ddilynwyr i mi, megis yr wyf finnau i Grist ...'
(1 Corinthiaid 11:1)

Darllen: 1 Brenhinoedd 18:21–39;
Luc 4:42–44; 5:12–16; 6:12–16

Gweddi:
Mawr yw'n dyled ni, Arglwydd, wrth inni nesu atat yn awr, am ein bod ni'n cofio'r dylanwadau da fu arnom ym more oes. Bendithiwn di am y rheiny a gysegrodd oriau prin i sicrhau ein bod ni ar y llwybr iawn, yn canlyn Gwaredwr yr Oesoedd ac yn canu am ei ddaioni a'i ras. 'O enau plant bychain a rhai yn sugno y peraist nerth ...'

Bydd yn dosturiol wrthym am inni gredu yn rhy aml ym mhethau'r llawr a mynd efo'r lli. Rho ynom benderfyniad i ddal ati er gwaethaf pob peth, i gadw'r ffocws yn gywir a'r ffocws hwnnw'n seiliedig ar Iesu. Meddyliwn am y cyfeillion hynny fu'n ffyddlon drwy eu hoes i'r weledigaeth Gristnogol ond sydd â'u hamgylchiadau yn drech na hwy ar hyn o bryd. Fe wyddost amdanynt, Arglwydd. Defnyddia ni i ddwyn bendith iddynt yn eu cyfyngder a chryfha ni wrth geisio'r ffordd ymlaen:

> Pan fyddo'r dyrfa ffôl yn ffoi
> gan wadu gwerth dy waith,
> dy ganlyn mwy a wnawn, O Grist,
> er garwed fyddo'r daith.

Mae dilyn Iesu'n dwyn ei bris, gan ei fod yn golygu gosod rhyw bethau eraill heibio dros dro, a dethol yn ffurfiol rhwng un ffordd a ffordd arall – un yn ddaearol ac yn faterol, a'r llall yn llwybr cul sy'n arwain at fywyd. Rydym yn byw yn oes y dewisiadau, ond hefyd yn oes y pwysau mawr a'r pwysau dychrynllyd. Nid peth hawdd o hyd yw dewis rhwng y gau a'r gwir, a 'myned ar ôl llencyn o saer o Nasareth dref'. Yn un peth, rydym ni'n debygol o gael ein galw'n ffyliaid am gredu honiadau rhyw

Athro rhyfedd o'r ganrif gyntaf oedd yn cyflawni gwyrthiau ac yn codi'r meirw'n fyw. Mae dilyn Iesu yn gofyn parodrwydd i aberthu ac i fyned tan yr iau, a chael ein gwawdio weithiau.

Mae dilyn Iesu hefyd yn golygu ymdrech. Ond y cysur mawr fan yma yw hyn: nad ydym ni'n ceisio canlyn Gŵr rhyfedd y Groes yn ein nerth ein hunain. Derbyniwn y gynhaliaeth sydd ei hangen arnom. Ein tasg ni yn y cyfamser yw 'cadw'n golwg ar Iesu, pen-tywysog a pherffeithydd ein ffydd,' er gwaethaf y rhwystrau o'n cwmpas.

Bydded eich cariad yn ddiragrith. Casewch y drwg, a glynwch wrth y da. Mewn cariad brawdol byddwch garedig i'ch gilydd; yn rhoddi parch, yn blaenori eich gilydd; nid yn ddiog mewn diwydrwydd; yn wresog eich ysbryd; yn gwasanaethu'r Arglwydd.
'Ac fel yr oedd yr Iesu yn myned oddi yno, efe a ganfu ŵr yn eistedd wrth y dollfa, a elwid Mathew, ac a ddywedodd wrtho, "Canlyn fi." Ac efe a gyfododd, ac a'i canlynodd ef' (Mathew 9:9).

Darllen: Mathew 4:17–25

Gweddi:

Weithiau, Arglwydd, fe'i cawn yn anodd glynu wrth y llwybr cul. Y peth mwyaf naturiol inni mewn difrif fyddai cytuno i ymwadu â ni ein hunain, a chodi'n croes, a'th ganlyn di. Ond nid yw mor hawdd â hynny bob tro. Dyna pam mae angen dy help di arnom ni.

Diolch dy fod ti'n cynnig maddeuant yn ogystal â chymorth ar y daith. Mae rhywrai o'n cwmpas am ein tynnu i lawr, Arglwydd, ac rydym ni'n mynd i deimlo'n fflat ac yn ddiymadferth. Wrth inni feddwl am y byd a'i wewyr a'i wae, helpa ni i benderfynu ein hunain i geisio gwella'r loes a'r boen. Fe sylweddolwn na all hynny ddigwydd yn effeithiol heb ein bod ni'n gyntaf yn iawn â thi, ac felly deisyfwn:

> Dod i ni galon well bob dydd –
> a'th ras yn fodd i fyw
> fel bo i eraill drwom ni
> adnabod cariad Duw.

Y Fendith:
Mi fyddai hynny'n ein gwneud ni'n hapus wedyn. Clyw ni yn enw dy Fab. AMEN.

Neges:
Tybed a fu gennych *role-model* yn eich bywyd erioed? A oes gennych chi rywun y mae'n rhaid ei efelychu? Pwy sy'n sefyll allan yn eich profiad chi yn 'esiampl' yn y dyddiau sydd ohoni? Ga' i awgrymu na fydd NEB i'w gymharu â'r Arglwydd Iesu? Dyna brofiad Eleazar Roberts yn ei emyn 'O na bawn yn fwy tebyg i Iesu Grist yn byw'. Mae patrwm bywyd, fel y'i gosodir allan yng Nghrist, yn ddigonol, yn llawn digon i chi ac i minnau. Bu'n bopeth i saint yr oesoedd.

Y gwir yw na allwn wneud gwell na cheisio ymdebygu i hwn. Pa betisiwn rhagorach na dilyn Gŵr y Groes yn ein bywydau pob dydd? A'r modd i wireddu menter o'r fath? Trwy ymostwng i Un uwch na ni mewn gwasanaeth. Ac mae gwasanaeth yn golygu ufudd-dod; ac ni ddaw ufudd-dod HEB ymrwymiad. Tydy hwnnw ddim ar wefusau'r rhelyw heddiw. Yng ngoleuni hynny, pa fformiwla sydd, meddech chi, a wnaiff ddenu'r rhai digapel a'r di-gred i ymgysegru i'r hwn a aberthodd y cyfan er eu mwyn? Onid trwy esiampl o hunanaberth ar ein rhan? Dyna un ateb, o leiaf.

Fe'n gelwir ni i fod fel Iesu yn ein gwasanaeth i Dduw. Fe erys y sialens inni geisio mynd ar ôl Crist yn ein cenhadaeth drosto hefyd. 'Boed i holl addfwynder ein hoes ddweud wrth eraill werth y groes ... O na bawn ni fel efe!'

Emyn O na bawn

Y Fendith:
'Y rhai a ddysgoch ac a dderbynioch, ac a glywsoch, ac a welsoch ynof fi, y pethau hyn gwnewch: a Duw'r heddwch a fydd gyda chwi.' AMEN.

Neges t 270

Oedfaon Ffydd

DILYN IESU

Galwad i Addoli:
Cynorthwya ni, Arglwydd, i fanteisio ar bob cyfle i fod o wasanaeth i eraill, i dorchi llewys a dilyn dy esiampl di. AMEN.

Darllen: Luc 5:1–11
1 Corinthiaid 14:1–25

Gweddi:
Dduw ein Tad, fe ddiolchwn am ddewrder diwyro ein Harglwydd Iesu. Ceisio bod yn fwy tebyg iddo yw ein nod. Ond ein profiad yw ei bod hi'n llawer haws dymuno hynny na chyflawni hynny. Y mae arnom angen nerth oddi uchod i'w ddilyn ac fe weddïwn yn daer ar i ti weld yn dda i'n cryfhau yn wyneb pob anhawster. Rho'r penderfyniad di-droi'n-ôl hwnnw yn ein henaid i ddilyn Iesu er garwed y llwybr. Diolch iddo am aflonyddu ar ein cri am fywyd esmwyth; am aflonyddu ar ein hawydd i gael llonydd oddi wrth ein dyletswydd; am aflonyddu ar ein dyhead i anwybyddu ein hegwyddorion. Cymaint haws fyddai iddo yntau fod wedi cadw'r ddysgl yn wastad a pheidio â tharfu ar y rhai oedd mewn awdurdod. Ond fe gofiwn am y comisiwn a roddodd i'w ddisgyblion i fynd a phregethu'r efengyl i'r holl fyd. Fe gysegrwn ein bywyd o'r newydd i ddilyn Iesu, a'i ddilyn i ble bynnag y'n harweinir ni ganddo. Lle bynnag y bo anghyfiawnder, cynorthwya ni, yn enw Iesu, i geisio unioni'r cam. Lle bynnag y bo unigrwydd, gwna ni'n gyfaill i'r sawl sy'n gwybod ble i droi. Lle bynnag y bo gelyniaeth, cynorthwya ni i ddwyn ei neges ef o gymod i glyw. AMEN.

Gweddi:
Dirion Dad, gwrando ein gweddi wrth i ni geisio dy anian dan ein bron i'n 'nerthu drwy'r holl rwystrau sy ar ddyrys daith i'r Ganaan fry'. Diolchwn am gael cwmni Iesu ar y daith ac am gyfle newydd i afael yn ei law. 'Does dim tywyllwch mor ddudew na ddaw i ni oleuni wrth ddilyn

Iesu. 'Does dim rhwystrau mor llethol nad yw ei gariad yn eu symud. Mae'r llaw sy'n ein tywys mor dyner ac mor gadarn. Gyda llawenydd y rhown ddiolch am bob llaw a estynnir tuag atom, yn deulu, yn ffrindiau, yn gymdogion, yn gydweithwyr, ac ambell dro, cawn afael yn llaw dieithriaid sy'n ein cyfeirio at y nod. Ond Iesu yn unig a all ein cyfeirio at y bywyd tragwyddol. Maddau i ni, Iesu da, pan fyddwn ni'n canlyn o hirbell, yn llusgo'n traed ac yn gwangalonni. Gwared ni rhag colli ffydd wrth weld y di-fater a'r difeind yn cael y blaen. Rho i ni, ar dro, ddeuparth o'u hysbryd anturus hwy gan gofio fod ein nod mewn bywyd yn amgenach, a'r awydd i dywys eraill atat ti yn gorbwyso pob llwyddiant bydol. Diolch am gael bod yn dy gwmni, er mor annheilwng ydym. AMEN.

Neges:

Roedd plant yr ysgol wedi bod yn ymarfer sgïo ar lechweddau eira gwneud, ac wedi cael cryn hwyl arni. Ymarfer oedden nhw ar gyfer gwyliau yn y Swistir. Am y dyddiau cyntaf ar lechweddau'r Alpau, roedd hwyl i'w chael wrth sgïo ar eira go iawn. Erbyn y pumed diwrnod, roedd y sawl oedd yn tywys y grŵp am ddilyn llwybr cerdded rhwng y mynyddoedd.

Bore braf o wanwyn oedd hi, a'r dwsin o bobl ifanc wedi eu clymu i'w gilydd gan raff. Dechreuwyd cerdded yn araf gan godi yn uwch ac yn uwch. Clywyd sŵn chwerthin a rhyfeddwyd at brydferthwch y wlad. Roedd y criw yn mwynhau eu hunain yn fawr. Yn uwch i fyny, fodd bynnag, yr oedd y llwybr llydan yn culhau. Cyrhaeddwyd man lle'r oedd rhaid llamu trwy fwlch. O'r fan honno gwelid y dyffryn a'r gwesty islaw, ymhell bell islaw. Cododd ofn ar un o'r bechgyn. Ni allai roi un droed o flaen y llall. Ni allai symud gan ofn. Sŵn crio oedd yno bellach. "Gafael yn fy llaw," meddai'r tywysydd, "cadw dy lygaid ar agor a chymer gam ymlaen." A dyna a wnaeth. Ddywedodd neb ddim nes cyrraedd y gwesty. 'Rhaid cael ffydd yn yr arweinydd ar y mynydd," meddai'r tywysydd. Dyna'r wers i'r dringwyr, ac i ninnau wrth ddilyn Iesu.

Neges:

Y mae Llyfr y Pregethwr yn nodi fod tymor i bopeth: 'amser i eni, ac amser i farw ... amser i geisio, ac amser i golli ... amser i drwsio, amser i dewi.' A dywedir yn ail Epistol Timotheus: 'Pregetha y gair; bydd daer mewn amser, allan o amser.' 'Yn fy amser da fy hun,' meddai'r Cymro, hynny yw 'pan fyddaf i yn dewis; pan fydd hi'n gyfleus i mi; pan fydd hi'n siwtio'. Y perygl bryd hynny yw aros am ryw awr ddelfrydol i wawrio, ac wrth aros mae'r cyfle'n cael ei golli. 'Does dim amser i'w golli wrth ddilyn Iesu. Fe welai ef ei gyfle i gymell eraill i'w ddilyn, beth bynnag oedd yr amgylchiadau. Nid pregethwr a fyddai'n aros hyd yr oedfa ddeg ar fore Sul mohono. Byddai'n pregethu yn yr awyr agored, ar ochr y mynydd, yng nghwch y pysgotwr – dyna'r ysbryd a'i nodweddai; gwneud yr ymdrech i ddal ati pan oedd eraill yn blino. 'Nid dyma'r amser,' meddwn ni, gan hel esgusodion. Yn rhy aml, byddwn yn oedi wrth ddisgwyl am yr amser 'priodol'. Esgus yw hynny i beidio â gwneud yr ymdrech. Ac 'mae Iesu o Nasareth wedi mynd heibio'.

Y Fendith:

O Grist, gad im i'th deyrnas ddod,
rho nerth i'th ddilyn di o hyd,
a gwna fi'n ostyngedig iawn,
yn fwyn ac isel-fryd.
AMEN.

Oedfaon Ffydd

YMGYSEGRIAD

Galwad i Addoli:
Arglwydd ein Duw, wrth inni geisio dy foli â gwefusau pur, pâr hefyd ein bod yn dy wasanaethu ag ymgysegriad llwyr. AMEN.

Darllen: 2 Samuel 23:8–17
Luc 9:57–62

Gweddi:
Arglwydd ein Duw, y mae darllen am ymgysegriad eraill yng ngwasanaeth eu harweinydd hwythau yn ein hatgoffa mor ddiffygiol yw ein hymgysegriad ninnau i'n Harweinydd, yr Arglwydd Iesu Grist. Maddau, Arglwydd da, ein diffyg sêl ac ymroddiad i'r hwn a aberthodd gymaint drosom ni er mwyn adfer ein perthynas â'r Tad nefol.

Pan ystyriwn gymaint a wnaeth Iesu, ein brawd hynaf, drosom ni, cydnabyddwn ei fod yn haeddu'r cwbl sydd gennym i'w gynnig, ond yn rhy aml ofnwn ein bod yn 'oer ein serch, a gwan ein ffydd'. Nid fel yna y dylai hi fod – ac nid fel yna y dymunem iddi fod, oherwydd ar ein gorau, cydnabyddwn yn ddiolchgar yr hyn a wnaethpwyd drosom ac rydym ni'n awyddus iawn i geisio talu rhywfaint yn ôl, trwy wneud cymaint ag y gallwn yng ngwasanaeth yr Arglwydd Iesu. Fel y dywedodd yr Apostol Paul, 'Y mae'r ewyllys i wneud daioni gennyf; y peth nad yw gennyf yw'r gweithredu. Yr wyf yn cyflawni, nid y daioni yr wyf yn ei ewyllysio, ond yr union ddrygioni sy'n groes i'm hewyllys – ac i ewyllys ein Harglwydd.'

Heb ras, ni allwn ymgysegru'n llwyr i wasanaethu Iesu. Dyro felly dy ras inni; a hyd nes y perffeithir ni, yn dy drugaredd, derbyn ni fel yr ydym. AMEN.

Gweddi:
Diolchwn iti, O Arglwydd ein Duw, am y ffordd y cysegrodd Iesu Grist ei hun i'w waith fel Gwaredwr y byd. Roedd hyn yn golygu aberth enfawr

ganddo, oherwydd 'er ei fod ef erioed ar ffurf Duw, ni chyfrifodd fod cydraddoldeb â Duw yn beth i ddal gafael ynddo, ond fe'i gwacaodd ei hun gan gymryd ffurf caethwas a dyfod ar wedd dynion' a rhodio ar y ddaear hon. Maint ei ymgysegriad oedd ei barodrwydd i ddod i'r byd yn un ohonom ni; ond gwnaeth fwy na hynny hefyd, oherwydd 'o'i gael ar ddull dyn, fe'i darostyngodd ei hun, gan fod yn ufudd hyd angau, ie, angau ar groes'. Bu farw mewn ffordd erchyll a chywilyddus ar groesbren Calfaria er mwyn dangos i ni faint dy gariad di tuag atom.

Y mae'r fath ymgysegriad er ein mwyn yn galw am y cyfryw ymgysegriad gennym ni. Maddau, Arglwydd da, ein hymgysegriad diffygiol yng ngwasanaeth dy Fab, a gad inni gofio bob amser fod yr hwn a'n prynodd ar y groes yn deilwng o bob awr o'n hoes.
AMEN.

Neges:

Tri a ymgysegrodd i wasanaethu Dafydd oedd Isbaal yr Hachmoniad, Eleasar fab Dodo fab Ahohi a Samma fab Age yr Harariad. Pan glywsant Dafydd, ar awr dywyll yn ei hanes, yn blysio dŵr o'r ffynnon y tu mewn i byrth Bethlehem, dinas ei febyd, rhaid oedd iddo'i gael. Y drafferth oedd fod Bethlehem bellach yn nwylo'r gelyn, y Philistiaid, ond ni rwystrodd hynny 'filwyr enwog Dafydd'.

Mae eu stori yn tanlinellu rhinweddau gwŷr sy'n eu cysegru eu hunain yng ngwasanaeth eu harglwydd.

Roeddent yn bobl a arhosodd yn ffyddlon – heb ddigalonni. Roeddent yn awyddus i wasanaethu Dafydd mewn hindda a drycin, er bod mwy o ddrycin nag o hindda yn perthyn i Dafydd yn y cyfnod hwnnw!

Roeddent yn bobl a oedd yn barod i fentro – heb eu hannog. Nid gorchymyn a gawsant i nôl y dŵr, ond clywed ebychiad Dafydd wrth iddo flysio'r dŵr. Nid oedd rhaid wrth fwy na gwybod dymuniad y brenin.

Roeddent yn bobl a oedd yn barod i aberthu – heb ddisgwyl gwobr. Roedd dymuniad Dafydd yn ddigon iddynt fentro'u bywydau, gan wybod na fedrai Dafydd eu gwobrwyo pe llwyddent.

Onid dyna'r math o ymgysegriad sydd ei angen ar yr Eglwys yn y cyfnod presennol?

Neges:

Y mae dilyn Iesu yn galw am ymgysegriad llwyr, a dyna sydd ei eisiau yn y tri gŵr y sonia Luc amdanynt yn 9:57–62.

Roedd y cyntaf yn llawn brwdfrydedd yn cynnig ei wasanaeth yn wirfoddol nes iddo sylweddoli'r gost.

Cael ei alw wnaeth yr ail ac roedd yn fodlon ymateb yn bositif i'r alwad – ond ar ei delerau ef ei hun. Cyn dilyn Iesu, rhaid oedd iddo gyflawni'r ddyletswydd Iddewig gysegredig o gladdu ei dad (ac yntau, yn ôl pob tebyg, heb farw eto!). Fodd bynnag, ni all ymgysegriad i Grist ddod yn ail i rywbeth arall. Hawlia Crist y flaenoriaeth.

Roedd y trydydd, hefyd, yn fodlon canlyn Iesu ond nid oedd am dorri ei gysylltiadau â'i orffennol. Gwyddai Iesu'n dda na ellir symud ymlaen yn llwyddiannus os ydym yn edrych yn ôl o hyd. Fel y mae ffermwr sydd am aredig cwys syth yn cadw ei lygad ar ryw bwynt o'i flaen, mae'n rhaid i'r Cristion ymroddgar gadw ei olwg ar Iesu, awdur a pherffeithydd ffydd (Hebreaid 12:2).

Yng ngeiriau Iesu ei hun, y mae ymgysegriad llwyr yn golygu ymwadu â'r hunan a chodi'r groes a dilyn ble bynnag y bydd y Crist yn arwain (Marc 8:34).

Y Fendith:

I'r hwn a gysegrodd ei fywyd i wasanaethu ei Dad nefol, a'i frodyr a'i chwiorydd ar y ddaear, y byddo gogoniant a mawredd, gallu ac awdurdod, yr awr hon ac yn dragywydd. AMEN.

Oedfaon Ffydd

TYFU'N YSBRYDOL

Galwad i Addoli:
Ti, Dduw, a roddaist yn yr hedyn mwstard y gallu i dyfu'n fawr, rho ynom ninnau y gallu i dyfu'n ysbrydol, fel y gogoneddwn dy enw. AMEN.

Darllen: Mathew 18:1–9
Marc 10:13–16
Galatiaid 5:16–26

Gweddi:
Arglwydd ein Duw, gofidiwn ein bod yn byw mewn cyfnod pan fo plant dan gymaint o fygythiad gan oedolion nes bod rhaid wrth ddeddfau arbennig i'w hamddiffyn. Maddau drythyllwch cymdeithas ac oes sydd yn peryglu diniweidrwydd a bywydau plant. Gad i'n hoes glywed o'r newydd rybudd difrifol yr Arglwydd Iesu, pan ddywedodd am y sawl sy'n achos cwymp un o'i rai bychain ef, mai gwell fyddai pe bai maen melin wedi ei grogi am ei wddf a'i foddi yn eigion y môr.

Cofiwn i'r Arglwydd osod plentyn gerbron ei ddisgyblion a galw arnynt i ddarostwng eu hunain a bod yn debyg i'r plentyn wrth geisio mynediad i Deyrnas y Tad. Yn aml, byddwn yn amharod i ymddarostwng oherwydd ofn o'r hyn a ddywed eraill amdanom, ond dysg inni sylweddoli na allwn dyfu heb inni ddechrau drwy fod megis plentyn. Yn Nheyrnas Nefoedd, dechrau mawredd yw bod yn fach. Gofynnwn felly am ras i fod yn wan a diymadferth fel plentyn ger dy fron er mwyn inni dyfu i fod yr hyn a ddymuni di inni fod.

Trwy Iesu Grist ein Harglwydd, AMEN.

Gweddïau:
Diolchwn iti, Arglwydd ein Duw, am rym a gallu natur yn ein byd sy'n troi ymdrechion yr amaethwr yn gynhaeaf i gwrdd â'n holl anghenion corfforol ni. Credwn mai ti'r Creawdwr a drefnodd hyn:

Dyn sy'n hau a dyn sy'n medi;
Duw sy'n peri i'r gwenith dyfu!
Oni bai i Dduw roi'r cynnydd,
dan y gŵys fe bydrai'r gwenith.

Credwn mai ti hefyd sydd y tu ôl i bob cynnydd ysbrydol, a phan fyddi di'n cael dy anwybyddu mae dirywiad moesol yn sicr o ddigwydd. Teimlwn mai dyna sydd wedi digwydd ym myd ein dyddiau ni, lle mae gweithredoedd y cnawd yn rhemp.

Edrych yn dirion ar ein byd, felly, a thywallt o'th Ysbryd arnom ni, dy blant, fel y bydd inni gefnu ar weithredoedd y cnawd a chynhyrchu ffrwyth yr Ysbryd. Bydded i gariad, llawenydd, tangnefedd, goddefgarwch, caredigrwydd, daioni, ffyddlondeb, addfwynder a hunanddisgyblaeth oll ffynnu'n naturiol yn ein bywydau, fel y bydd popeth a wnawn yn dwyn clod i'th enw sanctaidd di. AMEN.

Neges:

Pam, tybed, y dywedodd Iesu fod yn rhaid i Gristnogion ymdebygu i blant bychain? Cwyn amryw o ysgrifenwyr y Testament Newydd yw fod rhai Cristnogion yn yr Eglwys Fore yn rhy blentynnaidd! Cwynir yn y Llythyr at yr Hebreaid am ryw Gristnogion oedd fel babanod, yn methu â threulio bwyd cryf yr Efengyl (5:12–14), tra bod Paul wedi cael trafferth tebyg yng Nghorinth (1 Corinthiaid 3:1–3).

Beth felly oedd y rhinweddau mewn plentyn a weddai i ddilynwyr Iesu? Ai bod plentyn yn ddiniwed, neu'n barod i ymddiried, neu'n chwilfrydig ac yn awyddus i ddysgu, neu'n ddiymadferth ac yn dibynnu ar rywun mwy nag ef?

Ond dichon fod rhywbeth arall mewn plentyn sy'n addas ar gyfer Cristion. Ymadroddion a glywir yn fynych ar wefusau plentyn yw: "Pan fydda'i wedi tyfu i fyny ..., Pan fydda i'n ddyn ..." Nid yw plentyn am aros yn blentyn; mae'n awyddus i fod yn oedolyn.

Nid yw'r Cristion i fodloni ar aros fel y mae pan yw'n newyddian yn y Ffydd. Er bod amser pan fo'n rhaid dibynnu ar laeth y Gair a meddwl, llefaru a gweithredu fel plentyn yn y Ffydd, buan y bydd rhaid rhoi heibio bethau'r plentyn (1 Corinthiaid 13:11).

Dywed Effesiaid 4:13: 'Y nod yw dynoliaeth lawn dwf, a'r mesur yw'r aeddfedrwydd sy'n perthyn i gyflawnder Crist.'

Neges:

Mae tyfiant fel pe'n rhan o drefn natur. Yn wir, cymaint yw ysfa natur i dyfu pethau nes bod *buddleia* yn tyfu gerllaw ein cartref mewn mannau lle mae dynion wedi gosod concrit ar y llawr. Yn sicr, ni welir gardd wag fyth! Os na welir blodau neu lysiau'n tyfu yno, mae'n anorfod y bydd chwyn o bob math yn ffynnu. Cymaint yw ysfa natur i dyfu pethau nes bod yn rhaid i bob garddwr gadw'i ardd o dan reolaeth wedi iddo ei phlannu. Ni all dreulio gormod o amser heddiw yn segura er mwyn edmygu'r hyn a wnaeth ddoe!

Onid yw'r un peth yn wir am y byd ysbrydol? Nid yw gardd yr enaid byth yn wag. Oni thyfir ffrwyth yr Ysbryd yno, gellir bod yn sicr mai gweithredoedd y cnawd a fydd yn ffynnu. A hyd yn oed os byddwn yn ofalus i drin yr enaid fel gardd, ni allwn fyth segura, neu fe fydd chwyn pechod yn mynnu eu lle.

Camgymeriad prydferth oedd hwnnw o eiddo Mair yn yr ardd, pan dybiodd mai garddwr oedd yr Iesu atgyfodedig (Ioan 20:15). Ef, yn sicr, yw'r garddwr gorau i sicrhau ein bod yn tyfu'n ysbrydol.

Y Fendith:

Boed i ffrwyth yr Ysbryd a phob daioni dyfu ac aeddfedu ym mywydau plant y Tad nefol, fel yr ymdebygont i'w brawd hynaf, yr Arglwydd Iesu Grist. A bendith Duw Hollalluog, y Tad, y Mab a'r Ysbryd Glân, a fyddo i'n plith ac a arhoso gyda ni yn wastadol. AMEN.

Oedfaon Ffydd

FFYDDLONDEB

Galwad i Addoli:
Ar y dydd hwn dyro i ni, O Dad, ddisgyblion dy Fab Iesu, nerth ac ymroddiad i ddal yn ffyddlon ym mhob amgylchiad i'th Efengyl gysurlawn, greadigol a gweithredol. Yn dy ewyllys di, O Arglwydd ein Duw, y mae ein bodlonrwydd. Hyn a ofynnwn yn enw Iesu Grist ein Harglwydd. AMEN.

Darllen: Salm 89:1–18
             Luc 12:22–40

Gweddi:
Deuwn fel disgyblion i Iesu Grist ger dy fron, O Dduw, i gydnabod na chawsom ein siomi erioed ar hyd llwybrau'r oedfa: llwybrau gweddi a mawl, eiriolaeth a diolchgarwch a deisyfiad am ffyddlondeb di-ball tuag atom yn ein hanghenion beunyddiol. Gwyddom am ffyddlondeb Duw i'w bobl ar hyd y canrifoedd maith, a dyna dystiolaeth Abraham a Moses, y Salmydd a'r Proffwydi, Iesu Grist a'r Apostol Paul a holl eglwysi y Testament Newydd. Mewn dyddiau o adfyd fe gynhaliwyd y genedl; mewn cenedlaethau o alltudiaeth, fe gysurodd yr hiraethus; ac yn oriau'r erledigaeth, fe gafwyd presenoldeb Crist gyda'i ddisgyblion. A dyna pam y geilw yr esboniwr Iago Trichrug arnom i gofio am ffyddlondeb ein Gwaredwr:

> Gobeithiwch ynddo, bawb o'r saint,
> er cymaint yw eich gofid,
> gan wybod bod eich Priod gwiw
> yn ffyddlon i'w addewid.

Ni chafodd pobl Dduw wynebu amgylchiadau di-dostur a didrugaredd heb wybod am ffyddlondeb y cyfamod a wnaed rhyngom, ac ar sail y ffyddlondeb sydd mor sicr â thonnau'r môr yr erfyniwn mewn edifeirwch am faddeuant a chysur a nodded. Agosawn atat, y digyfnewid Dduw, y ffyddlon UN a amlygodd ei hun yn Dduw Cariad a Chysur a Gobaith gan erfyn arnom i ymddiried ynot mewn ffydd sydd yn ein hadnewyddu. A gofynnwn y cyfan yn enw Iesu Grist, a'n dysgodd i ddweud gyda'n gilydd, 'Ein Tad' ... AMEN.

Neges:

Ffyddlondeb eithriadol y wraig fach.
Mae'n anodd disgrifio mewn ychydig eiriau gyfraniad eithriadol y wraig fach o Lundain, Gladys Aylward, a fu am ddeugain mlynedd yn ffyddlon i'r genhadaeth Gristnogol ac i blant bach amddifad yn Tsieina a Thaiwan. Gelwid hi 'y wraig fach' am mai dim ond pum troedfedd ydoedd o ran taldra. Daeth miliynau i wybod amdani ar ôl y ffilm boblogaidd *The Inn of the Sixth Happiness* gyda'r actores Ingrid Bergman yn ei phortreadu yn 1938, yn arwain bron i ddau gant i ddiogelwch ar daith o gant a deugain o filltiroedd rhag y fyddin Siapaneaidd a oedd yn goresgyn y wlad.

Cerddodd hi am wythnosau gyda'r plant hyn gan dystio i ffyddlondeb Duw yn eu cadw a hwythau heb arian na chymorth peiriannau, na rhyw lawer o fwyd. Roedd hi'n wyrth o ffyddlondeb y Duw anfeidrol i genhades a'i phlant bach a garai mor fawr.

Un felly ydoedd. Yn 1930 a hithau'n ferch ifanc saith ar hugain oed, gwariodd ei harian i gyd ar docyn rheilffordd o Lundain i borthladd Tientsin yng ngogledd Tsieina. Nid oedd yn adnabod neb yn Tientsin ond trefnodd prifathro'r coleg lleol iddi gydweithio â chenhades o'r Alban, Mrs Jeannie Lawson, yn Yangcheng. Yno y bu'r ddwy yn dysgu cyfrinachau'r Efengyl i fforddolion. Daliodd ati i groesawu a chofleidio'r amddifad, ac ar ôl dychwelyd i Lundain yn 1948, ni allodd fod yn fodlon ei byd. Roedd ganddi ormod o hiraeth am y Dwyrain Pell. Dychwelodd i ynys Taiwan i ofalu am gartref i blant amddifad ac yno y bu farw yn nhref Taipei ym mis Ionawr 1970, yn 67 mlwydd oed. Collwyd yn ei marwolaeth un o genhadon ffyddlonaf y grefydd Gristnogol.

Gweddi:

O anfon, Arglwydd mawr,
dy Ysbryd atom ni
i'n dal yn union ar y llawr
yn ffyddlon blant i ti.
A dyma ein gobaith heddiw eto, ein bod ni wedi dod ynghyd i glodfori enw Duw, a gofynnwn yn wylaidd am gyfle newydd i adnewyddu ein perthynas â'n Tad nefol. Erfyniwn arnat i'n cadw yn ffyddlon i'r UN sy'n Gynhaliwr popeth byw.

>Arglwydd y gofod di-ben-draw,
>rhoddwn ein tynged yn dy law;
>cedwir planedau pell, di-ri
>tu mewn i gylch dy ofal di.

Ond da i ni gofio fel y mae'r Apostol Paul yn cyfarch yr orsedd hon ac yn ei galw yn 'orsedd gras'. Mae ef wedi ein dysgu bob amser i gyfeirio atat ti, O Dduw, yn Dad ein Harglwydd Iesu Grist a'n Tad ninnau oll. A diolchwn dy fod yn ein hadnabod yn well na neb arall ac yn gwybod popeth amdanom. AMEN.

FFYDDLONDEB

Gweddi Agoriadol:
O Arglwydd, derbyn yn awr ein haberth o foliant. Canwn am dy gariad a mynegwn dy ffyddlondeb dros y cenedlaethau. Trwy gyfrwng yr oedfa hon dysg i ni dy garu yn well a'th ganlyn yn ffyddlonach, er mwyn ein Harglwydd Iesu Grist. AMEN.

Darllen: 2 Timotheus 2:1–13

Gweddi:
O Arglwydd ein Iôr, mor ardderchog yw dy enw ar yr holl ddaear. Canwn i ti a bendithiwn dy enw sanctaidd. Dy gymorth a erfyniwn yn awr yn y tawelwch, i syllu ar d'ogoniant. Agor ein llygaid i'w ganfod yn y pethau a wnaethost. Arwain ni i feddwl amdanat, ac i dderbyn yr wybodaeth a ddengys natur i ni am dy dragwyddol allu a'th Dduwdod. Llanwa'n calonnau o'r newydd â rhyfeddod, canys tydi yw brenin pob gallu ac awdurdod, ac ynot ti y mae pob peth yn cydsefyll. Ynot ti yr ydym oll yn byw, symud a bod. Ceraist ni hefyd â chariad tragwyddol, ac er ein methiannau a'n beiau di-rif, ti a gofiodd amdanom. Mae dy gariad yn drugarog a maddeugar. Pa le, pa fodd y dechreuwn dy foliannu am y fath ffyddlondeb? Addolwn di, O Arglwydd nef a daear, a mawrygwn dy enw glân.

Mewn distawrwydd deuwn â'n diolchiadau, ein dyheadau, ein hymbiliadau dros eraill ac unrhyw ofidiau personol sydd yn ein blino i ddisgleirdeb dy ogoniant a'u cyflwyno i'th ofal. Diolchwn i ti am fod inni ryddid i nesu atat. Diolch am Gyfryngwr, Iesu Grist ein Harglwydd; ynddo a thrwyddo ef y mae i ni ddyfodfa atat. Efe yw ein Brawd Ffyddlon. Pa beth bynnag sydd yn ein haros i'r dyfodol, pa siomedigaethau bynnag a gyfarfyddwn, y mae ynddo ef yr hyn oll sydd ei eisiau arnom.

O Dad, dyfnha ein ffydd a phâr i ni ymddiried yn llwyr ynot ti, a chan wybod dy fod yn cynnal pob un ohonom yn dy gariad, gweddïwn dros y byd a geraist; dros y rhai sy'n ceisio llwyddiant bydol yn unig, a'r rhai sydd wedi'u dadrithio gan werthoedd materol. Gweddïwn dros y rhai sy'n cael eu dibrisio yn ein byd, y miloedd sy'n dioddef gormes creulon; y rhai sy'n cael eu carcharu a'u poenydio ar gam, a'r rhai a ystyrir yn ddiwerth. Ni a gyflwynwn holl blant adfyd i'th sylw tosturiol, y tlodion a'r helbulus a'r rhai sy'n dioddef oherwydd rhyfel a therfysg. 'Ymostwng atom yn dy ras, O gwrando ar ein cri, ac mewn trugaredd, Arglwydd Iôr, yn dirion ateb ni.' Arglwydd tosturiol, cynnal a chadw ni oll yng nghadernid dy gariad. Ac yn awr, i'th nodded a'th gadwraeth yr ydym yn ymgyflwyno, gan erfyn maddeuant o'n pechodau, yn haeddiant ac eiriolaeth ein Harglwydd Iesu Grist. AMEN.

Neges:
2 Timotheus 2:13

'Dyma air i'w gredu ... os ydym yn anffyddlon, y mae ef yn aros yn ffyddlon, oherwydd ni all ef ei wadu ei hun.' Mae'n debyg fod geiriau'r testun yn ddarn o un o emynau cynnar yr Eglwys Fore, ac felly mae'n werthfawr iawn. Yn nyddiau garw cyfnodau o erledigaeth yr oedd yr emyn yn aml yn fynegiant o gyffes ffydd. Annog Timotheus, ei fab yn y ffydd, i 'gofio Iesu Grist' y mae'r Apostol Paul yn y bennod hon (adnod 8). Cofio Iesu Grist sy'n ein cynnal wrth i ni geisio ei wasanaethu – cofio ei fod yn un y gellir dibynnu arno – waeth pa mor ddyrys yr amgylchiadau. Adleisiwn ninnau eiriau Isaac Watts: 'Am ei ffyddlondeb mawr dyrchafwn glod i'r nen: yr hwn a roes addewid lawn yw'r hwn a'i dwg i ben.'

Mae anffyddlondeb yn rhywbeth sydd yn dryllio perthynas, boed yn berthynas rhwng pobl a'i gilydd, rhwng gŵr a gwraig, rhwng cyfeillion neu gydweithwyr, neu rhwng dyn a Duw. Dyna mae'n debyg a flinai cymaint ar Hosea – pobl yn ceisio addoli Duw a dal perthynas ag ef ar un ochr i'w bywydau, a rhoi'r ochr arall i'r eilunod. Pobl yn ceisio byw dau fywyd. Lle nad oes ffyddlondeb, bydd y berthynas yn gwegian ac ymddiriedaeth yn diflannu. Ond digyfnewid a ffyddlon yw Duw. Diolch iddo.

Saif y ceiliog gwynt dros gyfnewidioldeb. Try gyda'r awel o ba le bynnag! Ys dywed y gair yn yr Apocryffa (Eccl. 27): 'Mae'r ynfytyn mor gyfnewidiol â'r lleuad.' Ond nid oes dim cyfnewidiol yn perthyn i Dduw, sydd yr un ddoe a heddiw ac yn dragywydd. 'Yr un yw ef o hyd a'r un yw geiriau'r nef.' Ffyddlondeb yw nodwedd Duw tragwyddoldeb, ac ni all ef ei wadu ei hun. Ffyddlon i'w addewid yw'r Duw a'n câr, a thrwy gydnabod hynny rydym ni'n pwysleisio'r digyfnewid a'r diysgog. O brofiad, fe ŵyr y Cristion fod Duw yn ddigonol ym mhob angen, a'i fod yn Dduw agos-atom ac yn nerth i ni ymhob cyfyngder – un cyson ddigyfnewid yw. Mewn hindda neu ddrycin, fe'n cynhalia a'n cyfarwydda. Pan ddelo'r deheuwynt tyner, a bywyd yn gymharol esmwyth a dymunol, bydd ei angen arnom. Ei angen i'n cadw rhag hunanhyder, heb dybio y gallwn hepgor Duw yn y cyfnodau teg. Efe a dry'r awel dyner yn falm, ac efe a dry ein llonder yn wir lawenydd. Erys hefyd yn gefn ac yn gysur i ni mewn dyddiau pan deimlir y gogledd oer yn ias fygythiol. Yn wyneb profiadau trist ein pererindod, fe saif gyda ni yn gadarn, i gynhesu ein gobaith a melysu pob chwerwder, a chryfhau fferau ein ffydd. 'Y mae Duw'n ffyddlon, a thrwyddo ef y'ch galwyd chwi i gymdeithas ei Fab Iesu Grist ein Harglwydd ni.' Diolch iddo byth. AMEN.

FFYDDLONDEB

Galwad i Addoli:
Arglwydd Dduw, yr hwn a wnaeth bethau mawr drosom ni, gwna ni'n ffyddlon i ti yn y pethau bach, er gogoniant i'th enw. AMEN.

Darllen: Hebreaid 11:4–39
Ruth 1:1–22

Gweddi:
Ti, Dduw, fuost ffyddlon i ni ym mhob amgylchiad er na haeddwn ni hynny. Dim ond inni sibrwd dy enw, yno yr wyt ti – er inni, yn y munudau, yr oriau, y dyddiau, yr wythnosau a'r misoedd diwethaf, dy anghofio a'th anwybyddu di yn llwyr. Er gwaethaf ein hanghofrwydd, ein hanniolchgarwch a'n pechadurusrwydd, ni allwn grwydro o'th glyw! Fel y dywed y Salmydd:

> I ble yr af oddi wrth dy ysbryd?
> I ble y ffoaf o'th bresenoldeb?
> Os dringaf i'r nefoedd, yr wyt yno;
> os cyweiriaf wely yn Sheol, yr wyt yno hefyd.
> Os cymeraf adenydd y wawr
> a thrigo ym mhellafoedd y môr,
> yno hefyd fe fydd dy law yn fy arwain
> a'th ddeheulaw yn fy nghynnal.

Ni wyddom beth a wnaethom i deilyngu'r fath ffyddlondeb inni, ond gwyddom yn dda nad ein ffyddlondeb ni i ti sy'n esgor ar dy ffyddlondeb di i ni, a gofynnwn iti blannu'r fath ddiolchgarwch yn ein calonnau fel y byddwn yn ffyddlon i ti ac i'n Gwaredwr Iesu Grist bob amser. AMEN.

Gweddi:
Arglwydd ein Duw, ymhob cenhedlaeth bu gwŷr a gwragedd yn ffyddlon yn dy wasanaeth di. Diolchwn yn awr am y cyfryw bobl ac am yr esiampl

a adawsant i ni ei dilyn. 'Y mae rhai ohonynt a adawodd enw ar eu hôl, i bobl allu traethu eu clod yn llawn' am eu ffyddlondeb. Diolchwn am y saint hyn, y gŵyr y byd am eu cyfraniad i'th Eglwys. Eithr mae eraill sydd ond yn adnabyddus mewn cylchoedd cyfyng iawn – mewn cymdogaeth neu eglwys – er hynny, nid yw eu ffyddlondeb yn llai yn dy olwg di, na'u hesiampl yn llai gwerthfawr i ni. Yn wir, Arglwydd, fe'i cawn hi'n haws ein huniaethu ni ein hunain â saint cyffredin – ein rhieni a'n hathrawon a'n cyd-aelodau – a diolchwn am yr her a'r ysbrydoliaeth a gawsom o weld a phrofi eu ffyddlondeb a'u teyrngarwch hwy i ti.

Pâr, Arglwydd da, fod ein ffyddlondeb ninnau, mewn oes sydd mor barod i gefnu arnat, yn ennill eraill i'th adnabod, a'th garu, a'th wasanaethu. AMEN.

Neges:

Cyfeirio at stori pobl a barhaodd yn ffyddlon a wneir yn Hebreaid 11, gan mai llythyr yw'r Epistol at Gristnogion sydd mewn perygl o wrthgilio.

Diau fod yr enwogion a enwir yn Hebreaid wedi parhau yn ffyddlon am eu bod yn feddiannol ar ffydd fawr a'u bod yn haeddu'r teitl arferol a roddir iddynt, sef Cewri'r Ffydd. Er hynny, o astudio stori pob un, gwelir mai bod yn ffyddlon i'w gweledigaeth ac i'w Duw yw'r orchest fawr a gyflawnodd y rhai a enwir, a dyna sy'n teilyngu eu lle yn y rhestr.

Roedd eu ffyddlondeb hwy dan amgylchiadau anodd yn esiampl y dylai'r Hebreaid ei chofio a'i dilyn wrth iddynt hwythau wynebu her i'w ffydd ar ganol y ganrif gyntaf OC.

Ymhob cyfnod ac ymhob canrif y mae Cristnogion wedi gorfod wynebu her i'w ffydd. Amrywia'r her yn fawr wrth i'r byd geisio tanseilio'r Eglwys. Weithiau, mae'n ymosod yn uniongyrchol ac yn erlid; dro arall gwawd a dirmyg yw'r erfyn a ddefnyddia; neu weithiau – fel yn ein cyfnod ni – mae'n anwybyddu, i greu'r argraff fod yr Eglwys yn amherthnasol i'r oes. Ond pa erfyn bynnag a ddefnyddia'r byd, yr unig ymateb teilwng, yn ôl y llythyr at yr Hebreaid, yw dal yn ffyddlon i Grist.

Neges:

Mae stori Ruth ymhlith yr enghreifftiau prydferthaf o deyrngarwch a ffyddlondeb a welir yn y Beibl.

Perthynai Ruth i genedl Moab ar lan ddwyreiniol y Môr Marw.

Gwaherddid Moab o gynulleidfa'r Arglwydd (Nehemeia 13:1) ac yr oedd perthynas Israel â'r genedl yn llawn tyndra a gelyniaeth. Er hynny, mewn cyfnod o newyn, ffodd Elimelech a Naomi a'u dau fab o Fethlehem i wlad Moab, ac yno priododd y meibion â dwy Foabes. Wedi marw Elimelech a'r ddau fab, dychwelodd Naomi adref i Jwda a mynnodd Ruth, un o'r merched-yng-nghyfraith, ddychwelyd gyda hi. Gwrthododd aros ym Moab a mynnu symud i blith y bobl a waherddid rhag ceisio lles a budd y Moabiaid (Deuteronomium 23:6), gan yngan y geiriau cofiadwy: 'ble bynnag yr ei di, fe af finnau; ac ym mhle bynnag y byddi di'n aros, fe arhosaf finnau; dy bobl di fydd fy mhobl i, a'th Dduw di fy Nuw innau.'

Fel yn achos Ruth, geilw ffyddlondeb am barodrwydd i aberthu, parodrwydd i anwybyddu anawsterau a pharodrwydd i arddel perthynas hyd yr eithaf.

Gwir fod i ffyddlondeb ei ganlyniadau gwahanol. Yn achos Ruth, enillodd iddi le anrhydeddus yn llinach Iesu (Mathew 1:5).

Gras:
Boed i ffyddlondeb i'r Efengyl a theyrngarwch i'r Gwaredwr ein meddiannu ni holl ddyddiau ein heinioes. Ac i Dduw y byddo'r anrhydedd a'r diolch, byth bythoedd. AMEN.

Oedfaon Ffydd

GOLEUNI

Galwad i Addoli:
Trwy d'Ysbryd heddiw awn
i'th dŷ â moliant llawn,
O Dad pob dawn, clodforwn di:
daioni fel y môr
sy'n llifo at bob dôr
o ras ein Iôr, i'n heisiau ni.
AMEN.

Darllen: Genesis 1:1–32; 2:1–4
Ioan 8:1–30

Gweddi:
Ar ddiwrnod unigryw arall, deuwn i ddathlu hanfodion ein ffydd a'n cred ynot ti, O Dduw, ac am dy ysbrydoliaeth lwyr a llawn ar lwybr y Gair, y gân, gweddi a chyhoeddiad o'th wirionedd. Ni ddaw gwir ddaioni na goleuni i'n bywydau heb ffydd a chred ynot, a gwyddom am y golud nad yw'n cilio a'r llawenydd nad yw'n diflannu a'r goleuni sy'n llewyrchu yn nhywyllwch ein byd. Gweddïwn am dy wirionedd, y goleuni sy'n goleuo pob person a ddaw i'r byd, a gofidiwn yn fawr fod ein cyd-fforddolion yn barod i adael i'r goleuni hwnnw ddiffodd mewn drygioni a dialedd. Galwn o'r newydd am gyfle i fod yn bobl y goleuni, pobl sy'n adeiladu yn hytrach na dinistrio, pobl sy'n caru'r dieithryn yn hytrach na chasáu eu cymdogion, pobl sy'n gweithredu yn dy oleuni ac yn gwrthod gwastraff a gofidiau a dig y daith. Dywedodd un o'r beirdd am ei fam, 'Chwiliai Mam am air o blaid pechaduriaid mwya'r lle.' Hoffem ninnau fod yr un fath a derbyn y goleuni mewnol, sy'n mynnu pledio o blaid y rhai sydd yng ngafael y drygioni. Dywedodd yr un gŵr am ei rieni:

> Heno, pan fo'r byd yn fflam,
> mae gwirionedd gyda Nhad,
> mae maddeuant gyda Mam.

Caniatâ i ninnau yr un etifeddiaeth a'r un rhinweddau, fel y medrwn ni fyw yn dy oleuni:

> Gwyn eu byd, daw dydd a'u clyw,
> dangnefeddwyr, plant i Dduw.
> Yn enw'r Iesu.
> AMEN.

Gweddi:
O Dduw graslon a chariadus, Tad ein Harglwydd Iesu Grist, Duw'r Goleuni tragwyddol, deuwn yn ddiolchgar, yn ddidwyll ac yn ddyfal ein dyfeisiadau. Molwn di heddiw am y goleuni sydd o'n hamgylch, goleuni naturiol yr haul, goleuni a ddaw trwy ddyfeisgarwch yr arloeswyr i'n cartrefi, i'n capeli – a'n strydoedd, a'r goleuni a ddaw am fod rhywrai wedi ymresymu a meddwl yn ddwys am hanfodion ffydd a bywyd.

Molwn di am y byd cain a phrydferth na all fodoli heb oleuni. Molwn di am y ffurfafen a'r planedau sydd yn dibynnu ar oleuni. Molwn di am y dasg a roddaist i ni ei chyflawni, ac yn dy oleuni di gwelwn ein hymdrechion yn annheilwng ond deallwn hefyd dy fod ti yn falch o bawb sydd yn ysgwyddo cyfrifoldebau am y gymdeithas a'r genedl a'n gwareiddiad. Molwn di am y diddordebau a ddaw i felysu ein bywydau yn ystod y dydd cyn i'r nos a chwsg ddod i'n llygaid.

Molwn di am ein cyfeillion a'n cyd-aelodau sydd yn gwasgaru dy oleuni, a chofiwn yn garedig am bawb sydd heb y goleuni naturiol i'w cynorthwyo o ddydd i ddydd ond sydd yn llwyddo i droi'r sefyllfa yn gyfle i'th wasanaethu a chyfrannu yn helaeth i fywyd ein cenhedlaeth.

Gweddïwn yn arbennig am ysgolion a mudiadau sydd er budd y deillion ac am y rhai sy'n cyfrannu mor helaeth i'r genhadaeth honno ac sydd, trwy hynny, yn cyflawni gwaith y Crist byw. Gwêl yn dda i'n cryfhau o ddydd i ddydd. O! oleuni nad yw byth yn pallu o Genesis i Ddatguddiad, cadw ni a gad i ni agor ffenestri ein calonnau i ti, yr Hollalluog Dduw, fel y goleuer ein holl fywyd â disgleirdeb dy bresenoldeb tangnefeddus. Na foed un rhan o'n heneidiau heb ei goleuo â llewyrch dy wyneb-pryd. Na foed dim ynom ni i gymylu goleuni Dydd yr Arglwydd. Boed i Ysbryd yr hwn sydd yn oleuni dynion deyrnasu yn ein meddyliau, ein cydwybod, ein bywydau, ar hyd y dydd hwn a phob dydd arall y cawn y fraint o fyw er dy glod, yn Iesu Grist ein Harglwydd a'n dysgodd i ddweud gyda'n gilydd Weddi'r Arglwydd, Ein Tad ... AMEN.

Neges:
Gwerth Goleuni i'r Disgyblion

Ni allwn byth roddi pris ar oleuni, goleuni naturiol sydd yn caniatáu i ni weld ein gilydd, a'r goleuni mewnol sydd yn odidog am ei fod yn rhoddi cyfle i ni weld yr Anweledig. Goleuni sydd yn ein cadw ni mewn undeb â'n gilydd yng ngwaith yr Efengyl. Y mae goleuni ysbrydol ar waith ym mhob rhan o'n cymdeithas, yn yr eglwys leol, ymhob enwad Cristnogol, a hefyd yn yr eglwys amryliw fyd-eang. Gallwn anghytuno fel credinwyr ond mae'n rhaid i ni ymlid ymaith yr hyn nad yw goleuni Duw am ei weld yn ein plith, sef rhagfarn a syniadau digon di-fudd.

Yng ngoleuni Duw gwelwn amrywiaeth doniau ei ddisgyblion. Roedd Pedr yn meddu ar feddwl chwim ac Ioan yn meddu ar ysbryd tangnefeddus a Tomos yn chwilio am y gwirionedd. Roedd pob un yn cyfrannu i oleuni'r cwmni. Meddai Pedr ar ddawn i lefaru'n huawdl, fel y gwelwyd ar Ddydd y Pentecost. Meddai Iesu ar bob dawn – i iacháu, i gyflwyno Duw, i adeiladu gwrandawyr, ac i gysuro'r amddifad a'r weddw. Roedd Luc yn awdur gwych iawn, meddai ar y ddawn i greu, ac yr oedd Marc yn medru esbonio atgofion Pedr o Iesu Grist yn gryno. Os yw'r Eglwys i ddylanwadu ar y byd, mae'n rhaid iddi feithrin doniau'r goleuni. Yr hwn sydd ganddo glust, gwrandawed ar yr hyn y mae'r Ysbryd yn ei ddweud wrth yr eglwysi heddiw.

Neges:
Crist y Goleuni

Teitl hyfryd a gawn yn yr Efengylau yw 'Iesu y Goleuni'. Yn wir, dywed Ioan yn y bennod gyntaf o'i Efengyl fod Ioan Fedyddiwr wedi cael y dasg o dystiolaethu dros Iesu'r Goleuni yn niffeithwch Jwdea, fel y delai pawb i gredu ynddo. A gwrandewch ar y molawd iddo: 'Yr oedd y gwir oleuni sy'n goleuo pob dyn eisoes yn dod i'r byd. Yr oedd yn y byd, a daeth y byd i fod trwyddo, ac nid adnabu'r byd mohono.' A dyna drasiedi'r byd ddoe a heddiw, methu adnabod Crist y Goleuni mor aml.

Sut y gallwn ddeall dirgelwch bywyd a deall trefn canrifoedd heb amgyffred bywyd a gwaith a dylanwad Iesu Grist? Yn wir, yr oedd Iesu yn barod iawn i fabwysiadu'r teitl 'Goleuni'. Dywedodd amdano'i hun, 'Myfi yw Iesu'r Goleuni' a rhybuddiodd ni i fanteisio ar bob cyfle i aeddfedu a thyfu'n ysbrydol: 'Rhodiwch tra mae'r goleuni gennych, rhag i'r tywyllwch ein goddiweddyd.' Nid yw'r dyn na'r ddynes sy'n rhodio mewn tywyllwch dudew, meddai Iesu, 'yn gwybod lle mae'n mynd.' Sut y gall ef? Y mae angen llusern i'n traed a goleuni i'n tywys i'r gwirionedd a ddaw â thrysorfeydd y Deyrnas inni. Gwrandewch eto ar gyngor grasol Iesu:'Tra mae'r goleuni gennych credwch yn y goleuni, ac felly meibion a merched y goleuni fyddwch,' bob cam o'ch cerddediad. Yr oedd Iesu Grist yn crynhoi goleuni Duw yn ei fywyd. Cofiwch y geiriau cysurlon hyn o'r Testament Newydd, 'Goleuni yw Duw, ac nid oes ynddo ddim tywyllwch.' Trig y Duw perffaith yn y goleuni, yn meddiannu rhagoriaethau goleuni a phurdeb a glendid, ac yng Nghrist Iesu mae'n goleuo'n llwybrau ninnau i'r cysegr ac oddi yno i'n cartrefi ac i'n goruchwylion a'n diddordebau. Dywedodd Iago, brawd Iesu, y gwirionedd yn ei gyflawnder pan ysbrydolwyd ef i lunio'r cyngor hwn: 'Oddi uchod y daw pob rhodd dda a phob rhodd berffaith. Disgyn y maent oddi wrth Dad goleuadau'r nef; ac iddo ef ni pherthyn na chyfnewid na chysgod troadau'r sêr.' Gwir ei ddatganiad, a derbyniwn y datguddiad o Iesu Grist, Goleuni'r Byd, yn ein haddoliad. AMEN.

Y Fendith:
Ysbryd Sanctaidd Duw, y Goleuni Tragwyddol, preswylia o'r newydd yn ein bywydau ni sy'n ddisgyblion dy Fab wrth ymadael â'r cysegr, a nertha ni i aros yn ffyddlon a gweithgar yng ngrym yr Ysbryd Glân bob eiliad o'n tystiolaeth, fel y gwasgarwn y goleuni i'n cyd-fforddolion ar daith bywyd. AMEN.

Oedfaon Ffydd

GOLEUNI

Galwad i Addoli:
Arglwydd Dduw, crëwr y goleuni, pâr inni dreulio'r orig hon yn llewyrch dy oleuni di a boed i'r golau hwnnw ein galluogi i ganfod a deall y gwirioneddau a geir yn dy Air. AMEN.

Darllen: Genesis 1:1–31
1 Ioan 1:5–10

Gweddi:
Arglwydd ein Duw a Thad ein Harglwydd Iesu Grist, ti yw'r hwn a greodd y goleuni ac a welodd mai da ydoedd; diolchwn iti fod dy greadigaeth di o blaid y goleuni, yn gymaint â bod y tywyllwch duaf yn gwbl ddiymadferth yn wyneb y golau lleiaf. Ni all y nos dywyllaf ddiffodd yr un gannwyll, ond yn hytrach, cilia'r tywyllwch ychydig o'i lwybr.

Diolchwn iti am ddanfon Iesu, Goleuni'r Byd, i'n daear ni, ac iddo lewyrchu yn y tywyllwch a grewyd gan bechodau'r ddynoliaeth. Diolchwn na lwyddodd y tywyllwch hwnnw i'w drechu ef, er iddo geisio gwneud ar Galfaria, pan dywyllodd yr haul dros dro.

Mewn dyddiau tywyll fel ein dyddiau ni, pâr inni sylweddoli na all y tywyllwch fyth orchfygu dy oleuni di. Ac felly, gweddïwn gyda'r emynydd:

> Tyrd atom ni, O Grëwr pob goleuni,
> tro di ein nos yn ddydd;
> pâr inni weld holl lwybrau'r daith yn gloywi
> dan lewyrch gras a ffydd. AMEN.

Gweddi:
Ti, Dduw'r Goleuni a ddanfonaist dy Fab yn Oleuni'r Byd, maddau inni ein bod yn ffafrio rhodio yn y tywyllwch a'n bod mor hoff o weithgareddau'r nos. Yn ein ffolineb credwn fod y nos yn gallu cuddio'n

camweddau a dyna paham y mae'n orchudd i gymaint o anfadwaith a thrythyllwch yn ein byd. Pâr inni gofio nad oes nos yn y Jerwsalem nefol; a phan ystyriwn ein byd a'n bywyd ni ein hunain, gad inni sylweddoli nad 'yw tywyllwch yn dywyllwch i ti; y mae'r nos yn goleuo fel dydd, a'r un yw tywyllwch a goleuni i ti'.

Fe'n gweli drwy bob fagddu dywyll yn ein hanes, ac er i hyn greu ofn ynom pan fyddwn am ddefnyddio'r nos yn fantell i'n pechod, hyn yw'n cysur pan fyddwn yn nhywyllwch ansicrwydd ac anobaith. Ar adeg felly:

> mae nos â Duw yn llawer gwell
> na golau ddydd, a Duw ymhell.

Cadw ni, Arglwydd da, yn dy oleuni di bob amser fel y daw'r byd i'n hadnabod fel 'plant y Goleuni'.

Er gogoniant i'th enw. AMEN.

Neges:

Pa ymadrodd fyddwch chi'n ei arfer, tybed, 'nos a dydd', ynteu 'dydd a nos'? Mae'r naill yn dechrau mewn tywyllwch ac yn gorffen mewn goleuni, tra bod y llall yn dechrau mewn goleuni ac yn gorffen mewn tywyllwch!

Yn Genesis 1:5 dywedir: 'A bu hwyr a bu bore, y dydd cyntaf', ac adroddir geiriau tebyg yn adnodau 8, 13, 19, 23 ac 31. Dyna drefn y Beibl, 'hwyr a bore' – a dyna'r drefn a fabwysiadodd yr Iddew gan ddiffinio diwrnod yn ymestyn o fachlud haul i fachlud haul; hynny yw, y nos ddaw'n gyntaf ac yna mae'n troi yn ddydd!

Cyn i Dduw ddweud, 'Bydded goleuni', roedd 'y ddaear yn afluniaidd a gwag'; ond wedi iddo greu goleuni gwelodd 'fod y goleuni'n dda' a rhannodd rhyngddo a'r tywyllwch. Yn ôl Genesis, felly, bodolai'r tywyllwch *cyn* y goleuni, a gweithred wirfoddol o eiddo Duw oedd creu'r goleuni. Awgryma hyn nad oedd y Creawdwr yn fodlon ar y tywyllwch, a mynnodd orseddu'r goleuni, gan wneud hynny yn y fath fodd fod goleuni bob amser yn gorchfygu tywyllwch. Mae golau un gannwyll yn ymlid rhywfaint o'r tywyllwch duaf.

Ac onid bwriad Duw yw troi'r nos yn ddydd ble bynnag y bydd tywyllwch yn llywodraethu?

Neges:
Mae honiad 1 Ioan 1:5 mai goleuni yw Duw ac nad oes ynddo ef ddim tywyllwch yn ymddangos yn gymhariaeth addas i'n cynorthwyo i ddeall rhywbeth am ddirgelwch y Duwdod.

Ni ellir cyffwrdd â golau, ond mae o'n cwmpas ymhobman ac mae pawb ohonom yn ymwybodol ohono. Yn wir, dibynnwn yn drwm arno mewn sawl ffordd; er enghraifft, heb oleuni ni all planhigion dyfu.

Ni ellir gweld golau, ond golau sy'n ein galluogi ni i weld ac mae'n hanfodol i'n byw. Na, ni *welwn* y goleuni, er y gallwn ganfod ei ffynhonnell ond i ni beidio â syllu'n ormodol ar yr haul neu fe niweidia ein llygaid a'n dallu. Mae'r nos yn diffodd goleuni'r haul dros dro, ond cymaint ein hangen am oleuni nes inni ddyfeisio ffyrdd o greu goleuni tan i'r haul godi drachefn.

Ni ellir baeddu'r golau, hyd yn oed pan ddaw i gysylltiad â bryntni gwaetha'r byd. Y mae lliain glân yn trochi pan ddaw i gysylltiad â baw, ac fe ddigwydd yr un peth â dŵr; ond am oleuni, ni all aflendid a budreddi ei ddifwyno.

Onid yw'r Duw a addolwn yn debyg iawn i oleuni?

Y Fendith:
Yr Arglwydd Iesu Grist, ysblander y Goleuni tragwyddol a ymlidio bob tywyllwch o'n calonnau, yn awr a byth bythoedd. AMEN. (*Mawl yr Ifanc*)

Oedfaon Ffydd

LLAWENYDD

Gweddi Agoriadol:
'Rhowch wrogaeth i'r Arglwydd, yr holl ddaear. Addolwch yr Arglwydd mewn llawenydd, dewch o'i flaen â chân.' Wrth i ni nesáu at dy orsedd yn awr, cynorthwya ni i sylweddoli mai 'llawenhau yn yr Arglwydd yw ein nerth'. Rhai meidrol ac annheilwng ydym, ein Tad, rhai wedi pellhau oddi wrthyt, rhai yn llawn pryderon a gofalon, ac yn aml yn teimlo'n flinedig ac yn llwythog. Ond diolch i ti fod llawenydd dy ras, dy gariad, dy faddeuant a'th gymdeithas ar gael yn awr a phob amser i ni, yn Iesu Grist. AMEN.

Darllen: Salm 70
Philipiaid 4:2–9

Neges:
Gwraig oedrannus, fregus ei hiechyd oedd Mary, yn gaeth i'w gwely yn Ysbyty Glan Clwyd ers wythnosau, ac wedi treulio nifer o gyfnodau yn yr ysbyty. Roedd briw mawr crawnllyd ar ei choes ac yr oedd mewn llawer o boen. Dros y blynyddoedd cafodd driniaethau at gancr, cafodd drawiad a achosodd iddi gryn anabledd, dioddefai hefyd o gryd cymalau. Roedd ei chyflwr yn druenus, ac eto hi oedd y person siriolaf ar y ward. Sut y medrai fod mor ddewr a siriol? Yr ateb, fel y carai dystio i bawb, oedd ei bod yn Gristion ac yn adnabod yr Arglwydd Iesu Grist.

Felly y Salmydd yn Salm 70, roedd: (1) Yn onest gyda Duw ynglŷn â'i angen (adnod 5: 'Un tlawd ac anghenus wyf fi; O Dduw, brysia ataf'). Gallai Mary hefyd fod yn onest gyda Duw ac agor ei chalon iddo. Cyflwynodd ei hangen yn llwyr i'r Tad cariadlon a roddodd ei uniganedig Fab yn Waredwr drosti ar y Groes; (2) Yr oedd ganddi hefyd, fel y Salmydd, ffydd ac ymddiriedaeth yn Nuw am ei holl angen (adnod 5: 'Ti yw fy nghymorth a'm gwaredydd'). Mewn ffydd ymddiriedai 'na all dim a grewyd ein gwahanu ni oddi wrth gariad Duw yng Nghrist Iesu ein Harglwydd' (Rhufeiniaid 8:38–39); (3) Trydedd gyfrinach ei llawenydd oedd ei bod yn meddwl am bobl eraill (adnod 4: 'Ond bydded i bawb sy'n dy geisio di lawenhau a gorfoleddu ynot'). Meddyliai Mary fwy am anghenion pobl eraill na'i rhai hi ei hun. Pryderai am y rhai nad adwaenai Iesu a'r holl fendithion sydd ganddo i'w rhoi a dyheai am rannu ei ffydd, ei thangnefedd a'i llawenydd â nhw. Gweddïai am gyfle i dystio i Iesu yn yr ysbyty, neu os câi fynd adref, am i'w drws fod yn agored i gymdogion ddod am baned a sgwrs am Iesu. Braint fu cael ymweld â Mary, a gweld y fath ffydd a llawenydd mewn corff mor llesg a gwael.

Neges:

Yn ôl y stori, treuliodd myfyriwr, fel rhan o'i ymchwil, fisoedd yn gwylio pobl yn mynd a dod o'u heglwysi a'u capeli. Wrth gyrraedd, roeddent yn ymddangos yn ddigon tebyg i unrhyw bobl eraill, yn cyfarch ei gilydd â gwên. Ond wrth fynd i'r adeilad, roeddent bron yn ddi-feth wedi colli'r wên a rhyw ysbryd trymaidd, llethol wedi eu meddiannu. Ymhen yr awr, ymlwybrent allan yn ddigalon a thrist yr olwg ac yna dadebru ac ymddangos unwaith eto fel unrhyw bobl eraill. A yw'r hanes yn wir, pwy a ŵyr? Ond rhywsut, dros y blynyddoedd, collasom lawer o lawenydd yr iachawdwriaeth sydd yn Iesu Grist.

Mae'n annhebyg iawn fod neb yn fwy o ddifrif na Paul, a oedd ar dân dros ei Waredwr. Eto, pwysleisia y dylai'r Cristion fod yn llawen, fel y gwelwn yn ei Lythyr at y Philipiaid. Mae'n eu hannog i fod yn llawen beth bynnag eu hamgylchiadau, er nad oedd ei amgylchiadau ef yn hawdd o gwbl; wedi'r cyfan, o garchar yr oedd yn ysgrifennu at y Philipiaid. Wynebai anawsterau, gwrthwynebiad, erledigaeth a'r perygl o golli ei fywyd. Doedd ganddo fawr i'w wneud yn hapus, ond yr oedd yn llawen. Mae hapusrwydd fel yr enw yn dibynnu ar hap, ar lwc ac amgylchiadau, a phethau sy'n newid ac yn amrywio yw'r rheini. Mae llawenydd yn llawer dyfnach a chadarnach ac yn gallu esgyn uwchlaw amgylchiadau, ac i'r Cristion, mae'n fater o ffydd a sicrwydd yn Iesu Grist a'i waith. Sylfaen llawenydd y Cristion yw ei berthynas â Duw drwy ei natur ddigyfnewid, felly hefyd maddeuant a'r cymod a rydd Duw i ni. Y mae'r bywyd tragwyddol a'i holl fendithion yn eiddo i ni yn Iesu Grist, ac fel yr addawodd Iesu, 'ni chaiff neb ddwyn eich llawenydd oddi arnoch'.

Gweddi:

Ein Tad, diolch am y sicrwydd dy fod ti ar dy orsedd o hyd, mai ti yw Creawdwr a Chynhaliwr yr holl greadigaeth, ac mai ynot ti yr ydym yn byw, yn symud ac yn bod. Yn wyneb prysurdeb bywyd, ei helbulon a'i flinderau, cynnal ni mewn sicrwydd o'th ofal a'th gariad. A maddau i ni, O Dad, y troeon pan fyddwn yn anghofio hyn ac yn cael ein temtio i amau ac i ddigalonni. Mae adegau pan fyddwn yn crwydro yn ddigon pell oddi wrthyt, yn colli golwg arnat, yn gallu gweld dim ond ein problemau a'n hanawsterau. Bydd ein prysurdeb, ein hesgeulustod o weddi ac addoliad, ein bydolrwydd a'n materoliaeth, ein hofnau a'n hamheuon, yn casglu o'n cwmpas fel rhyw gaddug, ac fe fyddwn yn colli golwg arnat ti a'th gariad. Cynorthwya ni yn awr i droi atat o ddifrif ac i godi ein golygon i Galfaria:

> I Galfaria trof fy wyneb,
> ar Galfaria gwyn fy myd:
> y mae gras ac anfarwoldeb
> yn diferu drosto i gyd;
>   pen Calfaria,
> yno, f'enaid, gwna dy nyth.
>
> Dringo'r mynydd ar fy ngliniau
> geisiaf, heb ddiffygio byth;
> tremiaf drwy gawodydd dagrau
> ar y groes yn union syth:
>   pen Calfaria
> dry fy nagrau'n ffrwd o hedd.

Yng ngolau'r groes a'r cariad a estynnwyd i ni drwyddi, cynnal ni mewn ffydd a sicrwydd. Dyro i ni lawenydd o wybod y gallwn fod yn sicr ohonot, beth bynnag ein hamgylchiadau. A gad i lawenydd ein perthynas â thi fod, nid yn unig yn nerth a chysur i ni, ond hefyd yn dystiolaeth i fyd trist a digalon sy'n chwilio am hapusrwydd mewn pethau yn hytrach na llawenydd ynot ti. Gwrando yn enw ein Harglwydd ac awdur ein llawenydd, Iesu Grist. AMEN.

Gweddi:

Wrth blygu ger dy fron mewn gweddi, diolchwn ein bod yn gwybod mai Duw personol wyt ti. Duw a ddatguddiaist dy hun yn Dad cariadlon drwy ymgnawdoliad dy Fab Iesu Grist. Diolch i ti am yr Efengyl, y newyddion da fod Iesu wedi ei uniaethu â ni drwy ddod yn fod dynol a rhannu yr un amgylchiadau a phrofiadau â ni. A diolch ei fod felly yn gallu cydymdeimlo â ni ymhob amgylchiad, yn ein blinder, ein gwendid, ein temtasiynau, ein tristwch a'n galar. Daeth i ganol bywyd yn hytrach na dod i sefyll o'r neilltu. Yr oedd yn ddyn gwirioneddol, yr un fath â ni, ond na phechodd erioed. Diolch i ti am ei fywyd da a pherffaith a'i ufudd-dod llwyr i ti. Diolch ei fod ef yn gyfiawn ac yn sanctaidd ac wedi bod y cyfan a ddylem ninnau fod. A diolch ei fod ar Galfaria wedi dioddef canlyniad ein pechod a'n bai ni, a'i fod wedi estyn i ni dy gariad a'th faddeuant ac agor y ffordd i ni gael bod yn blant i ti. Wrth i ni ddod yn awr ac agor ein calonnau mewn cyffes a diolch, llawenhawn o wybod cymaint yr wyt ti yn ein caru, a'th fod gyda ni bob amser i'n cynnal a'n cofleidio. Nertha bawb ohonom yn ein gwendid â'r tangnefedd hwnnw sydd yn eiddo i dy bobl di yn unig. A chofia am y rhai trist a chythryblus na phrofodd hyd yma dy gariad a'th lawenydd di. Gofynnwn hyn yn enw Iesu bendigedig. AMEN.

Oedfaon Ffydd

FFYDD

Galwad i Addoli:
Arglwydd, deuwn mewn ffydd, i gael ein hadeiladu gennyt ti.
Deuwn gyda'n cwestiynau, i gael ein goleuo gennyt ti.
Deuwn gyda'n hamheuon, er mwyn i ti helpu'n diffyg ffydd.
Deuwn yn bobl y ffydd, i uno'n lleisiau ag eraill
mewn mawl a chlod,
mewn edifeirwch a thristwch,
mewn ymbil ac eiriol.
Agor ein gwefusau i'th glodfori, ein meddyliau i'th amgyffred, ein calonnau i'th garu a'n dwylo i'th wasanaethu, trwy Iesu Grist, Awdur a Pherffeithydd ein ffydd. AMEN.

Darllen: Habacuc 2:1–4
Timotheus 1:1–14
Luc 17:1–10

Neges:
'Cryfha ein ffydd' (Luc 17:5)
Mae adegau'n codi pan gawn ein herio i fwrw golwg newydd ar yr hyn sy'n digwydd o'n cwmpas ac edrych eto i'r dyfodol. Bydd argyfwng personol, cenedlaethol neu ryngwladol yn aml yn un o'r adegau hynny. Beth mae credu'n ei olygu mewn amgylchiadau fel hyn?

Roedd hi'n awr dywyll yn hanes y proffwyd Habacuc. Roedd trais, creulondeb, dioddefaint ac ofn yn gyffredin ac roedd pobl yn codi cwestiynau dwys am Dduw: beth oedd ei ewyllys a'i bwrpas mewn byd fel hwn ar ddydd fel hwn (Habacuc 1:1–4)? Ac ym mhennod 2, y mae'n dechrau cynnig atebion: y mae gan Dduw bwrpas ar gyfer ei fyd a'i bobl. Ein tasg ni yw ei weld a'i gyhoeddi. 'Fe ddaw eto weledigaeth yn ei hamser' (Habacuc 2:3). Fel yn amser Habacuc, felly y mae yng Nghymru heddiw. Ein hargyfwng pennaf yw argyfwng ffydd, argyfwng credu. A oes gennym ni ffydd fod Duw yn gallu codi o lwch ein dyddiau ni ei Deyrnas ef, ei gymod a'i gariad?

Dyma pam fod cais y disgyblion i Iesu mor bwysig: 'Cryfha ein ffydd.' Pan ysgrifennodd Luc ei Efengyl roedd yn ymwybodol iawn, mae'n amlwg, fod cynnal ffydd yn her i'r Eglwys Fore. Mae'r stori hon yn wynebu'r argyfwng hwn. Neges Luc iddyn nhw ac i ninnau yw fod yr Arglwydd yng nghanol ei Eglwys, yn dal i'w hadeiladu ar sail yr apostolion a'r merthyron, gydag ef ei hun yn ben conglfaen, a gall yr Eglwys ddal i bledio ar ei Harglwydd: 'Cryfha ein ffydd.'

Ond sylwch ar ateb Iesu. Nid faint o ffydd sydd gennym sy'n bwysig ond fod gennym ffydd o gwbl. Mae ffydd fel gronyn mwstard yn ddigon i symud mynyddoedd. Mae'r ffydd leiaf yn medru cyflawni'r hyn sy'n ymddangos yn amhosibl, yn medru troi llwch ac adfeilion yn sylfaen adeilad newydd ac yn ddeunydd crai i adeiladu teyrnas Dduw ymhlith pobl Cymru eto.

Felly, gweddïwn heddiw: 'Cryfha ein ffydd.'

Neges:
'Daw i'm cof y ffydd ddiffuant sydd gennyt ... Cadw ynghynn y ddawn a roddodd Duw iti ... Cadw'n ddiogel ... y peth gwerthfawr a ymddiriedwyd i'th ofal.' (2 Timotheus 1:5,6-14)
Os yw ffydd mor bwysig i bobl Dduw, sut mae ymateb i gais y disgyblion, 'Cryfha ein ffydd' (Luc 17:5)? Mae cyngor Paul i Timotheus, ei fab yn y ffydd, yn ein helpu. Y mae'n annog dau beth: diogelu traddodiad y ffydd (a oedd yn ei nain, Lois, ac yn ei fam, Eunice) a mentro'r ffydd mewn dydd newydd. Mewn pregeth ar y geiriau hyn y mae'r diweddar W. D. Davies (brodor o Lanaman, Sir Gâr a ddaeth yn un o ysgolheigion disgleiriaf y Testament Newydd yn yr ugeinfed ganrif) yn dweud: 'Y mae Cristnogaeth mewn perygl os yw'n anghofio'r tir y saif arno. Gall cenhedlaeth esgeuluso cyhoeddi ac ystyried y traddodiad, ond os bydd yr esgeulustod hwn yn parhau, bydd cenhedlaeth yn newynu. Y mae'r graig y'n naddwyd ni ohoni yno i'n herio a'n cynnal. Y mae'n fynegiant o ras Crist trosom.'

'Cadw ynghyn ... 'Cadw'r ffydd yn ddiogel...'
Ond rhaid mentro'r ffydd mewn ufudd-dod a thystiolaeth i Grist a

hynny heb 'fod arnaf gywilydd ... oherwydd mi wn pwy yr wyf wedi ymddiried ynddo' (2 Timotheus 1:12).

'Ni all fod meddyliau caeëdig yn ffrwd y traddodiad (Cristnogol) – ond rhaid bod yn agored i symbyliad yr Ysbryd. Rhaid i'r traddodiad gael ffenestri sy'n agored ym mhob cyfeiriad, fel y gall goleuni o bedwar ban byd lifo i mewn i'w oleuo a'i gyfoethogi.'

Felly, codwn ein golygon i weld eto orwelion teyrnas Crist. Ymrown i ailafael yn y ffydd 'a roddwyd unwaith i'r saint'. Mynnwn gadw ynghyn y ffydd hon mewn dyddiau pan mae gwyntoedd cryfion yn bygwth diffodd tân ein ffydd. Daliwn ddwylo'n gilydd yng Nghymru ac ar draws y byd, yn Gristnogion ac yn bobl y ffydd, fel y gallwn wybod 'fod ganddo ef allu i gadw'n ddiogel ... yr hyn a ymddiriedodd i'n gofal' (2 Timotheus 1:12).

> Brwydra bob dydd, cryfha dy ffydd,
> Crist yw dy nerth i gario'r dydd; ...
> cred eto fwy, cei hedd di-glwy',
> Crist fydd dy haul a'th bopeth mwy.

Gweddi:

Credaf
Credaf, er bod popeth yn dy guddio rhag fy ffydd.
Credaf, er bod popeth yn gweiddi Na! ataf,
oherwydd seiliais fy ffydd ar Dduw nad yw'n newid, ar Dduw cariad.

Credaf, er bod popeth yn ymddangos fel petai'n marw.
Credaf, er nad wyf mwyach am fyw,
oherwydd seiliais fy mywyd ar air diffuant,
ar air Cyfaill, ar air Duw.

Credaf, er bod popeth yn derfysg ynof.
Credaf, er fy mod yn unig yn fy mhoen,
oherwydd nid yw Cristion sydd â'r Arglwydd yn Ffrind
yn gwegian mewn amheuaeth ond yn sefyll yn gadarn mewn ffydd.

Credaf, er imi weld pobl yn casáu.
Credaf, er imi weld plant yn wylo,
oherwydd dysgais i fod yn hollol siŵr ei fod yn dyfod atom
yn yr oriau mwyaf anodd, gyda'i gariad a'i oleuni.

Credaf, ond cryfha fy ffydd. AMEN.

Adnabod gyda'r holl saint
Arglwydd, yn aml, wrthyf f'hunan,
mae fy llygaid yn ddall,
fy nghlustiau yn fyddar,
fy nghalon yn ddigariad,
fy ffydd yn wan
a'm gweddi yn ddistaw.
Ond yng nghwmni'r saint, Arglwydd, yn rhwymau'r teulu,
caf weld dy ogoniant trwy lygaid eraill,
caf glywed air dy obaith yng ngeiriau eraill,
caf ymdeimlo â mawredd dy gariad yng nghwlwm cariad eraill,
caf ymddiried ynot trwy bwyso ar ffydd eraill,
dyrchefir fy ngweddïau yng nghymundeb gweddïau'r saint.
Felly, Arglwydd, diolch am gymdeithas y saint,
am gwmwl tystion y ffydd a'r cariad o'm cwmpas,
am gymundeb dy Eglwys lân drwy'r byd.

Yn rhwymau'r teulu, helpa ni i weddïo gyda'r holl saint,
i'th glodfori yng nghymanfa'r saint.
Gwna ni yn wrol dros y gwir, yn gadarn yn y ffydd,
yn ddi-ildio dros gyfiawnder, yn dystion gobaith
wrth inni rannu yng ngweinidogaeth yr holl saint.
(O Ddydd i Ddydd, Noel A. Davies, 1990*)*

Oedfaon Ffydd

GOBAITH

Galwad i Addoli:
'Bendigedig fyddo Duw a Thad ein Harglwydd Iesu Grist! O'i fawr drugaredd fe barodd ef ein geni ni o'r newydd i obaith bywiol trwy atgyfodiad Iesu Grist oddi wrth y meirw ... Yr ydych yn ei garu ef, er na welsoch mohono; ac am eich bod yn awr yn credu ynddo heb ei weld, gorfoleddwch â llawenydd anhraethadwy a gogoneddus wrth ichwi ennill diben eich ffydd, sef iachawdwriaeth eich eneidiau.'
(1 Pedr 1:3,8–9)

Darllen: Luc 24:1–12
Rhufeiniaid 15:4–13

Neges:
'Llawenhewch mewn gobaith' (Rhufeiniaid 12:12)
Gorchymyn i Gristnogion yw 'Llawenhewch mewn gobaith'. Nid oes hawl gennym fod yn ddiobaith! Sut, felly, mae mynd ati i ufuddhau?

Yn gyntaf, cofiwn mai **Duw sy'n rhoi gobaith.** Rhodd Duw yw gobaith. Nid bod yn optimistaidd yw'r gobaith Cristnogol ('Fe fydd popeth yn iawn yn y diwedd, fe gewch chi weld!'). Dweud y mae'r Cristion: Beth bynnag a fydd yn digwydd i chi ac i'r byd, mae gobaith yn Nuw yn parhau.

Yn ail, **atgyfodiad Crist yw sail y gobaith hwn:** 'O'i fawr drugaredd fe barodd Duw ein geni ni o'r newydd i obaith bywiol trwy atgyfodiad Iesu Grist oddi wrth y meirw' (1 Pedr 1:3). Dyma oedd gwyrth fwyaf yr atgyfodiad: nid y bedd gwag ond y Crist byw, y Crist gyda'i bobl, y cydymaith ar ffordd Emaus, actau'r apostolion yng ngrym y Crist byw.

Yn drydydd, **y mae'r gobaith hwn yn newid y byd.** Y mae'n bywhau'r Eglwys ac yn ei chryfhau: hyd yn oed mewn gwendid y mae pobl Dduw yn medru tystio i faddeuant a chariad a grym Duw yn Iesu Grist. Fe wnaethant hynny erioed; y maent yn dal i wneud hynny heddiw.

Y mae'r gobaith hwn yn trawsnewid y byd; y mae'n gweld, y tu hwnt i ddioddefiadau'r presennol, ddydd newydd. 'Ochenaid gwewyr esgor yw ochenaid y cread, ac y mae defnyddiau anthem ynddi hi.'

Yn olaf, **y mae'n obaith na chawn ein siomi ganddo.** Yn wir, y mae'r apostol am i ni weld fod dioddefaint yn magu gobaith y Cristion yn hytrach na'i ddinistrio: 'O orthrymder y daw'r gallu i ymddál ac o'r gallu i ymddál y daw rhuddin cymeriad, ac o gymeriad y daw gobaith. A dyma obaith na chawn ein siomi ganddo' (Rhufeiniaid 5:3–5).

Felly, 'Llawenhewch mewn gobaith.'

'Boed i ni trwy ddyfalbarhad ... ddal ein gafael yn ein gobaith'
(Rhufeiniaid 15:4)
Yn aml, daw gobaith i'r wyneb yn y mannau mwyaf annisgwyl. Mewn amgylchiadau o erledigaeth a gorthrwm, y mae gobaith yn blodeuo.

Ystyriwch Gristnogion Tsieina, yn enghraifft. Y mae'n stori gyfarwydd erbyn hyn. Pan ddaeth y llywodraeth Gomiwnyddol i rym yno yn 1949, dechreuwyd erlid yr eglwys Gristnogol drwy feddiannu adeiladau a gwahardd addoliad, gweddi gyhoeddus ac addysg Gristnogol. Nid oedd gan neb hawl i berchenogi Beibl na llyfr emynau nac unrhyw lyfrau Cristnogol na chrefyddol. Dioddefodd llawer; bu farw rhai.

Ar yr adeg hon amcangyfrifwyd bod tua 700,000 o Brotestaniaid yn y wlad a nifer tebyg o Gatholigion. Ddeng mlynedd ar hugain yn ddiweddarach, wedi marwolaeth Mao Tse-tung, bu'n bosibl ailgydio ym mywyd yr eglwysi (a chrefyddau eraill Tsieina). Erbyn yr 1980au cynnar roedd tua thair miliwn o Brotestaniaid a nifer cyffelyb o Gatholigion. Cynnydd ar waetha'r erlid.

Pan ofynnwyd i'r Esgob K. H. Ting, arweinydd y Protestaniaid yn Tsieina yn y cyfnod hwnnw, beth oedd yn cyfrif am y cynnydd yn eu haelodaeth, hyd yn oed mewn cyfnod o erledigaeth, ei ateb syml oedd: 'Eglwys wan ydym ni; ond eglwys yr atgyfodiad.'

Pan ofynnodd Beyers Naude, Ysgrifennydd Cyffredinol dewr, gwrol a phroffwydol Cyngor Eglwysi De Affrica yng nghanol cyfnod *apartheid*, i Dorothee Solle, diwinydd o Ddwyrain yr Almaen, sut oedd cynnal gobaith yng nghanol gorthwm ac erlid ac anghyfiawnder, soniodd hi am y modd yr oedd ffrind wedi ei hatgoffa am yr eglwysi cadeiriol a adeiladwyd yn Ewrop yn yr Oesoedd Canol. Cymerai ddwy neu dair canrif yn aml i adeiladu'r eglwysi rhyfeddol hyn. Ni welodd y rhan fwyaf o'r gweithwyr yr adeiladau hardd a welwn ni, na'u prydferthwch sanctaidd a gogoneddus. Ac meddai'r ffrind, 'Dorothee, mae'n bosib na chawn ni sy'n adeiladu cadeirlan heddwch heddiw ei gweld yn ei holl ogoniant chwaith. Fe fyddwn ni wedi marw cyn ei bod wedi'i gorffen ac eto awn ymlaen â'r gwaith, am ein bod yn gwybod y caiff ei orffen. Awn ymlaen er na chawn fyw yn yr adeilad.'

Dyma'r 'dyfalbarhad' a'r amynedd sy'n ein galluogi ninnau 'i ddal ein gafael yn ein gobaith'.

Gweddïau:
Gweddi o Glod
Dduw ein Tad, a roddaist ffurf a phatrwm, pwrpas a phrydferthwch yn y cread yn y dechrau, clodforwn di am y gobaith sydd wedi cynnal dy bobl erioed.

Pan oedd yn ddydd du yn hanes dy bobl a thaith yr anialwch yn drech na'u nerth a'u hamynedd, clodforwn di am fod rhai wedi dy adnabod y pryd hwnnw yn Dduw eu tadau a'u mamau, Duw Abraham a Sara, ac wedi gobeithio ynot.

Pan oedd dy bobl yn troi cefn arnat, yn torri dy orchmynion, yn anghofio dy gyfamod ac yn dilyn duwiau eraill, clodforwn di fod proffwydi wedi clywed dy Air a'i gyhoeddi, ac wedi galw dy bobl i ganfod 'Dyffryn Achor yn ddrws gobaith' i ddydd newydd dy addewidion di.

Pan anwyd Iesu yn Immanuel, yn Dduw gyda ni, yn wreiddyn Jesse, clodforwn di fod disgybl ac apostol wedi canfod ynddo un y byddai'r holl genhedloedd yn seilio'u gobaith arno.

Pan groeshoeliwyd Iesu a'i gladdu mewn bedd yn yr ardd, clodforwn di fod gwragedd wedi credu'r newyddion da ei fod ef wedi cyfodi ar y trydydd dydd ac wedi cyhoeddi'r newydd i'r disgyblion cyntaf, fel y gallent oll gyda'i gilydd fynd i'r holl fyd a chyhoeddi efengyl gobaith yr atgyfodiad i'r greadigaeth gyfan.

Pan wynebodd dy eglwys orthrwm ac erledigaeth ar hyd y canrifoedd, mewn claddgell ac ogof, mewn tân a charchar, mewn gwersyll rhyfel a gorthrwm creulon, clodforwn di am iddynt ddal gafael yn dy obaith di.

Pan mae'n gobaith ni yn pallu, O Dduw, ffynhonnell pob dyfalbarhad ac anogaeth, gad i ni ddal gafael yn ein gobaith, fel y gallwn, yn unfryd ac yn unllais, dy ogoneddu di, trwy ein Harglwydd Iesu Grist. Amen.

Gweddi Ymbil ac Eiriol
Ymhlith tlodion ein byd, sy'n dal i lusgo byw, mewn byd anghyfartal, annog ni i arfer ein ffydd mewn gwasanaeth ac ymgyrchu:
Dduw, ffynhonnell gobaith, rho lawenydd a thangnefedd.

Ymhlith y sawl sy'n cael eu gorthrymu a'u herlid heddiw,
oherwydd eu crefydd neu'u diwylliant, eu llwyth neu'u cenedl, eu lliw neu'u hiaith, eu daliadau neu'u gwleidyddiaeth,
annog ni i arfer ein ffydd mewn ymdrechu cyson dros ryddid a hawliau eraill:
Dduw, ffynhonnell gobaith, rho lawenydd a thangnefedd.

Ymhlith y sawl sy'n byw yng nghanol rhyfela a gwrthdaro, trais a bygythiadau,
lle mae bywyd yn fregus a braw yn parlysu,
annog ni i arfer ein ffydd mewn tystiolaeth dros heddwch a gweithio dros gymod:
Dduw, ffynhonnell gobaith, rho lawenydd a thangnefedd.

Ymhlith y sawl sy'n dioddef poen a salwch, sy'n wynebu marwolaeth, sy'n teimlo unigrwydd llethol, gad i ni arfer ein ffydd mewn gweini a gofal a gweddi:
Dduw, ffynhonnell gobaith, rho lawenydd a thangnefedd. AMEN.

Y Fendith:
Bydded i Dduw, ffynhonnell gobaith, eich llenwi â phob llawenydd a thangnefedd wrth ichwi arfer eich ffydd, nes eich bod, trwy nerth yr Ysbryd Glân, yn gorlifo â gobaith.

A bendith Duw hollalluog, y Tad, y Mab a'r Ysbryd Glân a fyddo gyda chwi yn wastad. AMEN.

Oedfaon Ffydd

CARIAD

Galwad i Addoli:
Dihunwn, dihunwn i addoli Duw yn llawen,
y mae iachawdwriaeth Duw yn agos.

Dduw sanctaidd, am y dydd newydd hwn,
am y posibiliadau sydd ganddo ar ein cyfer,
am iti addo bod yn bresennol yn ein plith,
am yr iachâd a'r maddeuant rwyt yn eu cynnig inni,
am fywydau wedi eu hail-greu,
am obaith wedi ei adnewyddu,
am gariad wedi ei aileni,
rhown iti'n diolch a'n clod.

Dduw sanctaidd, fe'th addolwn di yn awr
gyda'n llygaid ar agor,
ein meddyliau'n effro,
ein clustiau'n agored a'n calonnau'n barod i rannu dy gariad.
Bydd yn agos atom,
a gad inni weld dy iachawdwriaeth.

Darllen: Deuteronomium 6: 4–9 a 10: 12–22
1 Ioan 4:7–21
Ioan 13:1–5, 12–15

Neges:
'Yn hyn y mae cariad: nid ein bod ni'n caru Duw, ond ei fod ef wedi ein caru ni, ac anfon ei Fab ...' (1 Ioan 4:10)

Yn ddiweddar, fe ddaeth rhai o ganeuon pop yr 1960au yn boblogaidd eto, ac yn eu plith 'All you need is love', un o ganeuon mwyaf poblogaidd y Beatles. Nid oes amheuaeth eu bod yn iawn; y cwestiwn mawr, wrth gwrs, yw pa fath gariad?

Yr ateb cyntaf i Gristion bob amser yw cariad Duw. **Mae** profi'r cariad hwn **yn** ddigon! Wedi'r cyfan dyma lle mae cariad yn dechrau. Nid yn ein profiad ni na'n teimladau ni na'n hemosiynau ni, ond cariad Duw. Ei gariad ef tuag atom ni 'sydd wedi dysgu'n cariad ni'.

A chariad sy'n ein nabod ni yw hwn, yn ein nabod ni yn y dyfnderau. Mewn pregeth ar emyn mawr Paul ar gariad (yn 1 Corinthiaid 13) fe ddywedodd Paul Tillich (yn 1949 ond mae'n dal yn wir, fel cân y *Beatles*): 'Mae Duw yn fy adnabod i am ei fod yn fy ngharu ... Cariad sy'n gweld yw cariad Duw, cariad sy'n adnabod, sy'n edrych i mewn i ddyfnderau calon Duw a'n calonnau ni. Nid oes dim yn ddieithr i'r cariad hwn; y mae'n gwybod ac yn adnabod ... Felly, dyma'r peth mwyaf sydd; felly, dyma yw Duw' (o *The Shaking of the Foundations*, SCM, 1949).

Penllanw'r cariad hwn yw cariad Crist. Ynddo ef y mae'n blodeuo'n llawn. 'Do, carodd Duw y byd gymaint fel y rhoddodd ei unig Fab, er mwyn i bob un sy'n credu ynddo ef ... gael bywyd tragwyddol' (Ioan 3: 16). A dyma'r cariad a welwn yn y golchi traed: y cariad sy'n trawsnewid perthynas, yn ildio statws, yn codi'r isaf ac yn gostwng yr uchaf, yn creu byd newydd. Cariad a fu'n ufudd hyd angau, angau ar groes. Cariad sy'n cymryd agwedd gwas (fel y mae Paul yn ein hatgoffa yn yr emyn yn Philipiaid 2: 5–11).

> Drained is love in making full;
> bound in setting others free;
> poor in making many rich;
> weak in giving power to be.

Cariad '... am ei fod ef wedi ein caru ni ac anfon ei Fab'.

Neges:
'Gyfeillion annwyl, gadewch i ni garu ein gilydd' (1 Ioan 4:7)
Ie, ond sut?

Wel, yn sicr nid drwy fod yn sentimental. Yn hytrach, trwy fynd ati i greu byd gwahanol, lle mae cariad yn llywodraethu, yn ein perthynas â'n gilydd ac yn ein penderfyniadau am fywydau ein gilydd. Y mae'n rhaid **gwneud** os yw cariad i weithio.

Felly, mae cariad yn golygu byd lle nad yw lleiafrifoedd o genhedloedd eraill, diwylliannau eraill, crefyddau eraill yn dioddef oherwydd ein rhagfarnau ni – p'un ai ydyn nhw'n Saeson neu'n Gymry, yn drigolion India neu Bangladesh, Croatia neu'r Almaen, Nigeria neu Dde Affrica. Mae pawb yn gyfartal ym myd y cariad hwn.

Mae'r cariad hwn hefyd yn golygu gweithio dros fyd lle nad yw arweinwyr pwerus gwledydd fel America yn credu mai'r unig ffordd i atal anghyfiawnder yw bygwth defnyddio grym. Ennill drwy garu sy'n creu byd newydd, nid bygwth drwy ddinistrio.

Cariad yw hwn sy'n ceisio creu byd lle y gallwn ni wrando ar ein gilydd, siarad â'n gilydd a chydweithio â'n gilydd ar draws ffiniau crefyddol, diwylliannol a gwleidyddol.

Cariad sy'n croesawu'r amrywiaeth o'n cwmpas ni;
sy'n meithrin cymdogaeth dda;
sy'n ceisio deall ein cymdogion o grefyddau eraill yn well;
sy'n llawenhau yn amrywiaeth gogoneddus y cenhedloedd;
sy'n gweithredu ac ymgyrchu i greu byd teg a rhydd.

Dyma gariad y golchi traed; cariad yr hunanaberth; cariad agwedd y gwas; cariad sy'n cofleidio yn lle casáu. Cariad sy'n newid byd.

Caru am ei fod ef wedi ein caru ni.

Gweddi:

Gweddi o ddiolch
Am ryfeddod y byd a greaist yn dy gariad:
Dduw y creu, diolchwn iti.

Am wyrth y cyfan a wnaethost ac am wyrth ein byw a'n bod ninnau:
Dduw y creu, diolchwn iti.

Am glymu dy bobl ynot ti ac yn ei gilydd yng nghyfamod dy gariad:
Dduw'r cyfamod, diolchwn iti.

Am y cariad na throes ei gefn ar dy bobl hyd yn oed pan oeddem ni'n dy anghofio:
Dduw'r cyfamod, diolchwn iti.

Am y cariad a garodd y byd cyfan gymaint nes danfon Mab er mwyn i bawb gael bywyd:
Dduw gyda ni, diolchwn iti.

Am y cariad a garodd hyd yr eithaf gan fynd i groes trosom ni:
Dduw gyda ni, diolchwn iti.

Am y cariad na allodd angau ei drechu na bedd ei ddifa:
Dduw gyda ni, diolchwn iti.

Am y cariad sy'n bywhau ac yn adnewyddu ac yn glanhau:
Dduw'r Ysbryd Glân, diolchwn iti.

Am y cariad sy'n ein clymu mewn solidariaeth â'n gilydd ac â phawb sy'n dioddef gorthrwm:
Dduw'r Ysbryd Glân, diolchwn iti.

Am y cariad sy'n ein grymuso i sefyll gyda'r tlodion ac i drawsffurfio anghyfiawnder wrth adeiladu Teyrnas dy gariad:
Dduw'r Ysbryd Glân, diolchwn iti.

Dduw y creu, Dduw y cyfamod, Dduw gyda ni, Dduw'r Ysbryd Glân: am ryfeddod y byd, am gwlwm dy gyfamod, am wyrth dy gariad, am rym dy Ysbryd, rhown i ti ddiolch a chlod. Amen.

Gweddi Eiriol ac Ymbil
Mewn byd sy'n aml yn brin o gariad ac yng ngafael casineb, gweddïwn dros bawb sy'n dioddef:
Dduw pob cariad, gwrando ni.

Dros bawb sy'n dioddef anghyfiawnder tlodi ac angen mewn byd a allai gynnig digon:
Dduw pob cariad, gwrando ni.

Dros bawb ymhob man, ac yn arbennig yn Affrica ac Asia, sy'n dioddef canlyniadau'r clefyd HIV/AIDS, sydd wedi'u hamddifadu o obaith a chysur cariad:
Dduw pob cariad, gwrando ni.

Dros bawb sy'n teimlo unigrwydd a digalondid mewn byd sy'n llawn pobol:
Dduw pob cariad, gwrando ni.

Dros wledydd a phobloedd sy'n gaeth i elyniaeth, casineb a bygythion mewn byd sydd mewn angen am gynghanedd cariad:
Dduw pob cariad, gwrando ni.

Dros heddwch a chymod yn y byd, am gyfiawnder rhwng Iddewon a Phalestiniaid, dros ymdrechion i atal pwerau grymus i fygwth y byd eto drwy ryfel erchyll:
Dduw pob cariad, gwrando ni.

Dros dy eglwys ym mhedwar ban y byd, am iddi fod yn llais ac yn llaw dy gariad di:
Dduw pob cariad, gwrando ni.

Drosom ein hunain a phawb sy'n annwyl inni, am inni oll adnabod dy gariad, dysgu dy gariad a byw yn dy gariad heddiw a phob dydd o'n hoes:
Dduw pob cariad, gwrando ni, drwy Iesu Grist a'n carodd hyd yr eithaf. Amen.